조선대학교 재난인문학연구사업단
재난인문학 번역총서 03

공해원론 2

* 이 책은 2019년 대한민국 교육부와 한국연구재단의 지원을 받아 수행된 것임
(NRF-2019S1A6A3A01059888)

대학교 재난인문학 번역총서 03

공해원론 2

公害原論

조선대학교 재난인문학연구사업단 기획

우이 준(宇井純) 지음 / 김경인 · 임미선 옮김

역락

　　조선대학교 인문학연구원이 〈동아시아 재난의 기억, 서사, 치유-재난인문학의 정립〉이라는 연구 아젠다로 교육부와 한국연구재단이 지원하는 인문한국플러스(HK+) 사업에 첫발을 내디딘 지 어느덧 3년째가 되었다. 그동안 우리는 아젠다를 심화하기 위한 방안으로 학술세미나와 공동연구회(클러스터), 포럼, 초청 특강, 국내·국제학술대회 등 다양한 학술행사를 개최하는 한편, 지역사회와 연계한 지역인문학센터를 설치하여 '재난인문학 강좌'와 'HK+인문학 강좌'를 다채롭게 기획, 운영해 왔다.

　　이제 지난 3년간의 성과물 가운데 하나로 재난인문학 관련 번역 총서를 간행하는 작업도 빼놓을 수 없는 과제가 되었다. 우이 준의 『공해원론 2』는 이와 같은 취지에서 기획된 세 번째 '재난인문학 번역총서'이다.

　　흔히 일본 근대문명이 싹을 틔웠다고 보는 1860년대 후반부터 2011년 도쿄전력 후쿠시마 원전 사고에 이르기까지, 일본은 3세기를 가로질러 굴곡진 '공해의 역사'를 가진 나라다. 흔히 일본을 '공해대국'이라 부르는 것도 바로 이러한 이유에서다. 『공해원론』은 이와 같이 길면서도 골이 깊은 일본 공해의 역사를 한눈에 알 수 있도록 해 주는 책이다. 단순히 공해의 과학적·통계적 자료에 그치는 것이 아니라, 무엇

5

보다 피해자 입장에서 공해 사건과 문제해결 및 보상과 재발 방지 책임은 물론 미래지향적인 공해 반대 운동론까지 제시하고 있다는 점에서 매우 중요한 의미를 지닌다고 할 수 있다.

『공해원론』의 또 한 가지 특징은 일본의 전공투(全共鬪) 직후인 1970~71년에, 일본의 근현대 지식의 산실이라 할 수 있는 도쿄대학, 그러나 당시 누군가는 '국가권력의 하수인으로 타락한 학문적 세뇌의 장'이라고 혹평했던 바로 그곳에서 공개강좌로 열린 강의내용을 고스란히 수록한 총 3권으로 구성된 대서사시라고 할 수 있다는 점이다.

당시 도쿄대학의 조교였던 우이 준과 공개강좌에 참여했던 시민 및 학생들은 일본에서 큰 위기를 맞고 있던 공해 문제의 진실과 책임규명 방법을 함께 찾아가자는 취지하에 총 13회에 걸쳐 '공해원론'이라는 강의를 진행하였다. 시민과 학생 그리고 그들로 구성된 실행위원회가 한마음이 되어 일궈낸 『공해원론』에는, 50여 년이 지난 현재에도 이를 읽는 독자에게 현장감 넘치는 감동으로 전해지는 우이 준의 열띤 강의 음성이 담겨있다. 그리고 이는 '변화'의 단계를 넘어 '위기'에까지 치닫고 있는 기후와 환경문제에 직면한 현대의 인류에게 그 어느 때보다 강력하게 요구되는 교훈과 운동의 목소리가 아닐 수 없다.

이와 같이 다양한 의미를 지닌 『공해원론 2』를 본 사업단의 세 번째 번역총서로 간행할 수 있게 된 것은 동아시아가 공동으로, 또는 각국이 경험해 온 특수한 재난의 기억과 역사를 새롭게 조명하려는 목적에 부합하는 것이라는 점에서 그 의의가 결코 작지 않다고 할 것이다. 더욱이 이 번역서는 그 분량 면에서 세 권을 합하여 총 920쪽이나 되는 엄청난 작업의 결과물이라는 점에서도 의의가 있다. 어려운 번역 작업에 참여하여 팬데믹 못지않은 고통과 힘겨운 노동의 시간을 견뎌냈을 두 분 선생님의 노고에 깊은 감사의 뜻을 전한다.

조선대학교 재난인문학연구사업단장 강희숙

『공해원론』을 옮기며

2011년 3월 11일의 동일본대지진과 도쿄전력 후쿠시마 원전사고가 발생한 이후, 일본의 다방면의 전문가들이 아시오구리광산 광독사건과 짓소미나마타병 사건의 시절로 거슬러 올라가며 '결국 반복되고만' 역사적 재난재해 사건들을 소환하기 시작했다. 그 와중에 거론되던 고전 중의 하나가 우이 준의『공해원론』이었다.

『공해원론』은 저자 우이 준이 1970년 10월 12일부터 1971년 3월 18일에 걸쳐 자주공개강좌 형식으로 매주 실시한 강의 내용을 그대로 수록한 강의록이다. 책 제목에서 알 수 있듯이 공해(公害)에 대한 내용이다. 다만 그 깊이와 넓이는 원론에 그치고 있는 책이 결코 아니다. 일본이 근대문명을 부리나케 좇기 시작했던 19세기 말 무렵부터 일본 곳곳에서 발생한 공해사건의 원인과 결과, 그에 대한 공해반대 및 보상운동, 그로 인해 빚어진 갈등과 대책 마련 과정 등에 이르는 일본 공해의 전체적인 역사를 망라하고 있다. 그뿐만 아니라 공해 문제에 대한 우이 준의 끈질긴 추궁과 '운동'적 노력은 유럽을 비롯한 세계의 공해문제로까지 뻗어나가, 그 면면이 이 책에 고스란히 기록되어 있다.

1권은 1880년대 이후의 아시오구리광산 광독사건과, 1950년대 들어 처참한 정체를 드러낸 짓소미나마타병 사건에서의 공해 문제 자체와 인물, 운동까지를 아우르고 있다. 2권은 근대 이후부터 전후에 이르기까지 일본에서 발생한 광산, 제지와 철강 등의 산업개발로 인한 물과 공기의 오염, 그로 인해 발생한 이타이이타이병 등의 폐해, 그를 둘러싸고 기업과 정부, 어용학자들을 상대로 끊임없는 투쟁을 벌여온 주민들의 공해반대 운동의 역사를 미래지향적인 방향 제시와 함께 역설하고 있다.

독자의 혼란을 피하기 위해 한 가지 미리 언급해 둘 사항은 2권에서 7회와 8회, 11회 등 세 개의 강좌가 빠져 있는데, 이는 우이 준의 유럽 출장에 대한 내용의 강좌가 3권에 편성되었기 때문이다. 따라서 3권은 FAO 로마 해양오염회의의 보고를 필두로 유럽의 해양과 공기 오염의 실태를 조사자료 등을 활용해 강의한다. 게다가 각국의 중대한 공해 사건과 그에 대한 전문가와 주민들 중심으로 전개되어 온 오염대책 활동 등을 실질적 자료를 곁들여 집약해 보고하고, 이를 통해 향후 지향해야 할 공해반대 운동의 방향성이 함께 제시되고 있다. 참고로, 이 세 권의 『공해원론』은 1988년, 『공해원론 합본』이라는 타이틀로 한 권으로 엮이어 다시 태어났다.

우이 준의 『공해원론』이, 공해 대국이라고 일컬어지는 일본에서 공해와 환경문제를 논할 때 빼놓을 수 없는 고전으로 손꼽히는 데에는 여러 이유가 있을 것이다. 학문적인 우수함과 방대하고 정확한 자료성 때문이기도 할 것이고, 환경운동 면에서의 선구적인 파급력 때문이기도 할 것이다. 그리고 무엇보다 '자주공개강좌'라는, 기존의 틀을 깨고 이뤄지는 진실성 있는 소통 때문이라고 감히 단언할 수 있다. 아마도 이러한 이유로, 2006년의 합본에 추천사를 쓴 작가 야나기타 쿠니오(柳田邦男)는 "세월을 초월하는 보편성이 있는 사상(事象)의 본질을 간파하는 '감성'과 '사고력'과 '사고의 틀'이 내포되어 있기 때문이다."라고 말했는지도 모르겠다.

『공해원론』은 공해 문제를 등한시하는 기업과 정부에 대한 통렬한 비판과 함께, 일본 공해의 역사가 각 시대의 다양한 에피소드와 함께 마치 눈 앞에 펼쳐지듯이 50여 년의 시간을 넘어 생생하게 전해진다. 그리하여 50여 년 전 개최되었던 우이 준의 공개강좌에, 2021년의 역자들은 청중 가운데 일부로 참여하여 그날그날의 강의에 귀를 기울이면서 해결되지 않는 공해의 현실에 걱정하고 피해 주민들의 처참한 삶에 가슴 아파했다. 아마도 진실성 있는 소통과 "세월을 초월하는 보편성 있는 사상의 본질을 간파하는" 우이 준과 『공해원론』에 내재한 힘 때문이었다고 할 것이다.

기후 위기 등 전 지구적인 환경문제에 직면하고 있는 현실과 싸워나가야 하는 독자들에게, 일본의 행동하는 과학자이자 기술자였던 우이 준의 50년 전 공개강좌에 참여할 수 있는 수강권을 이 책과 함께 부친다.

옮긴이 김경인·임미선

『공해원론 1권』의 발행 때 느꼈던 수줍음은 2권의 발행을 맞게 된 지금에 와서도 여전하다. 하지만 공해에 관한 온갖 다양한 논설의 횡행은 진정한 걸음과 땀으로 쓰인 기록과 논평의 필요성을 더더욱 가중시킬 뿐이다. 나의 이 글이 그러한 시도의 일단이 되기를 바라며 『공해원론 2권』를 발행하였다.

2권에서는 아시오의 실패를 곱씹으며 우리의 조부가 다이쇼 시대에 어느 정도까지 문제를 해결하고자 했는지 그 노력의 발자취를, 히타치(日立)광산의 매연문제와 아라타 강(荒田川) 오염문제를 소재로 하여 더듬어보았다. 시기적으로도 내용적으로도 이 중간지점에 위치한 벳시(別子)구리광산의 문제가 있지만, 거기까지 조사하지 않았기에 내가 조금이나마 조사하고 손을 댄 문제에만 한정하였다. 벳시나 그 밖의 사례에 대해서는 독자 여러분이 내 주장의 옳고 그름을 실례에 적용하여 검토하시길 바란다.

다이쇼 시대의 공해문제에 대한 의식과 행동의 고양이 훌륭했던 만큼, 쇼와시대의 공해문제에 대한 우리의 의식이 얼마나 뒤처졌는가를 생각하면 눈을 감고 싶은 심정이다. 그 사이 우리는 자연을 자본에 팔아넘겼다. 이시카리 강과 에도 강, 이타이이타이병 등은 하나같이 특수한 사회계층에 부여된 가엾은 피해로 우리 의식 속에 따로 자리 잡아, 그것이 우리에게 주는 심각한 경고라는 사실을 망각하였다. 그 당연한 결과로 나타난 70년대 공해의 심화는 이미 전후(戰後) 직후부터 예정되어 있었다고 해도 과언이 아니며, 전쟁경험에 의한 사상변화를 다소 누락해온 우리에게는 오히려 전전(戰前)의 군국자본주의가 다른 모습으로 살아남았다고도 할 수 있으리라.

형상적인 면에서는 다이쇼에서 쇼와로의 퇴폐는 자본가와 경영자의 발언과 행동상에 가장 전형적으로 나타나고 있음을 독자들은 알 것이다. 고(故) 오하라 소이치로(大原総一郎) 씨와 같은 극히 소수의 예외를 빼면, 공해문제에 관한 경영자의 인식은 급속도로 저하하였고, 지금은 공해를 만들어진 현상으로 보고 그 기원을 매스컴에서 찾을 정도다. 이 같은 저열한 상대를 대상으로 과연 어떤 이념으로 맞설 것인가가 이 책의 과제다. 최근의 활발한 주민운동의 전개는 이 과제에 대한 다양한 시도이고 그 현실 안에서 대답을 발견하는 작업이 현재진행 중에 있다.

자주공개강좌의 전개에 따라 공해를 유발하는 생산행위 그 자체의 검토에까지 논의는 미치고 있다. 2권에서 3권에 걸쳐, 생산력 개념 등의 재인식과 비판이 나의 과제 중 하나가 되었다. 그 단서는 후지·다고노우라의 펄프는 정말 필요한가라는 의문이고, 나아가 71년 여름에 예상되는 에너지부족이다. 이것이 향후의 공해를 둘러싼 논의의 중심 문제가 되지 않을까 라는 예감을 나는 가지고 있다.

1권의 머리말에서도 말했듯이, 이 공개강좌의 성공은 오로지 시민들 사이에서 탄생한 실행위원회의 훌륭한 실력에 의한 것인데, 제1학기를 돌아보고 반성하면서 왜 공개강좌의 장소가 일본의 권력중추인 도쿄, 그것도 도쿄대학으로 제한되어야 하는가라는 의문이 들었다.

공개강좌의 존재자체가 중앙으로의 권력집중을 돕는다는 것은 참을 수 없는 이야기다. 분명 공해의 논의는 현지에서 이루어져야 한다. 도쿄도 공해의 현지 중 하나이긴 하지만, 여기만이 현지는 아니다. 그래서 제4학기인 72년 봄부터 여름학기는 도쿄대에서 다른 별개의 테마를 가진 개강과 병행하고, 나의 강좌는 전 일본의 공해현지로 출장을 가서 거기에서 현실과 직면하면서 진행하고 싶다. 지금까지 수많은 공해의 현장에서 주민들의 부름을 받고도 시간이 맞지 않아 거절한 적이 많다. 극심한 공해가 발생하고 있는 장소를 이 기회에 방문하여, 그 현실과 대결할 때 비로소 나의 이론이 진짜인지 아닌지를 확실히 알 수 있으리라.

생각해 보면 지난 1년 동안 나의 최대의 적은 탁상공론이었으며, 자연과학이니 사회과학이니 할 것 없이 아카데미즘에 젖은 어용학자들이었다. 현실에 직결된 이론을 어떻게 현실 속에서 만들까를 진지하게 생각한다면, 언뜻 보기에 가두연설에 가까운 이런 방법이 공해에는 가장 적합한 것은 아닐까. 정확히 60여 년 전, 아라하타 칸손(荒畑寒村) 등의 사회주의 행상(行商)이라는 활동이 일본의 사회주의운동을 전국으로 확산시키기 위한 선구적인 기획으로 시도되었던 것처럼, 도쿄에 있으면서 얻을 수 있었던 사실을 일본전체의 현실에서 보강하기 위해, 제4학기에는 공해이론의 행상(行商) 혹은 이동극장을 기획하고 있다. 그렇게 되면 공해원론의 강의가 이 책과 같은 형태로 개정되는 것은 조금 더 미래의 일이 될 것이다.

나로서는 이 책보다 결국 운동이 앞서가기를 바라고, 공해 자체가 없어짐으로써 이 책이 불필요해질 날을 고대하고 있다. 하지만 작금의 현실은 우리의 앞날이 한층 더 지난하리라는 것을 예고한다. 전국의 공해반대운동으로 인해 이 책의 쓰임이 다하고 그 가치가 사라질 날이 하루라도 빨리 오기를 바라며 붓을 놓는다.

1971년 4월 25일 씀.

우이 준

목 차

— 발간사   5

— 『공해원론』을 옮기며   8

— 2권 머리말   11

제6회 1970년 11월 30일

— **다이쇼 시대(1912~1926)의 공해문제**   23

    1970년 가을 짓소주주총회   23

— **히타치(日立)광산 매연피해**   28

    역사 깊은 히타치광산   28

    메이지 말기의 공해보상투쟁   30

    정부가 만들게 한 '엉터리 굴뚝'   34

    보상에 대한 기본적인 사고방식   36

    매연 농도의 정량적 기록   42

    외래어가 보이면 조심하자   45

    공존공영의 실행   46

    히타치 매연의 문헌   52

— **아라타 강(荒田川)**   54

    물 분쟁의 효용   54

    특별위원회의 발족   59

    주민이 결정하는 폐수처리법   61

    폐수에서 원료를 회수   64

    공해대책의 대부분은 다이쇼 시대에 나온 것   69

공해 메이데이에 대한 의문 71

살아있는 다나카 쇼조(田中正造) 72

— **질문 및 토론** 74

짓소 주주총회에서의 투쟁방법 74

대학 출신의 범죄적 역할 77

반체제운동이라고 규정하기 전에 생각해야 할 것 80

피해자를 찾아가야 한다 84

지식을 늘리기 위한 학문에 반대한다 86

제9회 1971년 2월 1일

— **이시카리 강(石狩川)** 93

PCB는 안이하게 방치할 상황이 아니다 94

왜 이시카리 강과 에도 강을 조사했는가? 95

이시카리 강 오염의 역사 97

무참한 어업의 파괴 101

전후(戰後) 직후의 정부, 관료에 의한 공해문제 대책 104

심의회는 방패막이 110

— **혼슈제지 에도가와공장 사건** 112

도쿄에서 SCP펄프 폐수를 흘려보내다 112

어민의 공장난입으로 사회문제화 113

수질기준은 어떻게 정해지는가? 119

법률 하나로 여론 3년 124

전후 공해격화의 전환기 127

— **도야마(富山) 이타이이타이병** 131

숨겨진 피해자 131

일본 의학의 결함 : 하기노 박사의 고립화 134

요시오카 킨이치(吉岡金市)의 철저한 역학적 연구 136
고작 30만 엔의 조사비 139
암중모색으로 원인규명 140
일본에서 가장 불가사의한 공해 142
엄격한 보도관제 144
키가 작은 것도 중독의 원인 - 산업위생학자의 어용성 146
인간을 쥐 이하로 취급하는 의학 149
기사의 올바름이란 무엇인가? 151

— 질문 및 토론 154
수질기준의 허점 154
내부고발자 지원 문제 155
도야마 이타이이타이병의 풍토 159
세미나의 계획 161

제10회 1971년 2월 15일

— 미시마(三島)·누마즈(沼津) 165
승리한 최초의 공해반대주민운동 165
콤비나트에 최적의 조건 168
통산성·구로카와(黑川) 조사단의 권위에 의한 와해 170
정부조사단과 지자체 조사단의 대결 175
계획, 드디어 파산 180
반대활동가에 대한 보복 183
미시마·누마즈의 교훈 185
공해기본법이 제정되고 공해가 심화 191
미시마·누마즈에 관한 문헌 192

— 후지(富士) 197
공해의 백화점, 후지 시 197

기업과 행정의 유착 199

오니 문제로의 전환 202

지자체와 기업의 공해문제 대결 208

혁신정당의 허약체질 211

후지카와화력이 다시 타오르다 215

우스키(臼杵) 218

지역산업·혁신동맹 218

유니크한 시민운동 221

아라타 강처럼 기백이 깃들어 있는 운동 223

스루가 만(駿河湾)의 오염조사 -곤도 준코(近藤準子) 226

제12회 1971년 3월 16일

기술적 대책 237

기술적 대책은 뒷북이다 237

수입기술로는 때를 놓칠 수도 239

물을 너무 낭비하는 게 아닐까? 242

요컨대 물은 있는 만큼 사용된다 250

처리의 본질은 농축이다 253

폐수처리의 4단계 256

도금배수에 대한 랜시(Lancy)법 264

폐수기술사상의 전환 267

위생공학의 3대 악의 기술 273

혼합처리의 조작과 이점 277

끊임없이 문제의 근본으로 거슬러오르다 280

기술원리의 근본적 전환 283

여론대책을 위한 법률과 행정 284

콤비나트는 자유방임, 도자기는 단속 287

피해자를 골칫거리로 취급하는 법률 290

공해공인의 수단으로서의 법과 행정 293

경제학자의 축하할 일 297

중앙집권에 의해 공해는 심화되다 301

정말 두려운 것은 무엇인가? 302

질문 및 토론 305

카네미유증의 교섭문제 305

제6회

1970년 11월 30일

다이쇼 시대 (1912~1926) 의 공해문제

1970년 가을 짓소주주총회

제6회 공개강좌를 시작하기 전에, 최근 소식으로 11월 20일에 오
사카 후생연금회관에서 열렸던 짓소(チッソ)주주총회의 모습을 간단하
게 말씀드리겠습니다. 물론 신문이나 텔레비전을 통해서 그때 상황을
이미 알고 계신 분들도 많으리라 생각합니다만, 그래도 바로 그 현장에
있었던 한 사람으로, 신문이나 텔레비전 보도로 다 전달되지 못한 것들
이 상당히 많다고 생각하기 때문입니다.

신문이나 텔레비전에 이미 몇 가지 보도된 것처럼, 우리 앞에 회
사 임원이랑 직원이 앉아서, 요컨대 회의장 제일 앞쪽은 주주들과 회사
임원들한테 점령되었다는 건 이미 알고 계실 겁니다. 어쨌든 회의장 중
앙에 앉은 환자들을 보호하듯이, 각 지역에서 올라온 〈고발하는 모임〉
의 회원들이 그 주변을 빙 둘러서 앉고, 그 뒤로 기쿠스이카이(菊水会)의
우익 일고여덟이 앉는 형국이 되었습니다. 짓소 측이 1천2백여 명의 정

원을 1천 명 정도 입장으로 제한한 탓에, 몇 백 명에 달하는 〈고발하는 모임〉의 회원들을 밖에 남겨뒀다고 해야 할지 쫓아냈다고 해야 할지, 어쨌든 주주총회는 출석 의사를 가진 모든 주주를 수용해서 열린 것이 아니라는 점에서 주주총회의 유효성에 우선 문제가 있다고 봅니다.

그리고 한 차례 우리의 묵념과 환자들의 영가(詠歌) 제창이 있었는데, 그때 자리에서 일어나 묵념하지 않은 사람은 대체로 회사 측 사람이었다고 추측합니다. 그리고 어디에 누가 앉아있었는지도 금방 알 수 있었어요. 영가제창이 끝나자마자 바로 막이 열렸는데, 사장을 중심으로 잘 차려입은 관리들하고 임원들이 줄줄이 서서 갑자기 "지금부터 주주총회를 개최하겠습니다, 안건은……"이라고 숨도 안 쉬고 읽어 내리더군요. 우리 중에서 몇몇이 긴급동의, 수정동의를 외치며 단상으로 뛰어 올라가 안건을 제시했지만, 그런 혼란 중에 천장에서 "이것으로 의안은 가결되었습니다"라더니 막이 내리고 말았습니다. 무슨 재밌는 연극이라도 되는 것처럼, 아마 5, 6분도 안 걸렸던 것 같아요. 그것으로 형식상으로는 주주총회가 끝나고 말았습니다.

물론 우리는 너무 화가 나서 가까운 사람부터 단상으로 뛰어 올라가 이윽고 에가시라(江頭) 사장을 비롯해 임원들을 잡아 가운데로 끌어다 놓고 ─회의장이 난장판이 되었지만─ 환자분들이 올라와서 위패를 내려놓고 한 차례 그동안 못한 말들을 했습니다. 이 역시 꼭 단체교섭 같은 형태로 한 사람 한 사람씩 진행해나갔습니다. 정확한 시간은 저도 기억나지 않습니다. 아무튼 이쪽도 소리소리 지르느라 여념이 없었으니까요, 아직도 목이 쉬어있을 정돕니다.

잠시 회의장이 고요해진 틈을 타서 와타나베 에이조(渡辺栄蔵) 씨가 1968년 9월에 에가시라 사장이 나눠준 '사과문'을 낭독한 후 그것을 에가시라 사장한테 건넸습니다. 그러자 사장이 그것을 받아들고 다시 한 번 읽어내렸는데, 그것은 정말 장관이었습니다.

　잠시 후 환자분들도 하고 싶은 말은 일단 했다 싶은 순간, "이제 돌아갑시다, 오늘은 이걸로 끝냅시다"라는 이시무레 미치코(石牟礼道子) 선생님의 제안으로 우리도 순식간에 그 자리를 빠져나왔습니다. 정말이지 일사천리로 회사 측 설명회도 끝나고, 11시 무렵에 시작했는데 11시 30분 조금 지나니까 우리는 회의장 밖에 나와 있더라고요. 회사 측은 기동대 출동을 요청해놓았던 모양인데 —사실 저는 그 후의 자세한 상황은 모릅니다. 혹시 자세한 내용을 아는 분이 계시면 나중에 보충 설명 좀 부탁드립니다— 다행히 기동대가 도착할 틈도 없이 혹은 손 쓸 시간도 없이 다들 회의장에서 빠져나갔습니다.

　환자 여러분이 17년간 쌓아뒀던 원한을 10분의 1이나마 말씀하셨을지 어떨지, 저도 솔직히 자신이 없습니다. 하지만 저같이 〈고발하는 모임〉의 회원 자격으로 회의장에 들어간 입장에서는 그래도 70%는 성공한 것이 아닐까 생각합니다. 물론 회사 측 사람은 그것으로 주주총회는 성립됐고 안건은 가결됐다고 주장하지만, 천장에서 종잇조각이 내려왔으니 전부 가결됐다는 식의 방법은 —지금은 국회에서도 그렇게는 안 할 정도로— 강제적인 수법이었습니다. 가령 그것으로 사안이 결정된다면 지금 사회의 결정방법이란 것이 그야말로 거짓 위에 성립된 셈이죠. 미리 준비해둔 몇 자 적은 종잇장에 —어떤 반대가 있고 의견이 있건 상관없이— 어쨌건 준비해둔 쪽의 승리라는 식의 진행방식. 짓소의 경영방침도 그렇게 정해진 거라면 그야말로 허위 위에 세워진 기업이라는 점을 가르쳐줬다는 측면에서도 반면교사로서의 도움이 된 셈입니다.

수정동의를 받아들이지 않은 것, 혹은 찬성반대조차 전혀 확인하지 않은 것 —이 모두 주주총회로서의 유효성을 의심하기에 충분한 문제였고, 그것은 그것대로 따로 추궁해갈 거라고 봅니다.

정말 무례하게 들릴지 모르지만, 저로서는 200엔 입장료를 내고 아주 멋지고 재미있는 연극 한 편을 본 것이라고 치면 나쁘지 않다고 생각합니다. 정말 거짓으로 똘똘 뭉친 연극을 눈 깜짝할 사이에, 그야말로 순식간에 연출해낸 짓소의 총무과나 그 외 부서의 노력에 심심한 감사의 말을 하고 싶습니다. 그곳이 도쿄가 아닌 것이 아쉽긴 하지만, 앞으로 도쿄에서도 비슷한 공해기업들이 하나둘 나올 것이고, 그런 식의 강압적인 방법으로 하고 싶은 대로 하는, 이미 권력장치를 거머쥔 자들의 폭력적인 방법들이 앞으로도 나오겠지요. 그렇다면 우리 민중들은 스스로 그에 반항하여 일어설 권리를 그들로부터 부여받게 되는 겁니다. 꼭 다나카 쇼조(田中正造)가 마지막 국회연설에서 "메이지 정부는 인민에게 들고 일어설 권리를 주었다"라고 한 말처럼 말입니다. 그것과 똑같이 짓소는 우리에게 거짓 위에 세워진 현재의 자본주의 회사를 무너뜨릴 권리를 준 것이라고 할 수 있지 않을까, 전 그렇게 느꼈습니다.

그러니까 내년(1971년) 5월에는 또 —오사카까지 연극을 보러 가는 것이 좀처럼 쉬운 일은 아니지만— 아마 200엔 입장료로 볼 수 있는 연극치고는 최고가 아닐까요? 게다가 우리가 하기에 따라서는 연극에서 주연을 맡아 행동할 수도 있습니다. 아니, 주연이 아니라도 두 번째 혹은 세 번째 조연쯤을 맡을 수 있다는 점에서도 꽤 흥미로운 총회였다는 것이 저의 감상입니다. 이에 대해서는 좀 더 이야기하고 싶지만, 그랬다가는 공개강좌가 흐지부지돼버릴 것 같으니 이쯤에서 본론으로 들어가도록 하겠습니다. 만일 여러분 중에 "나도 현장에 있었는데 이것만큼은 말하고 싶다"거나 제 얘기만으로는 부족하다 하시는 분이 계시면 5분에서 10분 정도 더 이야기해도 될 것 같은데, 혹시 계십니까? 아니면, 그날 현장에 주주 자격으로 들어가서 더 큰 역할을 했던 배우로서 이것만큼은 꼭 말하고 싶다는 분이 계시면, 그분께도 5분에서 10분 정도 시간을 드릴 수 있습니다. 여러분 중에 가신 분은 잠깐 손을 들어주시겠습니까? 역시 많이 계시네요. 회의장에 들어가셨던 분? 대부분 들어가셨군요. 감사합니다. 그럼, 어떠세요? 보충해서 보고해주실 분 안 계십니까? 안 계신다면 이대로 진행하겠습니다. 그리고 나중에 가능하면 —가능하면 이라는 조건부라서 죄송합니다만, 제 이야기가 이렇게 왔다갔다 하는 바람에, 다이쇼 시대를 오늘 이 시간에 모두 마치면— 다소 토론할 시간을 가질 수 있으면 그때 짓소의 최근 뉴스에 관해서도 이야기할 수 있기를 바랍니다.

히타치(日立)광산 매연피해

역사 깊은 히타치광산

지난 시간에 아시오에서 얻은 것은 무엇인가에 관한 이야기까지 하고 마쳤는데, 그 뒤를 이어 다이쇼 시대에 발생한 두 사례에 관해 말씀드리겠습니다. 물론 이 두 사례라는 것은 어쩌다 제 손에 자료가 있고 한때 그 운동에 참여한 분들을 만나 이야기를 들을 수 있었다는 행운에 힘입은 두 사례를 말합니다. 더 많은 실례가 다이쇼 시대에도 분명 있었겠지만, 여기에서는 히타치의 매연피해 문제와 기후(岐阜)현의 중소기업과 아라타 강(荒田川) 수리조합원인 무논 주인의 분쟁, 이 두 가지 사건을 말하려고 합니다.

이 두 사건의 공통점 중에 특히 좋은 점은 아시오구리광산 광독사건의 영향을 강하게 받고 있다는 점, 발생원과의 교섭이 아시오에 비해 훨씬 끈기 있는 운동이 되었다는 점입니다. 그리고 쌍방이 —여기서 쌍방이란 가해자와 피해자를 말합니다— 장기전이라는 인식을 갖게 되었다는 겁니다. 또 이것은 나중에 더 자세히 이야기하겠지만, 가해자 측의 대응이 아시오의 경우처럼 아주 형편없지 않았습니다. 적어도 5, 6분 만에 주주총회를 해치워버리는 식의 형편없는 대응은 다이쇼 시대에는 불가능했죠. 그런 점에서도 가해자 측에 관한 한 현재의 실상이 사실 다이쇼 시대에도 못 미친다는 걸 알 수 있겠죠?

어쨌든 히타치의 매연문제로 돌아와서, 그림의 중앙 바로 아래쪽에 히타치광업소라는 곳이 있습니다. 하지만 사실 구리를 채굴하던 곳은 그보다는 꽤 위쪽, 아니 서북쪽에 위치한 모토야마(本山), 혹은 모토야마 위에 위치한 가미미 산(神峰山)과 왼쪽 아래의 다카스즈 산(高鈴山)이라는 꽤 높은 산이 있습니다. 이것들을 잇는 산등성이 서쪽에도 광석은 상당히 있었던 것 같습니다. 히타치광산이라고 하는 이 일대의 광맥은 사실 막부시대인 도쿠가와 시대 이전부터 번성했던 곳으로, 이미 전국시대에 사타케(佐竹)번 소유의 광산으로 채굴한 흔적이 제법 있습니다.

전에도 말씀드렸듯이, 구리광산에서는 반드시 황화철이 같이 나옵니다. 그 황화철의 폐석을 쌓아두면 황산철이 돼서 녹아내리고, 그것이 이번에는 산화되어 산화철이 됩니다. 방정식으로 나타내면 이렇습니다.

CuS

$FeS \rightarrow FeSO_2 \rightarrow Fe(OH)_2$

이 산화철은 새빨간 색을 띠고 강바닥으로 가라앉기 때문에, 이

지역에서는 이 광산을 아카사와(赤沢, 붉은 못이라는 뜻)광산이라고 불렀습니다.

메이지 말기의 공해보상투쟁

1882년 무렵부터 메이지유신 이후까지, 이 산의 채굴이 다시 시작돼 그 산등성이에서 서쪽에 있는 기노네자카(木の根坂) 위쯤에서 다소 파낸 시기가 있었습니다. 그때는 그다지 성공하지 못했는지 1905년에 구하라 후사노스케(久原房之助)가 이 광산을 사들였습니다. 그때 비로소 본격적인 조업이 시작됐죠. 구하라 후사노스케는 오히려 이 산등성이의 동쪽, 그러니까 태평양 쪽에서 조업을 시작했어요. 그렇게 조금씩 모토야마 쪽으로 이동해오다 그 아래쪽에 작게 제련소를 구축하고 조업을 시작했는데, 다행히도 꽤 좋은 광맥을 찾은 덕에 이 광산이 점점 번성하게 됐습니다. 그런데 1907년경에 이미 이 서쪽의 이리시켄(入四間) 마을, 기노네자카, 사사메(笹目) 등에서 산림피해가 생기기 시작하자 광산 측과 보상교섭을 시작합니다.

그 당시의 보상교섭이란 어지간히 느슨했나 봅니다. 광산에 찾아가서 어떻게 좀 하시오! 하면, 광산 측은 지금 삼나무 한 그루에 얼마하니까 그것이 말라 죽으면 얼마얼마 계산해주는 식의 보상을 합니다. 피해자 측이 보상안을 만들지 않았다고 하니, 광산에 가서 그들이 내준 보상금을 그대로 받아서 돌아옵니다. 간혹 너무 싸지 않느냐라고 불평을 할 뿐 그다지 교섭다운 교섭도 없었던 모양이에요.

하지만 산의 피해란 당시의 목재 가격뿐만 아니라 몇 년 지나서 산을 벌목할 때의 가격까지 보상해야 할 재산의 대상이 되는 겁니다. 그래서 금리계산이니 뭐니 하는 복잡한 논쟁이 거론되면, 마을의 연장자들로 구성된 보상교섭위원은 대학이나 중학교를 나온 사람들로 구성된 광산 측을 어떻게 이겨볼 방법이 없지요. 게다가 어려운 숫자 얘기만 나오면 꾸벅꾸벅 졸기나 하고, 그러다 보면 어느 순간 광산 측에 유리한 쪽으로 보상안은 결정되고 맙니다. 나이 드신 노인들뿐이라 교섭이 길어지면 지쳐서 졸거나 깜빡 잠들고 마는 거죠. 그러니 숫자가 나오면 피해자는 당해낼 재간이 없었다는 게 당시의 상황이었다고 해요. 그때 이곳 하류에, 지금은 제법 큰 마을이 형성되어 있지만, 히타치 마을이라는 작은 마을이 있었어요. 그쪽에서도 매연에 의한 피해가 풍향이 바뀌면서 발생했고, 그 고사카(小坂)광산의 보상 상황을 시찰하러 갔습니다.

1908년이 되자, 광산 측은 구하라 후사노스케의 진두지휘 하에 대규모로 광산을 파들어가기 시작했습니다. 그러다 큰 구리광맥을 찾아내서 그곳으로 제련소를 이전해왔어요. 그런데 깊은 산중이라 산을 넘어 이리시켄 쪽으로 연기가 흘러가 문제가 생긴다고 보고, 이것을 조금 동쪽으로 이동시키면 그만큼 매연은 적어질 거라고 생각했습니다. 그리고 모토야마 일대는 산과 산 사이가 좁아서 아무래도 적당한 장소가 없어요. 즉 평지가 없다는 말입니다. 그런데 다이오인(大雄院)이라는 거의 쓰러져가는 오래된 절이 평평한 곳에 제법 널찍한 부지를 차지하고 있었어요. 이 절은 아주 오래된 유명한 사찰이긴 했지만, 돈이 없어서 수리도 못하고 새로 짓지도 못해 곤란한 처지에 있었습니다. 그래서 광산 측이 빙 둘러 쓸 만한 부지를 사들이고, 그 돈으로 대신 절을 다시 짓자는 약속을 하고 2킬로 정도 하류로 제련소를 옮겨왔습니다.

그 당시에는 광산 측도 매연이 얼마나 무서운지 아마 예측도 못 하고 있던 모양입니다. 2킬로 정도 동쪽으로 이동했으니 이제는 이리시켄에 피해 끼치는 일은 없을 거라고 말했다고 해요. 그런데 제련소가 가동을 시작하자마자 연기는 더 늘고, 그 때문에 아황산가스는 증가하고, 그것이 모조리 산을 넘어 이리시켄 쪽으로 흘러드는 판이라 산림지주도 죽을 맛이었겠죠. 그렇게 피해가 나날이 커지니 광산 측도 해마다 보상하다가는 큰일 나겠다, 차라리 일괄보상하자, 다소 금액이 커져도 좋으니 단번에 돈을 지급하고 산을 사들이거나 혹은 그 이상의 보상은 안 하겠다는 식으로 처리하지 않으면 큰일 나겠다는 이야기가 나온 것이 1911년의 일입니다.

광산 측과의 교섭이 아시오구리광산의 경우처럼 교착상태에 빠진 건 아니지만, 산림지주 측도 걱정이 이만저만이 아니었을 겁니다. 숫자 얘기만 나왔다 하면 노인들은 꾸벅꾸벅 졸기만 하고, 광산도 더는 이전할 수 없다, 이리시켄 산림지주도 못 옮긴다 —그러니 장기전이 될 밖에요. 그렇다면 교섭을 하는 사람은 학문을 어느 정도 알고 광산 측과 장기전으로 교섭할 수 있는 젊은이가 좋겠다는 결론을 내리고, 과감하게 산림지주의 양자인 스물세 살의 청년을 위원장으로 앉혔습니다. 그야말로 과감한 결정이었죠.

이 청년은 오타(太田)중학교를 나온 —오타는 미토(水戸)에서 북쪽으로 20킬로 떨어진 작은 마을로, 거기에 옛날부터 중학교가 있었어요— 우수하고 박력 넘치는 사람으로, 지금(1970년 당시)도 건강하게 생존해 계십니다. 세키 우마노조(関右馬允, 1888~1973)라는 아주 고풍스러운 이름인데, 이 시대에는 이렇게 고풍스러운 이름도 흔했습니다. 자신은 외교관이 되고 싶었답니다. 만일 대학에 가서 외교관이 되는 것이 불가능하면, 정치에라도 도전해서 현의회 의원 정도는 되리라는 장래희망을 가지고 있었다고 해요. 그런 사람한테 마을사람들이 찾아와 설득하면서 마을에 남아라! 이렇게 됐던 거죠. 본인도 당시에는 마지못해 마을에 남게 되었는데, 스물세 살의 나이에 광산 측과 교섭하는 것은 아무리 언변이 좋다고 해도 너무 젊어서 다소 근심이 되었던 모양입니다. 그래서 서른여섯 살의 역시 산림지주의 아들을 후견인으로 세웁니다.

그 외 서너 명의 위원들이 더 있었는데, 이들은 전과 마찬가지로 연세가 든 노인들이었습니다. 그분들은 오히려 마을 안을 통제하는 역할을 하고, 광산 측과 교섭할 때는 젊은이를 선두에 세우도록 했습니다. 이 세키 우마노조라는 분은 상당히 재미있는 발상으로 이 문제를 바라보았습니다. 광산 측과 공존공영, 혹은 쌍방이 모두 납득할 수 있는 선에서 교섭하기 위해서는 무엇보다도 역시 과학적인 근거를 가진 보상요구를 해야 한다고 생각하고 사진기를 먼저 샀습니다. 쌀 가격이 7, 8엔에서 10엔 정도 하던 당시에 140엔이나 되는 사진기를 샀다고 해요. 엄청난 금액이죠? 지금 생각하면 실제 물가지수라는 것은 이것의 1만 배 정도라고 보면 되니까, 스물셋 청년에게 백 몇 십 만 엔이나 하는 고가의 장난감을 사준 산림지주들도 대단하다고 생각합니다.

세키 씨는 그 사진기를 짊어지고, 당시에는 아직 제라틴 건판의 사진기였는데 —다시 말해 유리 위에 은을 함유한 제라틴 막을 씌운 건판을 한 장 한 장 상자에 넣어서 찍는 겁니다— 이걸 짊어지고 이바라키(茨城)현 북쪽의 산들 절반을 구석구석 찾아다녔다고 합니다. 그리고 매연이 날아올 때의 피해, 피해를 입지 않은 곳과의 비교, 이바라키현의 유명한 고목들을 모조리 사진기로 찍으면서 다닌 거죠.

세키 씨가 위원장이 되고서야 비로소 피해자 측은 피해자 측의 보상안을 작성하게 됩니다. 즉 삼나무는 얼마, 잡목은 얼마 라는 안을 만들어서 광산 측에 제시하고 교섭에 나서게 된 겁니다.

세키 씨의 생각 중에 또 하나 실현된 것은, 광산 측으로부터 받은 보상금의 10%를 강제로 적립해두게 해서 불시의 재난이 발생했을 때 충당하는 방침을 세워 마을 전체의 찬성을 이끌어낸 겁니다. 그는 보상금을 받아서 수입을 보충하더라도 자칫 잘못하면 산림이 전체 고갈되어 흔적도 안 남겠구나 생각했던 겁니다. 피해는 매년 나올 테니까요. 이때 특히 연세 드신 어른들이 적극적으로 찬성해서 10%의 강제저축을 시작했습니다. 그것이 나중에 아주 큰 힘이 됐습니다.

정부가 만들게 한 '엉터리 굴뚝'

당시 광산에서 매연을 내보내는 방식이 이른바 '지네발식 연도(煙道)'라는 방법이었습니다. 한곳에 모았다가 내보내면 연기의 농도가 높아지기 때문에, 산 중턱에 터널 같은 연기통로를 주욱 세웠습니다. 이것은 기왓장 쌓는 식의 기술로 아주 쉽습니다. 이 터널 옆구리 여기저기에 구멍을 뚫어요. 그리고 아래에서 그리로 연기를 내보내면 여기저기 뚫어둔 구멍으로 연해진 연기가 조금씩 빠져나가겠죠. 그렇게 하면

한 곳에만 피해가 집중되지 않겠다고 본 겁니다. 이런 것이 당시의 기술로, 연기를 내뿜는 곳이 마치 지네발처럼 보인다고 해서 지네발식 연도라고 불렀습니다.

이것은 확산에 대한 지극히 원시적인 사고방식입니다. 생산이 점차 증가하면, 당연히 이 지네발식 연도로 배출되는 아황산가스의 양도 점차 증가하여 피해는 더 커집니다.

이윽고 1911년부터 12년에 걸쳐 이리시켄의 지주와 농민들은 이렇게 산이 고갈될 것 같으면 더는 여기에서 살 수 없다, 어디 홋카이도나 다른 지역으로 집단이주를 하는 수밖에 없다고 판단할 지경까지 몰리고 말았습니다.

물론 광산 측도 그런 피해가 일어나고 있다는 것은 충분히 알고 있어서, 여러 대책을 세워보고 보상도 제대로 지급하고 있었지만 더는 어쩔 방도가 없었어요.

그래서 정부가 만든 중앙의 권위 있는 기관인 광독조사회에 상담을 하기로 합니다. 이곳은 아시오구리광산의 광독예방 명령을 내린 곳으로, 지금으로 치자면 공해심의회 혹은 수질심의회쯤 되는 기관입니다. 어쨌든 거기서 지네발식 연도가 농도가 높은 매연을 내뿜으니 피해가 커지는 것이다, 그러니 낮은 굴뚝을 만들어서 아래서부터 송풍기로 공기를 강제로 섞어서 위로 내뿜게 하면 된다는 대책을 세워줍니다. 그래서 직경 18미터에 높이 36미터 정도 되는 낮고 굵은 굴뚝을 광산 측은 열심히 만들었습니다.

그렇게 이 굴뚝을 열심히 만들어서 가동해봤더니 —이것은 벳시(別子)구리광산에서도 실제로 있었던 일인데— 웬걸 아무 효과도 없었습니다. 공기가 탁해져서 그리 내보낸 무거운 아황산가스가 고스란히 사무실로, 제련소로 쏟아져 내린 겁니다. 처음 예정대로라면 아황산가스가 강제통풍으로 하늘 높이 올라가야 하는데 한 치도 안 올라갑니다. 어떻게 해볼 수가 없었어요.

그러니 결국 사무소에서 일도 할 수 없고 현장에서는 숨도 제대로 못 쉬고 하니, 구하라 후사노스케도 버럭버럭 화를 내면서 "이따위 엉터리 굴뚝, 집어치워!"라고 난리를 쳐서, 결국은 원래 지네발식 연도로 되돌릴 수밖에 없었던 거죠. 그런데 이 굴뚝을 부수는 데도 돈이 많이 들기 때문에 아마 지금도 남아있을 겁니다. 이것을 지역 사람들은 '엉터리 굴뚝'이라고 부릅니다.

중앙의 잘나신 양반들이 만들어준 대책이란 것이 대체로 요 모양이라, 사실은 벳시의 경우에도 이것과 똑같이 실패했습니다.

그러니 지금의 공해대책도 도쿄대학 교수가 심의회에서 만드는 것은 대개 이런 겁니다. 옛날에도 이런 식의 실례가 있었고, 지금도 여전히 반복되고 있다는 것이 솔직한 얘깁니다.

보상에 대한 기본적인 사고방식

그러자 광산 측은 다시 지네발식 연도를 사용하기로 하고, 나머지는 가능한 한 보상금을 제대로 지급하는 것 외에 달리 방법이 없겠다고 작정합니다.

광산 측이 이때 취한 대책이 상당히 재미있습니다. 먼저 금전보상

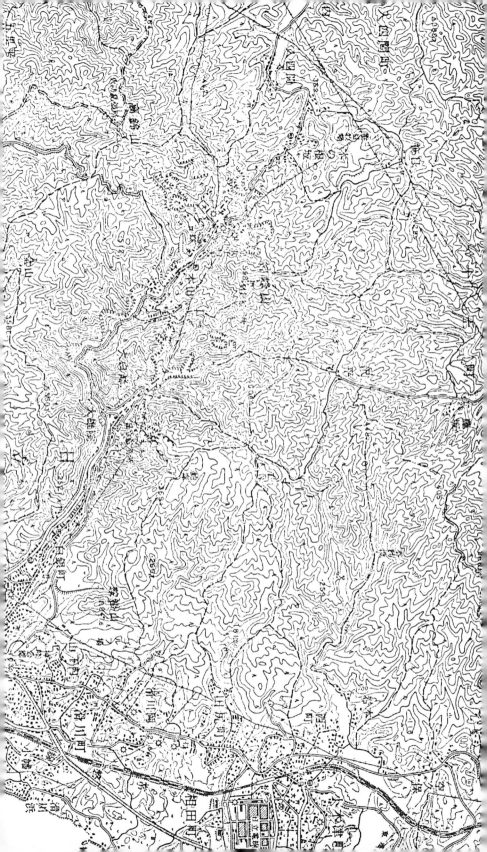

을 보면, 광산에 1백 명의 보상담당 직원을 두고, 언제든 매연이 나왔다는 전화가 오면 현장으로 달려가서 사태를 조사하고 즉시 돈을 지급하는 식입니다.

참고로, 보상할 때 매연의 피해란 정신적인 불안도 동반하는 것이라 실제 손해보다 10% 정도 더 지급하는 것은 오히려 당연하다는 것이 보상금 책정의 기본이라고 합니다.

그런데 오늘날 일본의 경영자는 "실제 피해액을 후려치지 않는 바보가 어딨냐?"고 할 정도지만, 다이쇼 시대에는 실제 피해보다 10% 정도 더 지급해도 어쩔 수 없다고 생각하는 것이 경영자의 마음가짐이었다는 겁니다. 이런 마음가짐을 본받았으면 하는 경영자가 지금 참 많습니다.

다음으로 가미미 산 아래에 '기상관측소'라고 작은 글씨로 표기된 곳이 있죠? 여기저기에 기상관측소를 만들어서, 밭을 빌리거나 큼지막한 실험용 화분을 배치하거나 해서 과학적으로 타당한 보상금을 지급하기 위해 여러 관측을 실시했습니다.

이 지도에는 안 나와 있는 먼 곳인데, 광산에서 남서쪽으로 20~30킬로 떨어진 우리즈라(瓜連) 마을까지 실험용 밭, 실험용 화분, 실험장 등을 두었습니다. 그리고 기상관측에 따라 풍향이 나쁠 때는 조업을 제한하거나 연료를 바꾸거나 합니다. 그렇게 해서 피해를 가능한 한 최소화시키려고 했습니다. 이것은 생산 제일을 내세우는 현장 입장에서는 정말 힘든 일이 아닐 수 없습니다. 간신히 능률을 올려놨는데 풍향이 나쁘다고 불길을 줄이라니 도대체 뭐하는 짓이냐고, 보상담당 직원하고 현장 직원들 사이에 분쟁이 생기게 마련이죠. 하지만 대부분은 보상담당의 요구대로 생산을 제한할 수밖에 없었습니다.

게다가 매연에 강한 나무를 찾아서 심으면 산이 조금은 덜 황폐해지지 않을까 라는 생각에, 사방에서 묘목을 구해와 심었습니다. 오시마(大島)의 벚나무는 평소에 화산가스를 뒤집어쓰고도 잘 자라니까 오시마 벚나무를 심으면 좋겠다고 생각한 거죠. 그래서 확실히 성공은 했어요. 기존의 잡목보다는 아황산가스에 강했거든요. 하지만 잡목림이란 것이 다양한 나무들이 모여 자랄 때 잡목림이라, 어떤 한 종류의 나무를 정해서 묘목으로 심어보려고 해도 이게 생각처럼 잘 안 된단 말입니다. 이에 관한 사례가 나중에 나옵니다.

그런가 하면 캐나다 산중에 역시 광산 근처에서 비교적 잘 자라는, 이파리가 세 개인 소나무라 '삼엽송'이라고 부르는 것이 있는데, 이것도 좋겠다고 생각해서 캐나다에서 묘목을 수입해와 시범적으로 심기도 했습니다. 나중에 한참 시간이 흐른 뒤 이바라키대학의 식물학자가 식물의 분포를 조사했을 때, 캐나다에만 서식하는 걸로 알려진 소나무가 히타치 근방 여기저기에 있는 것을 보고 이상하다 싶어 알아봤더니, 이때 수입해서 심은 묘목의 잔당이란 걸 알았다고 합니다.

결과적으로 오시마 벚나무는 사실 잡목림 뒤쪽에 심어둔 것은 그런대로 잘 자라다가 도중에 이상한 곤충이 생긴 통에 모조리 먹혀서 실패. 이것은 생태학적인 문제입니다만 한 종류의 나무만 가지고 숲을 조성하면 병충해에 약해서, 곤충이 대거 발생하면 그대로 전멸입니다.

잡목림이란 여러 종류의 나무들이 섞여 있는 곳으로, 처음에 어떤 종류의 나무가 다소 병을 앓더라도 다른 종류의 나무들은 살아남는 형태로 성립되는 일종의 복잡한 생태계입니다. 그런데 나무의 종이 하나

밖에 없으면 오히려 잘 못 자란다는 사례가 히타치에서도 일어난 겁니다. 어쨌든 당시에는 그런 묘목을 구해다 심어보기도 하고, 산의 나무가 말라버리면 낙엽들 덕에 그때까지 산에 공급되던 비료가 흘러가 버리니 산림지주나 농가에 비료비까지 보상해야 합니다.

당시의 보상교섭은 상당히 철저하게 이뤄졌던 모양입니다. 세키 씨도 까맣게 잊어버리고 있었는데, 보상에 관한 조사가 이뤄졌을 때의 편지가 사가(佐賀) 세관에서 나중에 발견되었습니다. 몇 군데 읽어보겠습니다. "밭농사 중 피해가 많은 것은 첫째 메밀, 다음은 산림의 밤, 잣, 보리, 밀. 1908년에는 느티나무가 큰 피해를 입었다", 쭈욱 아래로 가서 "1912년, 벼농사 최대한 한 마지기에 15엔, 단 평균 약 8엔 5전, 한 석에 22엔 시세였다." 그리고 "손해 지출의 표준, 콩 100, 감자 55, 우엉 45, 야채류 40, 토란 30, 무 25, 밭벼 20, 조수수 20, 기타 20. 생산보상은 1년에 한 번, 밭농사는 두 번, 기타는 한 번 수확을 기다렸다가 피해액을 정해 보상금을 받는다." "말 한 필에 50전 정도 손해가 났다." 이것은 산에서 베어올 꼴이 사라졌기 때문에 말에게 먹일 먹이가 부족해진 거죠. 그래서 말 한 필당 50전을 사료비로 내놓으라고 한 겁니다. 광산 측은 이것들을 지급했는데, 요컨대 이런 식으로 정확하게 하나하나 손해를 짚어가면서 사진을 증거로 제시하며 보상금을 받았습니다. 광산 측도 결코 보상액수를 깎으려고 하지 않았다고 합니다.

광산 측도 이런 보상의 기초자료로, 산림학 전문가를 채용해서 산림경작지의 생산력 조사를 하나도 빠짐없이 직접 실시했습니다. 그렇게 해서 얻어진 생산력 조사표와 그림을 피해지역에 배포하여 '어디어디의 지질과 토양에서는 원래 생산력이 이 정도다'라는 걸 알렸습니다.

그에 비해 올해 작황이 이렇다면 그 부분은 매연에 의한 손해분이므로 보상하겠다는 식으로, 공통의 기반이 될 자료를 광산 측에서 만들어서 피해자에게 배포한 겁니다.

그리고 기상관측도 기구(氣球)를 사용해서 일본에서 처음으로 고층기상을 조사했습니다. 이것은 나중에 거대 굴뚝을 만들 때의 기초적인 자료가 되었습니다.

피해를 입은 이리시켄 주민들도 광산 측을 엄청 원망하긴 했습니다만, 그렇다고 치고박고 싸우는 게 아니라 줄곧 교섭이라는 형식을 유지했습니다. 그 최대의 원인은 광산에 있는 진료소의 의사였는데, 평소에 매연으로 폐를 끼치니 사죄하는 뜻에서 무료로 응급환자를 왕진으로 치료해준 겁니다. 그 덕분에 광산 측에 대한 감정이 다소 누그러졌다는 기록이 남아있습니다. 이 의사의 왕진이 당시 이리시켄 사람들에게 미친 영향은 부정할 수 없는 것이었습니다. 그런 점에서는 미나마타의 경우와 비슷한 데가 있다고 할까요. 의사 선생님이라는 하나의 전문직이 공해문제의 해결 혹은 방향을 정하는 데 상당히 큰 역할을 한다는 점에서 역시 중요시하지 않으면 안 됩니다.

이건 우스갯소리로 남겨둔 건데요, 세키 씨는 광산의 보상담당 부서에서 일하는 사람들을 순전히 아마추어라고 보고 보상 견적을 점점 과장해서 내기 시작했습니다. 손해를 부풀려서 견적을 뽑으니까, 담배처럼 피해가 발생하면 즉시 이것을 베어낸 후 닥치는 대로 가격을 매겨야 할 때 이것은 40%, 이것은 60%라는 식입니다. 그러다 보면 결국에는 100%, 아니 이번 건 더 심하니까 120%라는 경우도 나와서 창피를 당한 일도 있었다고 합니다. 하지만 이것은 창피한 이야기라기보다는

오히려 그만큼 보상을 부풀려서 계산하는 것이 상식이었다는 것으로
이해해도 좋을 것 같습니다.

매연 농도의 정량적 기록

그리고 광산 측의 기술자와 세키 씨가 상담해서 가능한 한 정량
적으로 매연의 농도를 기록하자고 결정하고, 실행에 옮긴 것이 이렇게
기록으로 남아있습니다.

「매연을 쐼과 동시에 목이 따끔거리고 심한 기침이 나오며
호흡이 힘들 때를 농도 10으로 하고, 호흡할 때 불쾌감이 드는
정도를 농도 5로 하며, 희미한 매연을 눈으로 식별할 수 있어도
불쾌감이 없는 것을 농도 1로 한다. 그 사이의 2, 3, 4, 6, 7, 8, 9는
상식적으로 판단한다. 매연이 오는 시각, 매연을 쐰 시각을 가능
한 한 세세히 기록한다는 방침을 세워 스즈키(鈴木) 선생님의 지
도를 청했더니, 선생님은 '아마추어에게 그 이상은 불가능할 것
이므로 가능한 한 정밀한 관찰을 자세히 기록하라'고 하셨다. 그
밖에도 두세 가지 조언을 해주셨다.
곧바로 관찰을 시작했지만, 이것은 내가 자리를 비운 사이
다른 누군가가 대리로 할 수 있는 일이 아니라서, 어느 시점에서
는 외출도 마음대로 할 수 없고 때로는 밤중에 자다가도 일어나
야 했다. 수면욕구가 왕성한 청년기에는 그것이 가장 힘들었다.

이상의 관측에 따르면, 농도 9이상의 매연에서 콩류는 10분 내지
는 20분 만에 이파리가 하얘지고 농도 5일 때는 6시간 정도 지나
면 피해가 나타났다. 곤약은 내연성이 강해서 농도 8일 때는 피
해가 나타나지 않을 때도 있지만, 이것이 종종 반복된 뒤에는 농
도 5에서도 급격히 큰 피해가 나타나기도 했다. 회복력은 지극히
약했다.」

　지금 같으면 좀 더 정량적인 기록도 가능했겠지만, 그 당시에 이
정도까지 지주 측이 정량적인 기록을 남기려고 노력했다는 것은 지금
생각해도 훌륭합니다.
　결국 엉터리 굴뚝이 실패한 탓에, 구하라 후사노스케는 앞서 말했
던 고층기상의 관측 결과로 꽤 높은 상공까지 기구를 띄웠습니다. 그러
다 바다 쪽에 비교적 안정된 바람이 분다는 사실을 발견하고, 거기까지
닿는 굴뚝을 만들면 대부분 연기는 바다로 흘러가겠다는 예측을 하게
됩니다. 동쪽으로 부는 바람이 안정적이라는 사실을 알게 되자, 거기까
지 가닿는 굴뚝을 만들 것이냐 말 것이냐를 판단하게 됩니다. 물론 지
진이 많고, 그런 높은 구조물을 그때까지 전혀 만들어본 적이 없는 일
본의 기술진이 거대 굴뚝을 과연 만들 수 있을지도 의문이었습니다. 어
쨌든 구하라 후사노스케의 결단으로 굴뚝을 만들기로 하고, 약 300미
터 높이의 산 중턱에 156미터 굴뚝을 세웁니다. 이 굴뚝의 기반이 대충
300미터 가까운 곳에 있어서 해발로 치면 450미터 혹은 500미터에 달
하는 굴뚝을 세운 셈입니다. 이것은 고층기상의 관측으로 바람의 안정
성을 조사한 후 세운 계획입니다. 이 점이 전후(戰後) 기술로 풍동(風洞)

실험이니 컴퓨터니 하는 하찮은 실내연구를 통해 만든 계획과는 다른 점이죠.

자연현상은 참으로 복잡합니다. 그래서 우리가 실험실 안에서 아무리 재현하려고 해도 그렇게 간단히 할 수 없는 겁니다. 수식으로도 쉽게 나타낼 수 없습니다. 그것을 억지로 꿰맞춘 풍동실험이나 컴퓨터 등을 사용한 기술은 오히려 다이쇼 시대보다 퇴보했다고 해도 과언은 아닐 겁니다.

만일 여러분이 공해문제로 회사 측 기술수준이 어느 정도인가를 놓고 논의를 벌였다고 가정해봅시다. 그때 회사에서 컴퓨터로 계산한 결과로, 혹은 통산성의 지도로 실시한 풍동실험의 결과로 세운 대책이라면 그것은 문제해결에 아무 도움도 안 된다는 것을 알아야 합니다.

지금의 고층 굴뚝 확산, 그것도 100미터가 넘느니 150미터라느니 200미터라느니 하는 식의, 고작 100~200미터 굴뚝으로 서로 자기 것이 높다고 겨루고들 있습니다. 그것도 풍동실험이나 컴퓨터만 사용해서 만들어진 거잖아요. 자연 자체를 충분히 조사하지도 않은 지금의 대기오염방지 기술이란 다이쇼 시대의 수준에도 못 미칩니다. 이 사실은 여러분이 꼭 알아두시길 바랍니다. 그러므로 도쿄나 가고시마(鹿児島), 지바(千葉), 기사라즈(木更津) 여기저기 사방에 높은 굴뚝들이 생기고 있습니다만, 그것으로 조금이나마 대기오염이 줄었을까요? 아닙니다, 조금도 줄지 않아요. 오히려 더 멀리 퍼뜨리고 있을 뿐입니다.

히타치의 경우에는 몇 해에 걸쳐서 일본 최초의 기술을 자기들 스스로 개발해 기상관측을 한 데다, 일본 최초의 고층 굴뚝을 만들어 그것으로 상당한 성공을 거뒀습니다. 역시 새로운 기술이란 그만큼의 노력이 필요한 겁니다. 외국 논문 한두 편 읽고 그것을 흉내 내서 간단히 완성시킬 수 있는 그런 만만한 것이 아니에요. 그런데 도쿄대 공학부에서 하는 일은 뭘까요? 가장 공통되는 지식은 영어와 독일어, 혹은 영어와 불어 ―아마 미래에는 영어와 러시아어가 되리라 봅니다만― 그런 외국어 지식이 기술자의 가장 기초적인 지식입니다. 그것은 바로 외국의 논문을 읽고 흉내를 내기 위한 것이라 영어와 독일어 혹은 불어나 러시아어가 기초적인 지식으로써 요구되는 것입니다.

외래어가 보이면 조심하자

하지만 공해문제는 우리 스스로 제로에서 시작해서 피해자를 시작으로 기술을 개발하지 않으면 안 됩니다. 피해자가 시작해서 만든 기술에는 대부분의 경우 컴퓨터나 미분방정식 따위가 끼어들 여지가 없습니다. 그래서 저는 최근 들어 공해문제에 관한 논의를 상당히 쉽게 판단하는 기준을 만들었습니다. 외래어가 몇 개 들어있는가? 외래어가 들어있는 논의는 안 됩니다. 그것은 보산케의 식이 됐든 컴퓨터가 됐든, 좀 더 확장해석하면 마르크스 레닌이 됐든 레온체프가 됐든 이데올로기, 헤게모니가 됐든 일단 외래어가 들어가면 공해에 관한 논의는 끝입니다. 그런 것을 상대해 봤자 어쩔 수 없다는 것이 제가 도달한 기준입니다. 여러분도 부디 외래어가 오가는 논의는 가능하면 하지 말아주시길 부탁드립니다.

외국에서 수입해온 기술, 외국에서 수입해온 이론, 외국어를 일본어로 바꾼 논리 —그런 것으로 공해가 사라진다면 진작 해결되었을 겁니다. 세계에서 흉내 내기 1등인 일본인인 만큼 외래어 논리로 해결할 것은 이미 대부분 했습니다. 그러고도 해결하지 못한 것이라서 우리는 지금 공해를 뒤집어쓰고 있는 겁니다.

여러분이 공해를 공부할 때, 외국어 자료를 절대 보지 말라는 말이 아닙니다. 다만 그 내용을 외래어를 사용하지 않고 이해할 수 있는 데까지 이해하고 완전히 내 것으로 소화한 연후에 사용해야 한다는 겁니다. 이것이 다이쇼 시대의 히타치를 통해 얻은 교훈 중 하나입니다.

공존공영의 실행

실제로는 고층 굴뚝을 만들어도 바람이 바다 쪽으로 불어줄 때는 좋지만, 가끔은 육지 쪽으로도 바람은 붑니다. 그럴 때는 이리시켄을 넘어 훨씬 더 먼 곳까지 피해를 입을 수도 있고, 그럼 금전보상이 완전히 없어졌다고 할 수 없습니다. 그런데 100명이던 보상담당 직원이 점점 줄어들더니 결국 1955년에는 단 두 사람만 남게 되었다고 합니다.

1951년이었던 걸로 기억하는데, 이 매연 즉 아황산가스에서 황산을 만드는 공장이 히타치에 세워져서 매연 문제는 거의 해결되었습니다.

어쨌든 세키 씨의 업무는 이 거대 굴뚝으로 끝나지 않았습니다. 피해가 점점 줄어드니까 보상금액도 서서히 줄어들게 되겠죠. 그리고 산림의 생산력도 잘 생각해보면, 여러 해에 걸친 매연으로 벌거숭이가 된 산과 지금 울창하게 나무가 빽빽해진 피해가 없는 산을 놓고 볼 때, 보상액 계산상에서의 생산력은 장부상 똑같아질까요? 아니요, 사실은 아니라는 겁니다.

해마다 낙엽이 쌓여서 비료를 보급해주던 산과, 지난 10년간 대부분 나뭇잎이 다 떨어지고 없는 산의 보상금이 똑같다는 건 말이 안 됩니다. 혹은 보상금액은 점점 줄어들고 있지만 생산력은 원래대로 돌아가지 않는다는 사실에 세키 씨는 눈을 뜬 겁니다.

결국 산의 생산력을 지표로 한 보상논리는 아무리 해도 답이 없습니다. 하지만 피해, 즉 매연이 나오는 확률은 점점 감소하고 있으니 보상금액도 줄어드는 게 당연합니다. 이게 대체 어찌 된 일인가, 세키 씨도 여러모로 생각해봤지만 아무리 해도 합리적인 논리를 찾지 못했다고 합니다.

그래서 광산 측 보상담당을 찾아가서 "아무리 생각해도 이상한데 도무지 계산할 수가 없다. 그렇다고 논쟁할 생각은 없다. 다만 한 가지, 광산 측이 마을사람들에게 묘목을 무료로 교부해주면 어떻겠는가? 그렇게 하면 산의 생산력도 점점 회복될 것이고, 보상과는 별개로 묘목을 내주면 어떻겠는가?"라고 말했다는 겁니다. 광산 측도 잠시 생각해보더니 결국 그에 동의했습니다.

그 후 광산 측이 이리시켄의 사사메(笹目), 야도쓰보(宿坪), 그리고 기노네자카(木の根坂) 마을에 교부한 묘목이 16만 8천 그루였습니다. 열심히 산림을 조성한 덕분에 그 일대 산림은 상당히 회복되었고, 이것이 세키 씨의 큰 업적 중 하나였다고 회고하시더군요.

그로부터 이리시켄의 청년들은 '회사에서 보상금을 받는 것만으로는 안 된다. 더 적극적으로 우리 일을 개척해 나가야 한다'는 각오로 채소재배에 열을 올립니다. 그리고 마을 품평회도 열어서 결과가 좋은 채소는 여인들이 짊어지고 광산의 사택으로 팔러 나갑니다. 그것이 꽤 성공적이었던 모양이에요. 또한 그것은 서로 얼굴을 익히는 계기가 돼서, 광산 측과의 공존공영이라는 면에서도 성공했습니다. 그런가 하면 매월 인쇄물이나 회보를 만들어서, 1등은 누구누구고 2등은 누구누구다, 매출이 가장 높은 사람은 누구누구 하는 식으로 선의의 경쟁을 부추겨서 용돈벌이로도 꽤 괜찮은 성과를 거두었다고 합니다.

세키 씨를 비롯해 보상위원들은 결국 히타치광산의 매연 사건에 35년이라는 세월이 걸렸다고 회상합니다. 스물세 살에 위원장이 되었던 세키 씨는 이제 매연 문제가 대체로 해결되었다고 생각한 순간 어느새 예순 가까운 나이가 다 되었더라는 겁니다. 이 기나긴 세월과 광산 측의 성실한 태도가 있었기에 제2의 아시오구리광산 사태를 면할 수 있었습니다. 또 광산 측도 세키 씨를 비롯한 이리시켄에 대한 보상을 항상 과학적으로 하지 않을 수 없었습니다.

물론 이리시켄만이 아니라 주변 일대의 몇몇 산림은 모두 피해를 입었습니다. 그중에는 일시금으로 보상을 받아 대저택을 짓고 남은 돈으로 음식점 같은 데 투자했다가 2, 3년에 빈털터리가 된 사람도 있습니다. 그런 실패사례를 이리시켄 사람들은 많이 보아왔습니다.

보상금도 그해 생활비로 다 쓰지 않고 아무리 힘들어도 10%는 강제저축을 했죠. 대신에 당시의 은행은 지금하곤 달라서 나름대로 융통성이 있던 시절이라, 정기예금으로 하면 이자를 높게 해주라는 교섭을 은행의 주주였던 세키 씨가 찾아가서 성사시켰습니다. 그렇게 해서 피해가 너무 심해서 한해를 어찌 넘길까 걱정일 때도 이리시켄 마을은 잘 버텨왔습니다.

그리고 광산 측의 태도 역시 흥미롭습니다. 세키 씨의 기억에 의하면, 어느 모로 보나 기후 탓에 경작이 엉망일 때도 광산 측에 가서 ― 아마 1920년일 겁니다, 농작물 폭락으로 농촌이 엄청 피폐했던 해가― 시마무라(임업보상 담당의 광산측 기술자) 씨를 만나 그해 불황에 관해 하소연하면서 피해지 구제 의미로 보상금을 감액하지 말고 전년도 기준으로 해주면 안 되겠느냐고 부탁했다고 해요. 그런데 시마무라 씨는 "피해지 구제는 별도의 얘기다, 매연 문제는 그것을 기준으로 취급해야 하므로 피해율에 맞게 계산할 수밖에 없다, 그러니 농작물 가격이 얼마고 그것이 몇 % 피해를 입었으니 얼마를 보상하겠다"라고 딱 부러지게 거절하더란 겁니다.

너무 당연한 얘기라서, 세키 씨는 자신의 비이성적인 부탁이 부끄러웠답니다. 그대로 마을로 와서 그런 취지의 이야기를 전하며 사람들을 설득시켰죠. 그로부터 두 달쯤 지나서 보상안이 완성됐다는 통지를 받고 교섭하러 광산 측으로 갔더니, 그 내용이 전년도랑 똑같았다지 뭡니까. 얼핏 들으니 과장이 시마무라 씨의 진언을 받아들여준 결과라고 했답니다.

어쨌든 이런 태도를 광산 측이 취했다는 것도 행운이라면 행운이죠. 적어도 아시오구리광산 때 같은 비참한 상황까지는 안 갔으니 말입니다.

이것은 다이쇼 시대의 옛날이야기가 아니라 현재도 통용되는 이야깁니다. 그렇지 않다면 현재의 자본가와 경영자가 얼마나 부패하고 타락해 있는지, 혹은 그런 기술을 만드는 기술자와 과학자가 얼마나 부패하고 타락해 있는지의 실례를 우리는 수도 없이 경험하고 있을 겁니다. 요컨대 상대방이 나쁩니다. 다이쇼 시대의 구하라 후사노스케에 비해 아시오구리광산의 그 사람이 나쁜 거죠. 지금 우리가 겪고 있는 공해는 상대방이 너무 비열한 겁니다.

세키 씨가 지난달 저에게 엽서 한 장을 보내주셨습니다. 히타치에도 이미 몇 백 개가 넘는 굴뚝이 세워졌지만, 구하라 후사노스케나 당시의 보상교섭에 응했던 경영자들처럼 제대로 된 사람은 이제 한 명도 없다, 어디를 보나 공해 투성이라고 쓰셨더군요. 그러니 지금은 말세라는 겁니다.

세키 씨는 여전히 건재하십니다. 지금까지 찍은 사진이 4만 장이 넘는다고 해요. 〈코메이그래프〉의 기자가 사진 좀 보여 달라고 찾아갔다가, 창고에 4만 장이 있다는 이야기를 듣고 "그럼 오늘 다 보는 건 도저히 무리겠네요, 다시 오겠습니다"라고 말하고 돌아왔노라는 이야기를 일전에 들었습니다.

세키 씨는 최근 —최근이라곤 하지만 벌써 10여 년 전의 일입니다만— 추억들을 모아서 『히타치광산 매연 관련의 옛날이야기』라는 작은 책자를 만들었습니다. 이런 것이 그분의 재미있는 점인 것 같아요. 「히타치광산 관련의 잊을 수 없는 사람들」이라는 부제를 달았는데, 이 책자를 당시의 관계자 및 가족에게 한 권 한 권 기념으로 보낸 뒤 그들의 감상문을 모아서 속편을 만든 겁니다. 상당히 재미있는 발상이지 않습니까? 고맙다는 내용 등의 답장 중에서 이거다 싶은 것들을 선정해서 속편을 만들었는데, 그게 아주 귀중한 자료가 되었습니다.

당시 광산 측과 산림지주의 절충의 태도를 파악하는 데 기본적인 문헌의 하나가 된 건데, 세키 씨는 아주 분명한 성격인지라 이 책의 배포기준을 책의 마지막에 이렇게 서술하고 있습니다. "이 책을 분포하는 방법을 말씀드리겠습니다. 이 책은 비매품이므로 다음의 방법과 순서에 따라 증정분포 하겠습니다. 본 모임의 고문, 명예회원, 특별히 본 모임을 지원해주신 여러분, 저자의 선배 —선배라고 하면 연세가 상당하겠군요, 칠순이 넘었을 테니까요— 지인 여러분, 이 책에 실린 '매연' '사택' '수도' 문제에 이름이 올라온 분들, 각 마을의 위원임을 통보받은 여러분, 그리고 잊을 수 없는 사람들로 이름을 올리신 분들 —이 다음 내용이 걸작입니다— 고인이 되신 분은 그 자녀나 손자임을 증명할 서류를 첨부하여 청구하시오."

이 정도로 극명한 사람이 상대편에 있는데, 광산 측도 함부로 홀대할 수는 없었을 겁니다. 물론 이 문제는 좀 더 조사해봐야 할 겁니다. 남아있는 기록이라곤 세키 씨의 조사기록과 추억담 정도뿐이라 할 수 있으니까요. 산림지주 중에도 큰 산 지주도 있고 작은 산 지주도 있으며, 일용직도 있고 소작농도 있고 지주도 있을 텐데, 이 사람들이 다 똑같이 움직였는지 어떤지는 모를 일입니다. 역시 마을에 그런 여러 계층이 존재하면, 공해를 받아들이는 측의 입장에도 여러 층의 차이가 생기게 마련입니다. 이 히타치의 사례에 대해서는 솔직히 저도 연구를 시작한 지 얼마 안 되기 때문에, 앞으로 시간을 더 들여서 여러 측면에서 조사할 필요가 있다고 봅니다.

그렇지만 관계자가 생존해있다는 것은 —연세가 많은 노인으로, 세키 씨도 팔순 가까이 되시기에— 서둘러야 할 문제임을 의미합니다.

사실은 한 가지 더 서둘러야 할 문제가 있습니다. 꾸물거리다가는 조사할 길이 사라질 수 있는 것이 다음의 아라타 강(荒田川) 사건입니다. 요컨대 공해문제의 오래된 이야기는 서두르지 않으면 안 됩니다.

일전에 아시오구리광산에 관한 이야기는 다 했다고 생각했는데, 사실은 아주 중요한 사실 하나를 잊고 있었더라고요. 야나카(谷中) 마을에서 쫓겨났던 농민들이 야나카 마을에 심었던 갈대의 기득권을 둘러싸고 주변의, 특히 후지오카의 마을사람과 분쟁을 일으킨 '갈대베기 사건'이란 것이 다이쇼 시대에 발생했는데, 1920년대 관계자분들도 한 분한 분 줄어들고 있습니다. 그만큼 다이쇼 시대의 공해문제를 둘러싼 사례연구는 정말 서둘러야 하는 단계에 현재 와있다는 겁니다. 이 건에 대해서는 나중에 공해에 관한 공부는 어떻게 해야 할까에 대해 다른 시간을 활용해 생각해보기로 하겠습니다.

히타치 매연의 문헌

앞서 문헌을 소개하는 걸 깜빡했습니다. 히타치 매연 문제에 대해서는 방금 말씀드린 세키 씨의 『히타치광산 매연 관련의 옛날이야기』 1, 2편과 또 하나 닛타 지로(新田次郎)의 소설 『어느 마을의 높은 굴뚝』이 있습니다.

이 『매연 관련의 옛날이야기』는 비매품이고, 말씀드렸다시피 상당히 엄격한 자격조건을 충족해야 배부받을 수 있는 것이라 구하기는 불가능하다고 봅니다. 오늘 말씀드린 것도 가능한 한 이 책의 내용을 충실히 전해드리고자 했습니다. 그리고 닛타 씨의 소설은 비교적 최근에 나온 작품인데, 처음에는 시오(潮)출판사의 『주간언론(週刊言論)』이라는 주간지에 꽤 오래도록 연재했던 소설입니다.

닛타 씨의 플롯에는 있지도 않은 이야기는 들어있지 않습니다만 내용에 약간의 로맨스가 포함되어있습니다. 실제로 그런 일이 있었는지 어땠는지는 확인할 수 없지만, 광산 측과의 교섭이나 당시의 기술적인 문제 그런 것들은 거의 실제로 있었던 사실 그대로를 적고 있습니다. 사실을 나중에 안다는 점에서 이 『어느 마을의 높은 굴뚝』은 상당히 재미있고 귀중한 자료로써도 읽을 수 있습니다.

세키 우마노조, 아호가 덴슈(天洲)라고 하는 한 인간의 청년시절부터 노년에 이르기까지의 인생을 그린 소설로, 상당히 수준이 있는 책이기도 하고 당시 광산과의 교섭에 대해서는 사실 그대로를 쓰고 있어서 자료로써 충분히 도움이 될 책입니다. 자료로 지금 사용할 수 있는 것은 이 두 가지 정도입니다.

아라타 강(荒田川)

물 분쟁의 효용

다이쇼 시대의 또 하나의 사례로 아라타 강의 오염수 문제를 다뤄보겠습니다.

이 아라타 강 오염수 문제는 아마 과거의 공해 중에서 가장 자세한 기록을 남기고 있는 아주 드문 예일 겁니다. 나가라 강(長良川)의 작은 지류인 아라타 강은 기후(岐阜) 시내 남쪽을 흐르는 강입니다. 도카이도(東海道)선을 타고 기후역으로 들어서기 직전에 열차가 커브를 도는데, 그 커브 바로 직전에 개울을 가로지르는 강이 아라타 강입니다.

다이쇼 시대의 기후 마을은 그렇게 크지 않았습니다. 현재의 4분의 1정도 크기의 마을이었는데, 이 아라타 강은 무논 사이를 쭈욱 따라 흘러서 하류에 이르기까지 논의 용수로 쓰였습니다. 또 기후 시 지형으로 보면, 이 주변 강은 대개 북쪽에서 물을 받아 남쪽으로 흘려보냅니다.

유명한 제방지대로 물의 이용을 둘러싼 상류와 하류 간의 분쟁이 끊이지 않는 지역입니다. 홍수철이 되면 하류는 한시라도 홍수가 덮치는 것이 늦고 한시라도 빨리 물이 빠지지 않으면 큰일 납니다. 상류 쪽은 빨리 물이 하류로 빠져나가길 바라고, 하류는 빨리 오면 곤란하죠. 그래서 홍수 때마다 물 분쟁이 벌어집니다. 그리고 평소의 물 부족 때도 물 분쟁이 발생해요. 상류에서 먼저 물길을 터버리면 하류로는 물이 안 가거든요. 이런 두 문제가 얽혀서 이 근방 사람들은 곧잘 제방근성이라는 말을 하는데, 바꿔 생각하면 어떤 의미에서는 주민자치가 가장 발달된 지역일 수도 있습니다.

물을 둘러싼 상류와 하류의 이해대립은 노비(濃尾)평야에서는 몇백 년의 역사를 가졌을 정도로 오래된 겁니다. 가장 유명한 것은 '기소(木曽) 3천(川)'이라고 하는 기소, 나가라, 이비(揖斐) 세 강의 공사입니다. 이것은 사쓰마(薩摩)번을 혼쭐을 내주려고 일부러 실시한 대토목공사인데, 이곳 노비평야의 치수토목의 변천만으로도 상당히 재미있습니다.

그중에서도 문제가 아주 많은 강 중의 하나가 아라타 강이었어요. 사실 이 강의 상류에서 폐수가 흘러들어와 하류의 무논으로 들어간 겁니다. 그리고 홍수 때도 하류의 무논이 물에 잠깁니다. 이 아라타 강의 남쪽에 위치한 하시마 시(羽島市)의 약간 위쪽에 사카이가와 강(境川)이라는 또 다른 지류가 있습니다. 이 사카이가와 강이 더 남쪽에 있으니까 아라타 강의 폐수를 하천개수로 사카이가와 강에 가능한 한 빨리 흘려보냅니다. 그걸 받는 사카이가와 강 쪽은 참을 수가 없겠죠. 그래서 하나 더 남쪽으로 하천개수를 해서 기소 강으로 가능한 한 빨리 물을 빼냈어요.

메이지 이후의 하천개수란, 어떻게 해서 자기들 쪽에 고이는 홍수의 물을 빨리 빼낼 것인가, 어떻게 하천개수를 해서 한시라도 빨리 기소 강으로 물을 보내 버릴까를 위한 공사의 연속이었습니다. 그러니 여기 지도를 보시면, 사실 이 부근의 강들 —아라타 강, 사카이가와 강, 기소 강— 은 여러 개의 방수로로 연결되어 있습니다.

이렇게 물을 둘러싼 분쟁은 당연히 수리조합의 기록에 기득권적으로 아주 상세하게 기록되어 있습니다. 일종의 관행의 권리죠. 합의로 인해 정해진 결정은 대부분 상류 쪽에는 아무래도 좋은 것들이 하류 쪽에는 사활이 걸린 문제이기 때문에, 하류의 수리조합 기록이란 항상 상류와 어떠한 조건으로 물을 절충했는가를 빠짐없이 기록해두는 것이 관례였습니다.

간토(関東)지방에서도 마찬가집니다. 물 분쟁이 있는 곳에서는 다들 하류 쪽의 무논 수리조합, 토지개량조합의 기록에는 아주 상세하게 상류와의 물 분쟁이 해결에 이를 때까지의 경위를 적어둡니다.

어쩌다 간혹 그런 기록 중에 오염수 문제에 대한 수리조합의 업적이, 무슨 일에서든 기록을 중히 여기는 습관 때문에 기록되어 있곤 합니다. 아주 우연히 건진 것이 하나 있습니다. 『아라타 강 갑문 보통수리조합지』라는 책인데, 그것은 아라타 강의 수리조합이 해산되고 더 큰 단위로 합병되었을 때, 그때까지의 기득수리권 문제를 상세하게 기록한 것 중에 오염수 문제의 기록이 포함되었었나 봐요. 그리고 그 사본이 도쿄대 농학부의 농업토목 도서관에 먼지를 뒤집어쓰고 묻혀 있었죠. 이것이 다이쇼 시대의 공해문제 관련 기록으로는 아주 귀중한 자료라는 사실을 농업토목과 선생님이 발견하신 거고요. 대강 10년 정도

전인 1960년에 과학기술청의 자원조사회에서 발행한 『수질오탁방지 대책에 관한 조사보고』, 이런 흰색 표지의 책에 상당부분 인용되었습니다.

이 두 가지 자료 —원래는 하나나 마찬가지지만— 덕분에 현재 당시의 분쟁이 어땠는지를 상당히 자세하게 알 수 있습니다. 최근에 발행된 논문에서는 기후대학의 다케우치(竹內) 선생이 『쥬리스트(Jurist)』의 공해특집에 6페이지 정도의 논문을 발표했습니다. 상당히 요령 있게 잘 정리했는데, 물론 원전(原典)이 훨씬 재미있습니다. 다케우치 씨가 소개한 덕분에 최근에야 비로소 이 아라타 강 사건이 알려지게 되었는데, 오래된 사건이지만 역시 빼놓을 수 없는 중요한 공해분쟁입니다.

이것은 기록으로 남아있을 뿐 아니라 역시 쌍방의 반응 및 대응 방법이 지극히 전형적입니다. 다이쇼 시대의 하나의 좋은 모델이라는 점에서 중요한 사건입니다.

1961년 무렵이었던 것 같은데, 운 좋게도 제가 이 사건을 조사하기 위해 갔었어요. 당시 대학원에 갓 들어갔을 무렵입니다. 이 운동의 중심에 섰던 전직 현(縣)의원 이시구레 케이치(石樗敬一) 선생님의 이야기를 들었는데, 그때 이 책 『아라타 강 갑문 보통수리조합지』를 주셨습니다. 기념할 만한 글귀까지 써주셨는데, "도쿄대학교 공학부 화학공학과 모리(森)연구실 우이 준 님의 연구에 경의를 표하며, 마지막 책을 바친다. 1961년 11월 22일 기후시 이시구레 케이치".

정말이지 조사라는 것은 서두르지 않으면 안 된다는 사실을 뼈저리게 느낍니다. 제가 68년부터 69년까지 유럽으로 조사를 떠났을 때 이시구레 선생님이 돌아가셨어요. 지금은 당시의 상황을 자세하게 여쭐

분이 거의 안 계십니다. 잘 알아보면 아직 몇 분이 기후 시(市) 교외에 살고 계시겠지만, 다시 처음부터 찾아나서지 않으면 안 되는 것이 현 상황입니다.

특별위원회의 발족

어쨌든 다행히 제 손에 이 『보통수리조합지』가 있고, 여기에는 상당히 재미있는 사실들이 여러 가지가 적혀있습니다.

먼저, 이 아라타 강 분쟁의 특징은 보상교섭을 일절 하지 않았다는 겁니다. 거기에는 나름대로 이유가 있습니다. 수리조합의 일지에는 그에 대한 사정도 정확히 적혀있는데, 잠시 이걸 읽어보겠습니다. 아주 중요한 문장이라고 생각합니다.

「1925년 11월 6일, 군(郡)사무소에서 상설위원과 위원 및 관련 마을의 촌장, 지역관련 의원이 오염수에 관한 협의를 하고, 현의 경찰부장을 비롯해 공장의 과장과 직원 및 기사(技師)들과 합동 협의를 하다.

즉시 오염수 문제에 대해 선처해야 하는데 이를 해결실행할 방법이 없다는 데 대해, 하야시 아카나베(林茜部) 촌장은 '이 문제는 다년간의 숙제로 일찍이 당국에서 상당한 제해(除害)대책을 세웠다고 생각한다. 그렇지만 제해방법이 정해지지 않으면 매년 큰비로 물이 넘칠 때마다 아라타 강 연안의 논들로 오염수가 침투해오고, 농촌의 소작문제에도 영향을 미치므로 한시라도 빨리 해결하기 바란다'라고 했다.

위원은, 하야시 아카나베가 말한 것처럼 지주나 촌장들이 경작지의 피해가 많다고 목소리를 높이면 농민소요의 우려가 있으니, 당장은 해당 설비를 설치하고 있다거나 조사연구 중이라고 하여 달래었다. 하지만 고토(後藤)모직공장을 비롯해 제해설비가 완전하지 않고 제방의 균열도 수선하지 않아 불완전하다. 양잠도구 같은 것은 다른 곳에서 씻을 수밖에 없는 등 농민은 심히 곤란을 겪고 있다. 부디 오염수를 정화시켜 달라.

지역의 현의원은, 설비장치 등이 불완전하므로 오염수를 배출하지 않도록 (조업을) 정지하거나, 그것이 어려우면 정화하거나 쇠 파이프를 이용해 무해한 곳으로 내보내는 설비를 하기 바란다.

경찰부장, 할 수 있다면 오염수를 정화하고 싶다, —이 뒷말이 아주 유명합니다— 서로 조화를 이루는 곳에 시설을 설치하게 하고 싶지만 묘안이 안 나온다.

공장의 과장(課長), 단순히 의견을 듣기만 해서는 효과가 없기 때문에 양자가 서로 잘해 나갈 수 있는 확실하고 적확한 의견이 없다는 사실이 유감이다. 그러니 위원을 선발하여 연구하고 회사 측과 교섭을 해서 서둘러 상대방에 접근하면 좋겠다.

그 후 협의한 결과 6명의 위원을 정하였다.」

여기에서 나타나는 문제는 지주는 소작농과 공장 사이에 끼어서,

피해를 제기하자니 소작료감면 요구가 들어오고, 보상을 받자니 그만큼 소작료를 줄이라는 요구가 나오니까 보상을 안 받겠다는 겁니다. 그리고 또 경찰부장의 답변에서 보듯이 쌍방의 조화가 필요하다고 하지요. 이것은 지금도 등장하는 변명입니다.

보상이 안 되니까 지주(地主)운동은 원인 제거 하나에만 집중될 수밖에요. 이것은 오히려 공해운동에서의 원칙에 어쩔 수 없이 내몰리게 됩니다. '돈은 안 받겠다, 공해원인을 제거하라'라는 외곬 주장으로 나갈 수밖에요. 그 결과 지주운동은 어떤 의미에서는 궁지에 몰린 탓에 공해의 진짜 모습과 정면으로 대결하는 운동이 됩니다.

기후 시에 중소기업, 특히 모직물이나 견사, 면방 등의 경공업이 집중적으로 생기게 된 것은 1918, 9년 무렵부터의 공장유치와 때를 같이 하면서입니다. 그러면서 조금씩 조금씩 오염수가 나오기 시작했는데, 1918년에 오독수(汚瀆水) 문제 ―여기 '독(瀆)'이라는 글자는 지금은 거의 사용하지 않지만, 진짜 뭔가 더럽다는 느낌이 강하게 드는 글자죠― 에 관한 임시위원을 만듭니다. 그러다 1924년 무렵부터 이것이 상설위원으로 바뀌게 됩니다. 수리조합의 임원들이므로 전부 무논을 가진 지주들이라, 어떤 의미에서는 시간적 여유와 돈과 학문을 갖춘 사람들이 위원이 되었습니다.

주민이 결정하는 폐수처리법

그렇게 해서 1923년경부터 활발한 활동이 시작되었고, 1937년경까지 이 활동은 계속되는데 대략 15년간 활동을 해온 셈입니다. 매일같이 현장을 걷습니다. 현장을 걸으면서 오염수를 내보내는 공장을 하나하나 찾아내어 추궁합니다. 여기서 잠깐 한 사례를 일지에서 읽어보겠습니다.

"1926년 1월 28일, 위원 일동은 시가(滋賀)현 공장과장 주임속(屬)을 면회하여, 여과용으로 쓸 모래자갈의 표본을 연구하고 그중에서 가는 입자의 자갈표본을 가지고 회사와 교섭하기로 협정하고, 여과해야 할 곳곳에 대해서는 조만간 조사를 거쳐 정하기로 하였다."

이것은 공장폐수를 자갈로 걸러내서 고형분을 제거한 후 방류하는 방식으로, 공장 측도 마지못해 인정합니다. 그러면 그 자갈층에 사용하는 자갈가루는, 지주 측이 샘플을 취합해 와서 그중에서 입자가 가장 작은 것으로 결정해 사용하게 합니다. 이것은 이런 운동의 전형적인 한 가지 방법입니다만, 어떤 처리를 할 것인가에 대해서는 공장 측에도 물론 의견을 묻지만, 지주 측도 나름대로 생각하여 결정하죠. 그리고 그것을 밀어붙이는 겁니다. 지금의 공해방지 기술에 있어서 이만큼 주민 측이 강하게 나오는 사례는 그다지 많지 않습니다. 어떤 처리방법을 택할지 주민이 결정합니다.

그리고 같은 공장에 대해,

"1926년 10월 30일, 위원 일동은 이토(伊藤)공장 과장을 면담하여 고토(後藤)모직공장 폐수 여과장치 불비, 즉 자갈층의 자갈크기가 크다는 것과 철망 불비 두 가지 이유를 들어 고려할 것을 진정."

이 공장은 계속 문제가 많았던 모양입니다. 미리 여과용 자갈의 크기를 정해줬는데도 정해진 크기보다 큰 자갈을 썼다고 불만을 말하

고 있습니다. 그렇게 옥신각신한 끝에,

"1927년 7월, 공장폐수에 관해 고토모직회사는 순찰표를 만들어서 순사로 하여금 두 번씩 순시하게 하였다."

이렇게 결정이 났습니다. 즉 경찰력을 동원해서 공장폐수를 제대로 처리하고 있는지 없는지를 감시하게 한 거죠. 일본의 경찰도 이 당시에는 꽤 착실했던 모양이네요.

"같은 날, 털실회사는 폐수중지를 명령받았다."

이것은 주어가 확실치 않지만, 중지를 명령한 것이 지주라는 사실은 확실합니다. 폐수를 멈춰라! 이런 명령을 무논의 지주들이 내린 겁니다.

"가와하라(川原)전분공장은 침전(沈澱) 저수지를 만들 것을 명령받았다."

이건 협정이 아니라 순전히 명령입니다. 이 정도로 강한 주민이란 —아주 조금씩 나오고 있긴 합니다만— 그래도 이 정도로 훌륭한 사례는 다이쇼 시대부터 지금까지 끊기고 없었던 것 같습니다.

사실 당시의 무논지주들은 한편으로는 이들 중소기업의 주주이기도 했거든요. 한 주 주주 같은 궁색한 주주가 아닌 대주주인지라, 그들이 명령하는 데에야 상대방도 듣지 않을 수 없었을 겁니다.

그리고 또 공장 측도 어떻게 하면 좋을지 몰라서 누가 좋은 방법 좀 가르쳐주기만을 기다리고 있었던 판국이에요. 지주 측에 머릴 조아리며 '이판사판이라 시키는 대로 할 테니 제발 방법 좀 생각해주시오!' 했을 것이고, 지주 측도 그런 요청을 받았다고 당장 뾰족한 수가 나오는 것도 아니니까 '기술자를 고용하는 건 당신들 아니냐?'라고 옥신각신한 거죠.

"1927년 12월 13일, 공장과(工場課)는 가와하라전분공장에 기사를 출장으로 보내왔다. 기사는 공장주와 담판한 결과, 공장주는 여과설치에 대해 어떤 것이든 할 테니 미리 조합에서 방안을 내달라고 했다는 이야기를 공장과 과장 면전에서 전달하였다. 따라서 사무관은 19일 조합회에서 협정하겠다고 답하였다."

'제발 어떻게 좀 해달라'는 거죠.

폐수에서 원료를 회수

이렇게 일방적으로 공격을 당하던 공장 측은 여러 가지 방안을 모색합니다. 그 한 사례가 이겁니다.

「1928년 4월 9일, 위원 일동은 현지 시찰과 더불어 공동모직 회사의 저수지는 메우지 않도록 주의할 것을 합의했다.

도키야스(時安) 기사를 안내하여 위원일동은 공동모직과 일본털실 두 공장의 폐수를 시찰하였다. 상황이 아래와 같았다.

공동모직공장 폐수의 양, 저녁 5시부터 7시까지 정지, 22시간 작업으로 4,500석(1석=180리터)에서 6,500석의 폐수량, 여과장 담당원 4명, 야간 2명, 저수지에서 유출하는 정수 배출구 폭 150cm 평균깊이 24cm 단면.

일본털실공장, 공장폐수를 이용한 폐수침전물은 공장 밖으로 가지고 가서 탄가루와 섞어 방출한다. 상수(윤활유)를 채취하는 기계를 이용하고 윤활유로는 머릿기름을 만든다. 그 폐액은 북쪽 내지는 서쪽 저수지 안으로 방출하여 자연증발 혹은 토지 속으로 흡수되게 한다. 빗물이 섞일 경우는 쇠 파이프를 이용해 아라타 강 상류로 방출한다.」

이 일본털실공장은 양털을 사 와서 이것을 빗어서 털실을 만드는데, 양털이란 것이 양의 분뇨나 진흙이나 풀씨 같은 잡다한 것들이 잔뜩 묻어있어서, 이것을 잘 씻어내지 않으면 안 됩니다. 그런데 이때 비누와 황산을 이용합니다. 그때 나오는 폐수가 우리를 아주 골치 아프게 하는 폐수예요. 인간의 생 분뇨 즉 배설물과 같은 정도로 유기물이 높아서 금방 썩습니다.

이것을 아라타 강으로 흘려보낼 때마다 골머리를 썩였던 일본털실은 이윽고 미국으로 기사를 파견했습니다. 거기서 윤활유를 채취하는 기술을 배우고 기계를 사들입니다. 그렇게 채취한 윤활유 가격이 제법 나간 덕분에 기계 대금은 머잖아 회수되고, 게다가 상당한 이익까지 남게 됩니다. 이것은 '유용물질의 회수'라고 1929년 8월 3일자로 이 일지에 적혀있습니다.

「일본털실공장 시찰, 양모세척액의 폐액은 '탱크'로 보내 침전시키고 앙금을 취한다. 이 앙금은 숯과 함께 매립지에 이용하고, 액체는 퍼담아 섭씨 60도로 가열하여 이것을 분리기로 보내 비누액과 지방으로 분류한다. 폐액 200석에서 이런 지방석유캔으로 100개를 생산한다(1캔=1엔 20전 판매). 또 비누는 기존에 하루 130엔 정도가 들었는데 30엔을 보충하기만 하면 되었다. 둘을 합친 하루 이익이 220엔, 그를 위해 인부 두 명만 필요, 설비비 약 6만 엔, 목하 특허출원 중이다. 이상의 설비를 완성한 덕분에 폐액 중에 해가 되는 것은 하천으로 방출하지 않고 정화되어 희석된 것만을 하루 3천 석 정도 방출한다고 한다.」

이것은 제법 잘 된 사례입니다. 하지만 만사가 잘 됐다고 할 수 없는 것이, 일단 이런 기세로 밀어붙였으니 기업도 고생이 많았을 겁니다. 공장하고 직접 교섭하죠, 그때까지의 일지기록에도 나와 있듯이, 현(県)이나 시정촌(市町村)을 재촉하죠, 경찰력을 빌리죠, 그리고 ─돈과 시간이 많은 지주라서 가능했겠지만─ 각지를 돌면서 비슷한 상황의 공장을 조사하고 다니죠.

폐수정화에 관한 시찰요령 같은 것이 이 기록에는 상당히 많이 나와 있습니다. '시가 현의 공장폐수정화 시찰요령'이라는 보고도 있고, 게다가 교토대학 위생학과 교수인 도다(戸田) 박사를 초빙해서 배수처리의 설계도를 그리게 하고 그것을 공장에 제시합니다.

그뿐만 아니라 현회(県会)에서도 질문을 하는데, 이때도 아까 말씀드렸던 경찰부장의 답변이 나옵니다. 이것은 이 '조화론'이 기록에 남아 있는 아마도 첫 사례가 아닐까 생각합니다. 더 오래된 사례가 있을지 모르지만, 이 '조화론'의 문장은 상당히 참고가 됩니다. 그 부분만 읽어보겠습니다.

"모든 공업, 농업, 위생 혹은 다른 풍치(風致)에도 영향을 미치지 않고 조화롭게 발달시키고 싶다는 바람을 표준으로 해야 한다고 생각합니다."(1924년 통상 기후현회 속기록에서, 경찰부장 세키야 엔노스케 답변)

따라서 산업의 발전과 환경의 보존이 조화를 이루지 않으면 안된다는 논의는, 새삼 최근에 나온 이야기가 아닙니다. 옛날부터 있었던 말이에요. 참 괘씸하다는 것은 진작부터 알고 있었던 일입니다. 요즘에 와서 그것을 벗어났다고 해서 진보니 뭐니 하는 관리나 정치인이 더 잠꼬대 같은 소리를 하고 있는 거죠. 이미 다이쇼 시대 때부터 그런 말도 안 되는 이야기는 여러 차례 반복되었고, 아무 도움도 안 된다는 것은 역사를 통해 진즉 증명된 사실입니다. 그런데 우리가 또다시 그런 말도 안 되는 소리를 진짜라고 믿고 받아들이는 것 자체가, 공해를 이 지경까지 격화시키는 데 일조하지 않았을까 하는 생각을 최근 들어 하곤 합니다.

하지만 이렇게 온갖 노력을 다 했음에도 기후 시의 공업은 번창하기만 하고 강은 오염되기만 합니다. 그러다가 마침내 1936년에는 아주 재미있는 제안을 진정하게 됩니다. 그것은 나가라 강 수산회가 농림대신 및 내무대신에게 보내는 의견서에 나오는 말입니다. 아마도 일본의 공해방지 기술에 있어서 기념할만한 문장이라고 생각합니다. 어쨌든 이 나가라 강 수산회 회장은 사실 아라타 강 수리조합의 조합장이기도 하고 무논의 지주이기도 하며 또 수산계의 보스이기도 한 사람입니다.

「종래의 공장 측 태도로 추측건대, 도저히 성의를 가지고 유효적절한 제해(除害) 설비를 해야 한다고 생각지도 않는 것에 대해서는, 이것이 적극적인 해결 방법으로 아직 제해 설비를 하지 않는 자 또는 설비를 해놓았더라도 이것을 실행하지 않는 자, 또는 실시하고 있어도 유명무실이나 매한가지인 공장회사에 대해 수산회는 현에서 인정한 적절한 제해 설비시설을 요구할 수 있으며, 동시에 피요구자가 이것을 실행하지 않을 때는 요구자가 시설을 설치하고 그 비용을 피요구자에게 강제로 징수할 수 있도록 법령을 제정하도록 특별히 배려해주길 바라며 의견을 내는 바입니다.

나가라 강 수산회장 오노 이사무(大野勇)

1936년 1월 21일

농림대신 야마자키 타쓰노스케(山崎達之輔) 귀하

내무대신 고토 후미오(後藤文夫) 귀하」

가해자 측이 제대로 하지 않으면 피해자 측이 처리설비를 만들테니 그 비용을 가해자에게 강제징수하도록 하는 방법은 어떻겠는가? —이런 제안은 지금까지 나온 적이 없습니다.

지금도 주민이 납득하는 처리설비를 지정해서 그 비용을 가해자 측에게 부담하게 한다는 방안은 여전히 실행되지 않고 있습니다. 하지만 공해문제가 항상 피해자 측에서 출발해야 한다면, 진정한 해결책은 이 정도는 해야 나오는 게 아닐까요?

물론 이것은 일본이 전시(戰時)경제로 점점 기울고 있던 시기인 1936년의 일이고, 머잖은 1938년에 수리조합 자체도 해산되고 맙니다.

이 의견도 다소 엉뚱하고 극단적인 의견으로밖에는 당시 정치가들은 해석하지 못했던 모양입니다만, 그것은 공해문제를 안고 있는 우리조차도 아직 깨닫지 못하고 있는 방식을 그 시대에 이미 생각해냈다는 사실만은 인정해야 합니다.

공해대책의 대부분은 다이쇼 시대에 나온 것

미야모토(宮本) 선생님이 이미 여기저기서 말씀하셨다시피 다이쇼 시대에 일본의 공해방지 기술의 기본적인 문제는 대부분 나왔다고 봅니다. 이것은 사실입니다. 그 후 기술적으로 다소 진보하고 변화도 있었지만, 기본적인 사고방식은 대개 다이쇼 시대에 나온 것을 현재 상황에 적용하면 오히려 현상보다 훨씬 발전적이라고 해도 좋습니다.

그러므로 우리는 다이쇼 시대에 비해 공해문제에서는 전쟁을 거친 탓에 크게 퇴보했죠. 지금 이런저런 최신 대책이라는 것들을 여러분은 여기저기서 한 번쯤 들어보셨을 겁니다. 그중 어느 것을 봐도 다이쇼 시대의 기술적인 대책에 비해 —사상적인 측면에서는 더더욱— 퇴보해 있다는 사실을 알게 될 겁니다.

외국에서 수입했다느니 이것이 최신기술이라느니 해도 "그거요? 그런 것은 옛날에 진작 나온 거예요!"라고 답할 수 있을 겁니다. 그리고 그것을 속속 밀어붙이는 것이 피해자가 아닐까요? 아라타 강의 사례는 특히 강력한 행동과 언쟁으로 아슬아슬한 순간까지 밀어붙였던 예인데, 피해자 운동이라면 적어도 이 수준까지는 가야 하는 게 아닌가 생각합니다.

어떻게 그런 강력한 행동을 취할 수 있었느냐에 대해서는 물론 여러 가지 요인을 들 수 있습니다. 아까 말씀드렸듯이 돈과 시간적 여유가 있는 지주들이었기에 가능했다는 견해도 있습니다. 하지만 그 '제방(堤防)근성'이라고 불릴 정도로 아주 강력한 지역이기주의가 있었다는 점도 무시할 수 없습니다.

지역이기주의란 주민 자치권의 출발점입니다. 지역이기주의의 무엇이 나쁘냐는 데서 주민운동은 시작됩니다. 공해반대운동이 가령 도쿄에서 화력발전을 거부하면 시즈오카(静岡)로 가죠. '그것은 단순히 지역이기주의다'라고 가토 히데토시(加藤秀俊) 씨가 서술한 바 있는데, 가토 씨 같은 우수한 평론가가 공해문제와 주민의 자치권 문제를 이 정도로밖에 이해하지 못한다는 것은 일본의 비극입니다. 각지에서 지역이기주의를 발휘했을 때 비로소 기업은 기술적인 대책을 고민합니다. 일본 전역에서 들고 일어날 때 비로소 공해대책이 마련되는 겁니다.

당시 자치권 의식이 얼마나 강했는가 하면, 가령 지사나 대신이 시찰을 오더라도 촌장이 마중을 나가지 않았어요. 용건이 있으면 찾아오면 되지 않느냐는 것이 다케우치 씨의 보고서에 쓰여 있습니다만, 그야말로 지당한 말입니다. 주민한테 용건이 있으면 그리로 찾아가야 합니다.

공해 메이데이에 대한 의문

이 점에 대해 잠깐 말씀드리겠습니다. 어제(1970년 11월 29일) 도쿄에서 열린 '공해 메이데이'에 공해의 피해자가 네다섯 곳에서 왔는데, 시간이 없는 관계로 미나마타병 환자호조회의 와타나베 에이조(渡辺栄蔵) 씨가 대표로 인사와 보고를 하게 됐다고 합니다.

그런데 그 전에 미노베(美濃部) 지사, 나리타(成田) 위원장, 그리고 민샤(民社), 고민(公民), 교산(共産) 등 각 당의 대표들이 줄줄이 나와서 축사니 인사니 결의니를 늘어놓는 통에 결국 공해피해지에서 도시락 싸들고 먼 길 온 피해자들이 보고할 시간조차 제대로 안 남았다는 겁니다. '공해 메이데이'에 총평중립노동연맹 사무국이 환자와 피해자를 불렀는지 어땠는지 저는 들은 바가 없어 아직 모릅니다만, 여비가 안 나온 것만은 사실입니다. 그래서 손에 손에 도시락을 들고 상경한 겁니다. 그렇게 도시락을 지참하고 온 피해자를 불러놓고 인사도 보고도 듣지 못하는 그런 운동으로 공해에 대해 대체 뭘 이해하겠다는 건지 정말 모르겠습니다.

물론 당일 모인 몇 십 만의 노동자 중 한두 사람은 이번 '공해 메이데이'를 시작으로 공해문제에 진지하게 뛰어들 사람도 나올 겁니다. 또 그런 사람이 안 나오면 곤란할 테니 '공해 메이데이' 자체가 완전히 무의미했다고는 할 수 없습니다만, 공해를 피해자에서 출발해 파악한다는 것은 그만큼 말은 쉽지만 실행하기는 어렵습니다.

어쨌든 용건이 있으면 거기로 찾아가면 되는데, 특히 미나마타(水俁)나 후지(富士)는 최근 문제가 된 곳이라, 관광여행이니 유람이니 하는

기분으로 오는 사람들이 너무 많아서 일일이 대응하기가 힘이 들 정돕니다. 그중 가장 유명한 관광지인 후지의 고다 토시히코(甲田壽彦, 시민운동가) 씨와 얼마 전에 이야기를 나누다 나온 이야깁니다만, 역시 가장 좋은 것은 피해자들끼리 동행하는 겁니다. 가령 공해의 피해자가 후지에서 미나마타에서 니가타(新潟)에서 혹은 이와키(いわき) 마을에서 이타이이타이병 환자를 병문안하러 가는 겁니다. 거기 현지에 모두 모여서 역시 이러저러한 일들을 같이하자고 의기투합하는 것이 가장 바람직한 형태가 아니겠느냐는 거죠. 도쿄에서 열리는 전국대회 따위에 일일이 대응하자면 체력도 달리고, 가봤자 아무짝에도 쓸모없는 이야기들뿐이니 이중으로 손해만 본다는 것이 고다 씨의 의견입니다. 저 역시 그의 의견에 찬성합니다.

살아있는 다나카 쇼조(田中正造)

이야기가 딴 길로 너무 샜는데요, 어쨌든 이시구레 선생님이 아직 건강하셨을 때 저에게 들려주신 대부분은, 운동의 일환으로 현회 의원으로써 전국을 시찰하고 다니고 공장을 추궁하고 질문공세를 펼치는 등 종횡무진 활약하고 다닌 이야깁니다. 그리고 그 문제의식은 무엇이었느냐고 여쭸더니 다나카 쇼조가 자신의 목표였노라 말씀하시더군요.

이 시대의 특징은 각지의 조사를 역시 자신이 직접 실시합니다. 또 히타치에서 알 수 있듯이 피해를 가능한 한 정량화하여 표현하려고 애쓴 흔적이 보입니다. 그리고 사실 사가노세키(佐賀関)에서 히타치로 피해조사를 가기도 하고 히타치에서 고사카(小坂)로 가기도 했던 걸 보면, 운동 주체 간의 횡적 연대를 중시했다는 것을 알 수 있습니다. 이것은 현재의 공해반대운동의 레벨과 거의 같습니다.

또 오염원을 내보내는 측에서 보면, 발생원에서 처리하려는 노력이 다이쇼 시대의 특징입니다. 지금의 일본털실 양모세척 폐수의 예처럼 상당한 수준까지 성공한 예도 있습니다. 그리고 아시오구리광산 혹은 현재의 사건에서 보는 것처럼, 기업 측이 피해자의 정당한 요구조차도 일단은 깎아내리고 윗선의 힘을 빌려 반대운동을 탄압하는 등의 행위는 다이쇼 시대에는 하지 않았어요.

이처럼 어떤 경우를 보더라도 현재의 공해문제를 둘러싼 몇몇 요인은 전시경제를 거치느라 다이쇼 시대보다도 훨씬 퇴보해 있거나 혹은 타락해 있다는 것이, 다이쇼 시대의 공해문제 투쟁을 살펴보면서 제가 내린 결론입니다.

이상으로 좀 서둘러 두 가지 사건에 관해 이야기했습니다만, 이쯤에서 시간을 정해 토론을 해봤으면 합니다. 물론 이상의 두 사건만이 아니라 현재까지 있었던 문제들을 포함해서 논의해도 상관없습니다. 질문이라기보다는 의견이라고 하는 편이 낫겠죠? 의견 있으신 분, 이야기해주십시오.

질문 및 토론

짓소 주주총회에서의 투쟁방법

A 저는 소액주주는 아니지만, 11월 28일 있었던 주주총회는 '한 주 운동'에서는 중요한 과정이었다고 생각합니다. 그것과 직접 관계가 있는 우이 준 선생님은 총괄적으로 '꽤 재미있었다'고 말씀하셨는데, 그 재미있었다는 것이 '한 주 운동' 안에서는 어떤 의미를 갖는지 듣고 싶습니다.

우이 준 제가 앞서 말씀드렸듯이 그렇게 재미있는 것은 안 볼 수 없다는 것이 제 대답인데요, 혹시 거기에 직접 참여해서 회의장에 들어가셨거나 단상까지 올라가신 분 계십니까? 네, 그럼 먼저 단상까지 올라가신 분(박수와 환호), 방금 하신 질문이랄까요 — 총괄적이라고 하기엔 좀 거창합니다만— 어떻게 느끼셨고 무엇을 하셨는지 이야기해주실 수 있을까요?

B 저는 '한 주 운동'을 이번에 처음 했는데요, 거기 가서 처음으로 공해투쟁에 참여한 사람입니다. 총회 회의장에서 느낀 것은 회사 측의 교활한 대책에 우리가 얼마나 조종당해왔는가 하는

실증을 목격한 것 같았습니다. 예를 들면 '총회꾼(総会屋)'. 총회 꾼이라는 것이 있어서 회사 측의 이익추구를 위해 환자분들의 목소리를 완전히 무시하고 박수로 모든 의결을 급진행시키는 그런 작태를 보았습니다. 그리고 그런 기업이 일본사회에서 일류기업입네 날뛰고 있는 이런 구조 자체에 엄청난 모순을 느 꼈다고 밖에는 말할 수 없습니다. 단상으로 올라간 것은 환자 분들을 보호해야 한다는 〈고발하는 모임〉의 방침을 스스로 실 천했을 뿐, 단상을 점거해서 재미있었는가 하는 문제는 다른 분께 여쭤보는 것이 더 좋을 것 같습니다.

우이 준   어느 분이든 좋습니다, 현장에 가셨던 분?

C   저도 단상에 올라갔는데요(웃음소리), 총회 전날 밤까지 영화의 한 장면처럼 회의장 도면을 펼쳐놓고 작전을 짰습니다. 저희가 예상했던 것은 짓소는 점수를 까먹을 만한 대응은 하지 않을 것이다, 총회에서 환자분들이 "우리의 이야기를 들어주세요!" 라고 하면 아마 몇 분 정도는 대응해주겠지, 5분 만에 총회를 끝내버리는 그런 짓은 하지 않겠지 예상했습니다. 그런데 그 런 예상은 보기 좋게 배신당했습니다. 단상에는 환자분들과 저 희 모두 같이 올라갔는데, 도저히 가만히 앉아있을 수 없었기 때문입니다. 에가시라 사장의 머리를 한 대 갈겨주고 싶었습니 다! 그럴 생각으로 사장을 향해 뛰어 올라갔는데 옆에 환자분 이 계신 거예요. 환자분을 지켜야 한다는 생각에 목표는 이루 지 못했습니다. 결국 평가하는 방법은 두 가지가 있다고 봅니 다. 총회에서 긴급동의라는 형식으로 정식 절차를 밟아 환자를 위한 방안을 찾아내는 데에 중점을 둘 것인가, 아니면 환자의

원한을 직접 부딪치는 것만으로 만족할 것인가 둘 중 하나라고 생각해요. 제가 보기에는 환자분들이 상당히 만족하고 있는 것 같습니다.

우이준 저도 지금의 결론에 찬성입니다. 저는 아까 오히려 흥미 쪽에 중점을 두고 말했지만, 한 가지 추가하자면 짓소로서는 그것이 최대한 노력했다고 믿고 있고 잘하려고 노력한 결과가 바로 그것이라고 할 수 있습니다. 세상이 말세가 되면 있잖아요, 이런 식의 일들이 종종 발생하게 마련입니다. 죽어라 열심히 했다고는 하지만 결국 그런 최악의 짓을 하는 거죠. 예컨대 짓소의 반론이 그렇습니다. 예를 들어 400호 고양이의 실험을 몰랐다고 말하면서 자기들 입으로 397호와 398호는 병의 증상이 없었다고 하죠. 404나 405호도 역시 증상이 없었다고 썼잖아요. 그전에 한 말은 까맣게 잊고 말아요. 그래 놓고 자기는 최대한 잘했다고 믿고 있어요. 이번 총회도 아마 의안을 가결했다는 것만 놓고 보면 최대한 잘했다는 거죠. 대신 반대쪽 사람들에게 회사의 방침이란 이런 식으로 해서 정한다는 것을 확실하게 가르쳐준 셈이에요. 이것은 참으로 좋은 교육이었습니다. 이번 가르침이 없었다면, 앞서 저분이 말씀하신 것처럼, 짓소가 조금은 제대로 된 대응을 했다는 환상을 우리는 가졌을지 모릅니다. 하지만 그런 대응을 한 결과, 짓소라는 회사는 우리가 생각할 수 있는 최악의 짓을 감행했다는 사실을 알았으니, 이쪽도 그다음을 생각할 수 있게 됐다는 또 하나의 가르침을 준 겁니다.

그런 식의 평가를 저는 총괄적으로 하는데, 그 이후에 펼쳐진 대대적 상황과는 현재 연결짓지 않도록 하겠습니다. 그것은 이 강좌를 시작할 때 했던 약속이니 그것이 좋을 듯합니다.

D　저도 단상에 올라간 한 사람입니다만, 짓소가 그나마 잘했다고 할 수 있는 것은 현장에 있으면서 느낀 것과는 전혀 다른 형식의 보도가 되었다는 겁니다. 그러니까 역시 그 자리에 있었던 사람들만이 그 회사의 악랄함을 알 수 있었다고 저는 생각합니다. 저널리즘에 보도된 단계에서는 의견이 반반으로 나뉘어 있었던 것 같아요.

우이 준　확실히 짓소가 그런 인상을 가졌을 거라는 것은 저도 예측은 하고 있습니다. 역시 신문기사는 —현장에 있었던 사람이 보면— 이렇게 일부분만 내보낸다는 사실을 한눈에 알 수 있었습니다. 그렇지만 몇몇 신문의 시평이나 사설 혹은 칼럼 등에서 이런 방식은 이미 한계에 와있다 —주주총회가 말입니다, '한 주 운동'이 그렇다는 게 아니라(웃음소리)— 는 평가를 하지 않았습니까. 이것은 현재 자본주의에서는 상당히 심각한 문젭니다. '이의 없음, 가결!!'이라는 것은 이제 한계에 달한 것 같아요. 물론 상법개정이니 뭐니 하는 여러 수단을 쓰려고 하겠지요. 하지만 그때까지도 매년 2회씩 그런 식의 총회를 해야 합니다. 그리고 "내가 총회에 가보니까 말이야 정말 너무하더라. 자네도 같이 가 보자고!"라는 사람들이 늘어나면 짓소에게는 타격이 클 거라고 생각합니다.

───── **대학 출신의 범죄적 역할**

E　저는 가고 싶었지만 돈이 없어서 못 갔습니다. 이야기를 들으

니, 짓소의 태도는 그야말로 인간이 아닌 것 같네요. 4시간 후 사장이 기자회견을 해서 그런 태도를 취하는 것은 절대 인간이 할 수 없는 짓입니다. 그리고 앞에 있었다는 총회꾼들도 사상의 대립은 있었다 하더라도 인간에게는 도덕이란 게 있습니다. 그것이 전제되지 않는 한 사상의 대립도 의미가 없죠. 그런 것은 사상도 아닙니다. 그따위 정신을 가진 것이 인간인가 의심스럽습니다. 그런 정신을 가진 인간이라 공해로 사람을 죽인 거겠지만, 너무 지나치다 싶어 놀랍기만 합니다.

우이 준 지당하신 말씀입니다만, 그런데 그 회의장 맨 앞에 선 사람들이 대부분 도쿄대 출신이라는 사실(웃음소리), 그리고 회사의 정리부서 등 그 진행을 맡은 사람들 역시 대학출신입니다. 그들은 인간성을 버리지 않으면 출세할 수 없어요! 혹은 계속 다닐 수 없는 곳이 기업이라는 현실도 역시 인정해야 합니다. 물론 여러분도 대부분은 그런 회사에 근무하며 살아가겠지만 — 지난번 니가타 미나마타병 재판에 대해 말하면서 이야기했지만— 득의양양하게 공해의 인과관계를 부정하기 위한 실험을 하고 증언을 한 대학출신들, 그것이 아가노 강 강변에 서서 '아가노 강은 과연 무엇인지, 그 안에서 물고기들은 어떻게 살아가고 있는지 등 지극히 당연한, 아가노 강과 더불어 물고기와 인간이 어떻게 어우러져 살아가고 있는가?'와 같은 지극히 당연한 의문을 단 한 번도 가져보지 못했기 때문에 그런 소릴 할 수 있는 겁니다.

짓소의 경우도 대학출신은 모두 제2조합으로 갔습니다. 혹은 제가 일했던 닛폰제온(日本ゼオン)의 다카오카(高岡)공장에서 가장 악질인 사람이 교토대학의 공학부 대학원을 나온 자

였어요. 현장의 노동자가 말하기를 대학에 체류한 기간이 길어질수록 더 악질이 된다고 하더군요(웃음소리). 우리는 고등학교밖에 못 나왔지만 저런 악질의 기술자는 안 되고 싶다고(웃음소리). 그런 게 바로 지금의 대학입니다. 이 문제 역시 우리는 진지하게 생각해야 합니다. 오래 있을수록 나빠진다. 저도 대학원을 나와서 조교를 하고 있는 만큼 가슴 아픈 이야깁니다만, 그것은 결코 틀린 말이 아닙니다. 즉 그렇게 하지 않으면 살아남을 수 없다, 혹은 들어갈 때 이미 그럴 작정으로 들어가는 겁니다. 이 대학에 가면 월급이 얼마까지 오른다느니 어디까지 출세할 수 있다느니 하면서 그 대학을 지망하죠. 하지만 입학시험을 돌파할 자신이 없으니까 좀 더 현실적으로 가능성이 있는 다른 대학에 진학, 그렇게 해서 현재 대학의 계급성이 형성된 겁니다.

이야기가 공개강좌를 시작했을 때로 돌아가네요. 특권이 전혀 얽히지 않는 학문이란 무엇일까? 지금과 같은 대학제도를 알고 보면, 당시의 짓소 사장을 비롯해 진짜 나쁜 것은 전무(專務) 급에 있는 사람들이라는 생각이 듭니다. 에가시라 사장은 불쌍하게도 고교(興業)은행의 은행원에서 출세해서 어쩌다 돈을 빌려주고 짓소의 사장이 된 사람이죠. 나쁜 짓은 선대에서 실컷 다 해놓고 왜 내가 사과를 해야 하느냐? 억울하다(웃음소리)고 생각하고 있을 겁니다. 억지로 떠밀려서 —사과문은 확실히 제가 작성했지만— 수은을 내보낸 건 전전 사장 때라는 겁니다. 역시 자본주의란 그렇고 그런 것인가 봅니다. 사람은 바뀌어도 회사방침은 바뀌지 않는 걸 보면 에가시라 사장에게도 물론 책임은 있죠.

하지만 정말 철두철미하게 자기 손으로 나쁜 짓을 하고 있는 것은 저 유명한 이리에 간지(入江寬二)나 구가 쇼이치(久我正一) 같은 짓소 본토박이인 도쿄대 출신의 수재들, 이 자들은 진짜 구제할 길이 없는 사람들입니다.

여러분도 그렇게 되지 않으려면 어떻게 해야 하는지 열심히 생각해야 합니다. 앞으로 몇 십 년이 지난 후에 '그 사람은 진짜 인간도 아니다'라고 오늘 같은 공개강좌에서 여러분의 이름이 오르내리는 그런 회사원은 되지 않기를 바랍니다. 안 그러려면 어떻게 해야 할까요? 그것은 이 강좌 초반부터 말했듯이, 공해는 역시 피해자에서 출발해야 합니다. 내가 병에 걸리면 어떻게 할 것인가? 내가 공해의 피해자가 되면 어떻게 할 것인가? 거기서부터 출발합니다. 끊임없이 그 원점으로 돌아가, 내가 가진 기술과 학문을 끊임없이 검토하고 바로 잡아야 합니다. 그것이 아마도 저 대학 출신의 악질들처럼 되지 않기 위한 유일한 길이라고 생각합니다.

────── 반체제운동이라고 규정하기 전에 생각해야 할 것

F   현재의 공해투쟁은 예컨대 짓소에 대한 원망을 씻어내겠다는 차원의 것이란 생각이 듭니다. 그런데 가고시마(鹿児島) 재판의 이이모리(飯守) 소장은 현재의 반공해투쟁은 반체제투쟁이라서 현 헌법에 맞지 않으므로 철저하게 탄압해야 한다고 말합니다. 공해처리는 비용증가라는 점에서 기업의 영리행위와 모순된다, 그러니 반공해투쟁은 반체제투쟁이라고 볼 수 있다는데, 정말 그런 건지 묻고 싶습니다.

우이 준   그에 대해서 철저하게 파고들자면 시간이 너무 많이 걸리므로,

여기에서는 중요한 부분만 말씀드리겠습니다. 짓소가 가령 미나마타병으로 10년 전에 망했더라면 지금처럼 공해가 심화되지는 않았을 겁니다. 이것만큼은 분명히 말할 수 있습니다. 그리고 일본의 자본주의가 망하지는 않더라도 조금만 더 온순했더라면 역시 공해는 지금처럼 심하지는 않았을 겁니다.

그런데 이 지경이 돼버리자 자본주의의 폐단인 공해가 도대체 무엇인지 예측할 수 없을 정도로 공해가 잠식하고 있습니다. 그래서 실제로 운동을 하고 있는 당사자는 ─저를 포함해서 와타나베 에이조 씨도, 우스키(臼杵) 마을 사람들도, 후지(富士) 마을 사람들도─ 단순한 개별투쟁이라고 절대 생각하지 않습니다. 그리고 무엇보다 단순한 개별투쟁도 못하면서 뭘 더할 수 있겠느냐, 이것이 저의 대답입니다.

그런데 완전히 똑같은 전제에서 출발하지만 완전히 반대되는 답을 도출해낸 사람이 있습니다. 대학의 선생이란 사람들이 다 그렇습니다. "단순한 개별투쟁의 영역을 벗어나서 서둘러 전 국민의 합의, 컨센서스(의견일치)에 달하는 ─또 외래어가 나왔네요(웃음소리)─ 운동이 지향되지 않으면 공해는 절대로 사라지지 않는다" 이것을 다소 어려운 말로 말한 사람은 와세다대학의 사회학과 조교수인 아키모토(秋元)라는 사람으로, 월간 『우시오(潮)』에 이렇게 썼습니다. 이것을 읽고 제가 얼마나 놀랐는지 모릅니다. 같은 사건에서 출발해서 전혀 다른 결론이 나온다는 것은 멋진 일입니다. 어느 한쪽은 틀린 게 분명할 테니까요.

어쨌든 공해의 현실을 아키모토 조교수와 저 중에서 누가 더 지나치게 해석하고 있을까요? 아마도 제가 쓸데없이 걱정하는 것처럼 보이겠죠? 역시 현실에서 출발해서 현실 안에 있으면서도 조금도 현실을 인식하지 못해요. 그러면 그것이 자연스럽게 국민의 합의사항이 되겠죠, '공해는 없는 것이 좋다'라고. 어제 있었던 '공해 메이데이'의 슬로건처럼 '녹색과 태양을 우리 손에!'(웃음소리)

그렇다 하더라도 그 전에 미나마타병은 어쩔 건데요? 비소 분유는? 모리나가(森永) 패거리들이 그것을 유통했다는 건 분명한 사실인데. 그리고 이타이이타이병은요? 가미오카(神岡) 광업이 속해있는 미쓰이금속광업의 노동조합은 이타이이타이병에 대해 플래카드에 제대로 적긴 했습니다만. 자기 회사가 일으킨 공해에 관해 자신들이 하는 데모의 플래카드에 적을 정도가 되지 않고서 어떻게 공해가 사라진다는 말입니까?

그렇다면 역시 단순한 개별투쟁을 철저하게 하는 수밖에 없지 않을까요?

지금의 미나마타병도 여러분 입장에서 보면 상당히 진전된 전국적인 투쟁처럼 보이겠지만, 10년 전인 1959년 12월의 위로금보상으로 끝나지 않았다고 생각한 사람은 몇 명밖에 없었습니다. 언젠가 그런 투쟁이 일어날까에 대한 이야기는 차치하더라도 기록을 계속한 것은 이시무레 미치코 선생과 아카사키 사토루(赤崎覚) 선생입니다. 그들의 기록이 있었기에 현재의 짓소에 대한 국민의 규탄이 비로소 성립된 겁니다. 그때 그 두 분이 단순한 인터뷰라고 생각하고 작업을 그만두었다면 어찌 됐겠습니까?

그래서 저는 행동을 거국적인 관점에서 어느 쪽이 중요하고 어느 쪽이 보잘것없는지를 판단하지 않기로 했습니다. 별개의 판단을 할 겁니다. 내가 미나마타병에 걸렸다면 어느 쪽을 선택할지, 무엇을 할지 —그것이면 충분하다고 생각합니다.

또 도쿄대학의 도시공학과 위생공학의 선생 나부랭이로서 항상 느끼는 것은, 만약 학생들이 공해의 피해자를 가족이나 친지로 두고 있다면 무엇을 공부할지는 자명한 이치라는 겁니다. 그들은 결코 몇 단위 학점을 취득해서 졸업할까를 전혀 문제 삼지 않겠거니 하는 겁니다.

만일 그렇다면 제가 학생실험에서 너무나 비굴한 작업 —학생들에게 억지로 BOD나 SS를 측정하게 하는 일은 그야말로 당연한 일이 될 겁니다. 지금의 학생에게 그런 실험을 시키는 것은 진짜 힘든 일이거든요. BOD나 SS를 측정하게 하는 것은 제가 이러니저러니 잔소리해 가면서 겨우겨우 합니다. 이런 건 공전(工專) 출신한테 맡기면 되지 않느냐는 동료, 그리고 학생한테 말 안 들으면 얻어터진다느니 내 완력이 얼마나 센지 아느냐느니 하는 소리까지 해가면서 억지로 BOD를 측정하게 해서 졸업시키는, 그런 고생은 안 해도 되겠지 생각합니다.

요컨대 대대적인 관점에서 어떤 문제를 판단해서는 도저히 안 되겠구나라는 생각에 이르게 되었습니다. 특히 지대하고 고매하신 양반들이 하는 토론에는 외래어가 반드시 따라붙지요. 그래서 외래어는 절대 신용하지 않기로 했습니다. 내가 피해자라면 어떻게 할까? 이것 하나로 일관하자! 단순한 피해자의 판단으로 철저하게 마지막까지 관철하겠다는 것이 지금의 대답입니다.

이것은 학생들 대다수가 지금까지 받아온 교육 혹은 배워온 사고방식과는 정반대되는 것이라서 좀처럼 이해하기 쉽지 않을 거라는 것도 잘 알고 있습니다. 그것을 전제로 하고 드리는 말씀입니다.

피해자를 찾아가야 한다

G   아까 우이 준 선생님이 말씀하신 어제의 '공해 메이데이'에 대해서 사실과 좀 다른 부분이 있는 것 같아서요. 어제 오셨던 환자분들은 26일 총평('일본노동조합총평의회'의 약칭)이 주최한 피해자대회에 오신 분들 중에서 3분의 1정도가 남으신 것 같아요. 피해자대회에는 총평에서 초대한 것이라고 생각하는데요.

우이 준   그렇습니까? 그래도 왕복 모두 여비가 지급되지 않았던 건 사실입니다.

G   그것 말인데요, 제가 딱히 총평을 변호하는 건 무리가 있겠지만, 적어도 카네미의 환자분 이야기로는 여비와 숙박비는 지원받았다고 들었습니다. 다만 제가 아는 한도 내에서는 숙박시설이나 돌봄이 엉망이었고, 돌아가는 차표의 수배도 제대로 안 됐던 것은 사실인 것 같아요. 그리고 그런 집회의 의미는 잘 모르지만, 환자분들 입장에서는 그런 집회에서나마 여하튼 호소하고 싶은 마음은 컸으리라 생각합니다.

우이 준   그렇습니다. 특히 당파와는 무관하게 사람이 모여서 이야기를 들어주는 곳이라면 어디라도 가겠노라 하는 것이 일본 대다수 공해피해자의 생각입니다. 그런 점에서는 그런 집회에라도 가는 것이 좋다고 생각합니다.
     그리고 이것(사진집 『이 지상에 우리의 나라는 없다』)을 만든 그룹의 일원 계십니까? '전일본학생사진연맹'이었던 것 같은데요. 제 쪽으로 이 책을 추천해달라는 의뢰가 왔는데, 이걸 추천했다고 운동이 확산되고 그러지 않아서 곤란해지고 하는 문제가 아니지 않습니까? 그보다 이런 공해문제를 예술가로서 다루기로 했을 때는 10년, 20년 이 문제와 함께할 각오가 되어 있느냐고 물었습니다, 전화로. 그랬더니 그건 별개의 문제라고 대답하더군요. 그런 것이라면 앞으로 이런 일을 하실 필요 없겠노라고 말씀드렸죠. 그쪽도 결국 힘이 빠졌는지 '다른 사람들한테 이런 것이 있다고 호소할 장소는 어떻게 만들 수 있느냐?'고 묻더라고요. 그래서 공개강좌 때 이러이러한 것을 만들었는데 이에 대해 의견을 주시라, 혹은 사서 읽어봐 달라고 말씀하시는 것은 자유다, 그리고 토론 시간을 이용해도 상관없노라고 말씀드렸어요. 물론 그때 제 이야기를 들었던 분이 오늘 이 자리에 오지 않았다면 그만이지만, 제가 보기에는 꽤 잘 만들어졌습니다. 다만 그 이후가 문젭니다. 구와바라 시세이(桑原史成)라는 한 예술가가 10년에 걸쳐 직접 개척한 예술적 수법을 현재의 사진작가들은 아주 편하게 가져다 쓰는 게 아닌가 하는 생각이 듭니다. 구도도 아주 깨끗하고 게다가 정면에서 찍었지만 약간 이렇게 보면 어딘가 구와바라 씨의 사진과 많이 닮은 것도 같아요. 하지만 구와바라 씨 작품치고는 완성도가 떨어진다는 느낌이 강하게 든단 말이에요. '선배의 작업'이란 모방하면서 초월하기 위해 있는 것이므로 역시 초월하지 못하면 안 되겠죠.

그리고 공해라는 문제는, 이 강좌를 시작했을 때부터 여러 차례 말씀드렸듯이 기초에만 30시간을 제가 쉼 없이 떠들어야 겨우 끝낼까 말까 할 겁니다. 하물며 스스로 본질을 깨우치기 위해서는 몇 년씩 공부하지 않으면, 원래 피해를 입지 않았다고 믿는 사람이 피해자를 완전히 이해한다는 건 진짜 어려운 일입니다. 역시 이런 기록도 피해자의 눈을 통해 하기를 바랍니다. 그때 비로소 본질이 보일 겁니다. 그것이 저의 평가입니다. 그런 평가를 일전에 전화로 의뢰받았기에 오늘 이 자리에서 말씀드립니다. 그 일환으로 이 사진집은 확실히 볼 가치가 있어요. 하지만 이런 식으로 많은 공해를 나열한다면, 역시 하나하나에 대해 매우 확실한 호소력을 가지고 있지 않으면 그 진실이 좀처럼 전달되지 않을 것 같습니다. 그러니까 여러분 중에서 혹시라도 관심이 있으신 분은, 전일본학생사진연맹의 공해캠페인 실행위원회와 연락해서 실물을 한 번 보시기 바랍니다. 그리고 많이 비판하시고, 한층 더 전진할 것을 기대합니다.

H 짓소의 주주총회에 대해서는 『고발(告発)』의 다음 호를 꼭 보시길 바랍니다. 그리고 『고해(苦海)』에도 실릴 예정입니다. 12월 5일 토요일 오후, 도쿄대 공학부에서 보고집회가 있으니 반드시 참석해주십시오.

우이 준 거기 입구 쪽에 「주주총회의 진상은 이렇다!」라고 써서 『고발』을 비치해두면 순식간에 없어질 겁니다.

──── 지식을 늘리기 위한 학문에 반대한다

J 공개강좌의 예정표를 보면, 일본의 공해를 일으킨 경제적인 문제가 전혀 들어있지 않은 것 같아요. 1억에 달하는 국민이 이 좁은 국토에서 먹고 살기 위해서는 경제에 대한 여러 가지 이해법이 있어야 할 텐데, 그런 문제와 공해를 완전히 분리한 채

강의를 진행하는 것은 좀 아닌 것 같아요. 가능하면 그런 문제도 강의에서 다뤘으면 합니다.

우이 준 그것은 이미 어느 정도는 하고 있다고 생각합니다. 그리고 또 한 가지는 다른 사람이 명확히 풀이해놓은 부분은 여기서는 가능하면 다루지 않도록 하고 있습니다. 또 개개의 사례에서 그런 현실을 짚어보는 정도는 이미 하고 있고, 이러이러한 상황이 있었노라 하는 것은 애초에 강의에서 다루지 않기로 했습니다. 그러니 그러한 평가는 사실 강좌가 다 끝난 이후에 이래서 좋았다 아니다 하는 형태로 이뤄졌으면 합니다. 물론 도중에라도 강의가 서툴다거나 준비를 더 철저히 해오라거나 하는 의견은 얼마든지 달게 받겠습니다만, 전체적인 방침에 대해서는 강좌가 다 끝난 후에 다시 차분하게 논의했으면 좋겠습니다.

K 강의실 입구에서 항상 지난 회 분 강의자료를 판매하는데, 어차피 판매하는 거라면 강의 이전에 판매하면 어떨까요? 그럼 미리 사서 여유가 있을 때 읽고 올 수 있을 텐데….

우이 준 의식적으로 그런 건 아닙니다만, 가능하면 그 반대로 하고 싶었습니다. 처음에 책을 읽고 난 후 공부하는 것이 보통 대학에서 하는 방식이라서 (웃음소리), 여기에서는 먼저 사례들이 있고 나중에 책을 읽으면서 그것을 정리하는 형태의 공부를 여러분이 경험해보시길 바랐습니다.

그리고 물론 『야나카 마을 멸망사(谷中村滅亡史)』(아라하타 칸손 지음)처럼 올해 강의를 시작하기 전에는 전혀 볼 기회가 없었던 것이 갑자기 번각되거나 할 때는 참고서로 구입하도록 하고, 거기에 쓰인 것은 가능한 한 강의내용에서 제외하도록 하겠습니다.

K　　　아니, 어차피 나중에 판매할 거라면 좀 더 일찍….

우이 준　　그게 결국 안 된다는 겁니다(웃음소리). 안 된다고 할까, 좋은지 나쁜지는 모르겠습니다만 제가 안 하기로 한 것은 그겁니다. 미야모토 켄이치(宮本憲一) 선생은 이렇게 말했다, 우이 준은 이렇게 말했다, 쇼지 히카루(庄司光) 선생은 이렇게 말했다 — 세 사람 중에… 하는 식의 방식보다는, 자기 스스로 실사례에서 결론을 도출해서 '그렇다면 여러 학설 중에 어느 것이 진짜인가?'를 여러분이 찾아내시길 바라는 겁니다. 따라서 이 강좌의 목적은 지식을 늘리는 것이 아닙니다. 이것만큼은 확실히 말씀드립니다. 지식을 늘리기 위해서라면 여기까지 일부러 오실 필요 없습니다. 물론 그것은 그것대로 좋습니다, 지금 단계에서는.

　　만일 도저히 마음에 안 든다! 하시는 분은 직접 이것과 반대되는 강좌를 하면 됩니다. 저 사람 강의방식은 말도 안 된다, 그래서 나는 이렇게 하겠다! 가령 토론할 때도 '나는 이렇게 생각한다, 그래서 이런 것을 조사해 봤더니 이렇더라'하는 내용을 15분이든 30분이든 말하면 됩니다. 이것은 상당히 강압적인 방법입니다만, 학생 중에는 좀처럼 그런 사람이 없지만 간혹 그런 학생이 있어요. 즉 이 사람이 하는 말은 이 부분이 이러이러해서 틀리다는 식의 질문을 하는 게 아니라, '내가 알아봤더니 이렇더라!'라는 식으로 자신의 강의를 합니다. 그 정도는 할 수 있어야 비로소 진정한 공개강좌가 성립되는 거라고 봅니다.

아시겠죠? 오늘은 여기까지 하겠습니다.

제9회

1971년 2월 1일

이시카리 강(石狩川)

안녕하십니까, 여러분. 제7회와 8회에 로마에서 열렸던 국제회의에 관한 보고를 하느라 잠시 중단되었던 일본 공해의 역사를 오늘부터 뒤이어 시작하도록 하겠습니다.

오늘 말씀드릴 것은 전후(前後)의 공해 중에서 비교적 자료가 많고 역사적으로 중대한 의미를 갖는 사건으로 이시카리 강, 에도 강의 수질오염를 간략하게 다루고자 합니다. 사실 이 두 사례에 대해서는 제가 직접 인터뷰 조사할 기회가 없었고 공부가 부족한 탓에 마련된 자료를 토대로 이야기할 수밖에 없습니다. 하지만 다행히도 실행위원 중에 이 두 문제에 관심을 가진 분이 몇 분 계셔서 자료를 만들어주셨습니다. 그런 이유로 오늘은 저의 업무에 관한 보고라기보다는 실행위원회가 준비한 작업의 보고 형식으로 이야기를 진행하려고 합니다.

PCB는 안이하게 방치할 상황이 아니다

지난 시간에 나눴던 이야기로 잠시 돌아가겠습니다. 로마의 국제회의에서 참치 안의 수은이 문제가 되었다는 논의가 제기됐을 때, 일본 국내에서 지금까지 물고기 몸속의 수은을 조사했던 몇몇 연구자가 모이면, 방어나 가다랑어 같은 비교적 대형의 회유어, 육식성 물고기의 몸속에 수은이 있는 것 같다는 소문이 종종 들린다는 이야기를 들었습니다. 하지만 어떤 종류의 물고기 몸속에 몇 ppm이 축적되었는가 하는 가장 중요한 부분에 대한 것은 누구도 대답하지 못했습니다. 그것은 두려운 나머지 측정하지 못한 것이 솔직한 얘기라는 이야기도 들었습니다. 현재의 해양오염은 이미 그 정도까지 심각해졌다, 뭔가 문제가 있는 것이 틀림없지만 두려워서 그것을 감히 측정할 용기가 현재의 연구자에게는 없을 만큼 심각한 지경에 이르고 있습니다.

그러므로 우리가 발표된 수치만을 보고 농도가 높다느니 낮다느니, 혹은 아직 괜찮다느니 하는 논의를 하고 있을 단계는 아니라는 사실을 깨달았습니다. 그리고 또 한 가지 에히메(愛媛)대학의 다치카와(立川) 선생으로부터 편지를 받았는데, 거기에 일본에서도 1ppm 정도의 PCB(폴리염화바이페닐)는 물고기 몸속에서 이미 발견되었다는 내용이 적혀있습니다. 다치카와 선생님 팀에서 측정한 샘플에서 1ppm 정도의 PCB를 지닌 샘플이 있다는 간단한 예비적 통지였습니다. 그러니 저번에 PCB에 대해 일본에서는 아직 알려진 바가 없다고 했던 것은 잘못된 정보였습니다. PCB에 대해서 우리는 더는 안이하게 생각하고 있을 상황이 아니라는 점을 말씀드립니다.

왜 이시카리 강과 에도 강을 조사했는가?

자, 본론으로 돌아와서 제가 왜 이시카리 강과 에도 강 두 강에 대해 자료를 통해 조사했는지, 그리고 왜 여기서 이야기하는지에 대해 말씀드리겠습니다. 이시카리 강과 에도 강에 대해서는 비교적 상세한 보고가 과학기술청 자원조사회에 의해 1960년에 「수질오염방지 대책에 관한 조사보고」로 나와 있습니다. 이 조사보고를 검토하게 된 저의 문제의식은 사실 미나마타병을 조사하면서 시작되었습니다. 그동안 많은 사람이 '왜 물이 오염되는가, 수질오염을 법률로 규제할 수 없는가?'라는 문제를 제시할 때마다, '수질2법의 수질기준이 정령(政令)으로 정해질 것이다, 이 정령이 심의 중이니 올해는 정해질 것이다, 올해는 정해질 것이다'라면서 1년 또 1년 지연되었고, 관리들은 "그것이 정해지기 전에는 실은 규제할 수 없다."라고 입버릇처럼 말해왔습니다. 그런 것을 보면서 저는 도대체 왜 그런 법령이 생겼을까 하는 데 흥미를 갖게 되었죠. 관청이나 대학교수들 이야기를 들으면, 기준이 정해지기만 하면 단속할 수 있다는 겁니다. 그런데 거의 똑같은 소리를 이 수질2법이 제정되기 전에도 '법률이 없어서 단속할 수 없다, 법률이 정해지면 단속할 수 있다'라고 했단 말입니다. 법률이 제정되면, 이번에는 '정령(政令)이 없어서 단속할 수 없다, 정령이 정해지면 단속할 수 있다'라고 똑같은 소리를 반복하니, 도대체 그런 법률의 구조란 것이 무엇이냐? 라는 흥미를 처음에는 가졌습니다. 요컨대 그런 단속규제가 없어서 공해가 심화된다는 그들의 변명이 정말 사실일까? 라는 의구심에서 출발한 겁니다.

미나마타병 조사는 이른바 패배의 역사를 줄곧 조사해온 것이나 마찬가지라서 당연히 과거를 알고 싶어지죠. 그런 호기심에 조사해 보니, 전후의 공해역사는 사실 끝없이 반복되는 피해자의 패배라고 해도 과언이 아닐 정돕니다. 공해가 발생하고 피해자가 항의하면 기업은 그것을 와해시키려고 기를 쓰면서 깎을 대로 깎아내린 보상금을 지급하고, 마지막으로 피해자는 피눈물을 삼키며 수용할 수밖에 없습니다. 무엇보다 피해자 항의운동의 와해 단계에서 주민조직의 모든 루트가 이용됩니다. 예를 들면 행정조직인 현(県), 시정촌(市町村)을 비롯해 정당이나 주민회 혹은 지방의 유지 등이 총동원되었다는 사실을 알게 되었습니다.

그리고 또 한 가지, 저의 개인적인 경험에서 말씀드리면 10여 년 전인 1960년에 홋카이도에 있는 국책펄프 아사히카와(旭川)공장으로 견학 갔을 때의 일입니다. 그때 가무이코탄(神居古潭)의 참상을 보게 되었는데, 그때의 조사결과가 저에게는 위생공학으로 전공을 바꾸게 된 계기가 되었습니다. 사실 이것은 수질기준이 정해졌을 때의 대책을 상담하기 위해 국책펄프가 도쿄대학의 교수를 초빙하여 일대를 견학하도록 했는데, 저도 그때 우연히 동행하게 되었습니다.

그때 공장 측이 설명한 것에 따르면, 홋카이도 도청과 신문 등에는 폐수의 수량과 수질을 실제의 측량치보다 20 내지는 30% 낮게 보고했다는 겁니다. 공장 측은 그렇게 안 하면 어민들이 하찮은 일로 야단법석을 피울 것이기 때문이라고 했는데, 그때 보고와 실제가 그 정도로 다를 수 있음을 깨우쳐주는 실례를 목격했습니다. 이것은 어디까지나 제 개인적인 경험입니다만, 거기서 '위생공학이 상당히 중대한 문제를

끌어안고 있구나!'라는 깨달음이 나중에 제가 화학공학에서 위생공학
으로 전공을 바꾼 계기가 되었습니다.

이시카리 강 오염의 역사

그럼 이시카리 강 수질오염의 역사를 아주 간단히 살펴보겠습니
다. 국책펄프라는 회사가 설립되고 공장건설을 시작한 것이 1939년입
니다. 공장이 완성되고 이듬해 6월에 조업을 개시했어요. 그 당시에는
사장이 미야지마 세이지로(宮島淸次郎)였는데, 1945년부터 구(舊) 공산당
전향파로 유명한 미즈노 시게오(水野成夫)와 미나미 키이치(南喜一)가 경
영을 맡게 됩니다. 1940년 6월에 조업을 개시했는데, 같은 해 여름인 8
월에 이미 시(市)의 죠반(常磐)공원 내 연못의 뱀장어가 죽는 사건이 발
생했습니다. 그림지도에서 아사히카와를 확대한 지도를 보시면 후루카
와(古川)라고 쓰여 있죠. 이 길을 당시 국책펄프의 폐액이 흘렀던 우슈
베쓰 강(牛朱別川)이라는 강이 흐르고 있었고, 죠반공원은 바로 그 옆에
위치해 있었어요.

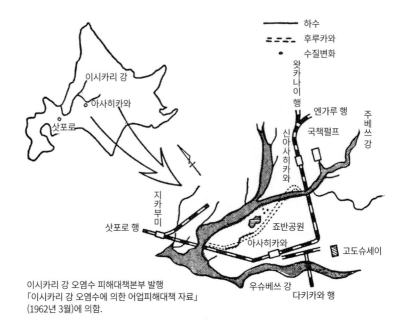

이시카리 강 오염수 피해대책본부 발행
「이시카리 강 오염수에 의한 어업피해대책 자료」
(1962년 3월)에 의함.

하천개수로 인해 공사가 끝나자마자 이 강은 더 직접적으로 이시
카리 강으로 흘러들도록 바뀌었어요. 그래서 오래된 강과 새로운 강 사
이에 있는 일종의 모래톱 같은 곳에 있는 공원의 뱀장어가 먼저 죽고,
겨울에는 잉어가 전멸했습니다. 우물물의 다갈색 오염이 하나둘 드러
나기 시작했고요.

때마침 1941년에 홋카이도대학의 이가라시(五十嵐) 교수가 이 주
변의 오염을 조사했는데, 그 보고에 따르면 공장폐수는 중화침전 뿐이
었습니다. 여기에서 펄프는 SP(sulfite pulp)라고 불리는 아황산펄프가 당
시의 제품이었는데, 그 산성의 폐수를 중화침전만 했을 뿐인데 그마저
당시에는 수리 중이어서 결국 아무 처리 없이 방류했다는 겁니다.

1941년부터 농업용수 속에 —여기 아사히카와에서 하류 쪽으로 커다란 농업용수가 세 곳이 있었습니다. 각각의 농업용수로 토지개량구 혹은 토공(土功)조합이라고 당시에는 불렀는데, 소라치(空知)토지개량구, 후카가와(深川)토지개량구, 신류(神竜)토지개량구 이렇게 세 곳의 큼지막한 농업용수 관개구역이 있었어요. 그런데 거기에 섬유질이 떠오르고 물 색깔이 이상해지더니 이내 거품이 일기 시작했습니다. 당연히 무논이 상당한 피해를 보았는데, 공교롭게도 그 해에 기온이 낮아서 벼농사가 전체적으로 냉해 피해를 입었습니다. 공장이 그것을 앞세워 무논의 피해는 냉해에 의한 것이지 공장폐수 때문이 아니라고 주장하는 바람에 그해에는 그대로 무산되고 말았습니다.

그런데 그 이듬해부터 농업 측은 아시오(足尾)에서 했던 것과 완전히 똑같이 수로 입구에 침전지(沈澱池)를 만들었습니다. 논의 용수를 끌어들이는 입구 쪽에 작은 침전지를 만들어서 거기에 조금이라도 침전시킨 후 깨끗할 때 물을 대려는 방법을 써봤지만, 이것이 좀처럼 잘 안 됐습니다.

그해에 고도슈세이(合同酒精)의 아사히카와공장이 조업을 개시했는데 —아마도 그때 증설한 것으로 보이는데— 국책펄프 쪽은 고도슈세이의 공장 탓이라면서 빠져나갑니다. 하지만 하류의 농민도 지고만 있을 수 없었죠. 결국 피해보상을 집요하게 요구한 끝에 1943년 4월 —전쟁 중이었죠— 국책펄프와 하류의 세 토공조합(훗날의 토지개량구) 사이에 협정이 이뤄집니다. 1만 3천 헥타르에 달하는 무논의 피해에 대한 응급보상액은 15만 엔에 못 미칩니다.

그리고 이 응급보상은 수로 입구의 저수지와 침전지를 만드는 비용으로 쓰입니다. 그것을 또 매년 준설해야 해요. 그래서 매년 들어가는 준설 비용의 일부를 보상으로 받기로 하고 국책펄프는 4만 엔을 하류의 토공조합에 지급하게 돼요. 이것은 1만 3천 헥타르에 대한 전체 금액이라 대충 침전지 보상이 1헥타르당 10엔, 준설 비용이 1헥타르당 3엔 정도 되죠.

이 보상은 1949년까지 계속되다가 1949년 인플레이션으로 화폐 가치가 변동한 것을 계기로 개정됩니다. 물론 이런 것은 말 않고 가만히 있어서 개정되는 게 아닙니다. 농민 측의 강력한 요구를 마지못한 듯 기업이 받아들여서, 그때까지 매년 4만 엔이었던 준설 비용이 37만 엔이 됩니다. 약 10배죠. 그리고 역시 고도슈세이가 일부 부담하게 되어 7만5천 엔, 이것은 수로 준설비라는 명목으로 지급됩니다.

1956년 8월이 되어 다시 인플레이션을 이유로 토지개량구는 협정을 개정하자고 신청합니다. 이때 아사히카와 시가 중재하려고 했지만 잘 안 됐습니다. 제법 옥신각신한 끝에 이듬해인 1957년에는 이 수리조합을 중심으로 〈이시카리 강 수질정화촉진연맹〉이라는 조직이 형성됩니다. 거기서 아사히카와 시가 긴급중재에 나서서 58년 8월에 이르러 간신히 국책펄프만 협정에 동의합니다. 연간 보상이 130만 엔. 이 130만 엔이라는 금액은 바꿔 말하면 1헥타르당 100엔인 셈입니다. 1958년 8월이라는 시점을 고려하더라도 헥타르당 100엔으로 그 다갈색으로 오염된 물에 대한 보상이 다 됐다고는 도저히 생각할 수 없지만, 나중을 돌이켜보면 정치적인 역학관계만으로 보상금액이 정해진다는 사실을 확실히 알 수 있습니다.

무참한 어업의 파괴

1941, 2년부터 지금 이야기한 1956년까지, 혹은 61년까지의 어업 통계를 실행위원회에서 준비해주셨습니다(도표 1~도표 8). 이것을 보더라도 지난 20년간 이시카리 강의 어업이 얼마나 무참하게 무너졌는지를 한눈에 알 수 있습니다. 새삼 설명할 필요도 없을 정돕니다.

이 도표에 나타나 있듯이 내수면, 그리고 거슬러 오르는 연어와 송어는 물론이고 칠성장어, 빙어, 숭어, 뱅어, 황어, 잉어 게다가 얕은 바다에 번식하는 넙치, 가자미, 함박조개, 다시마 등등에 이르기까지 감소했습니다. 현재 이시카리 강 하구에 가면, 이 폐수는 대체 어느 공장에서 온 건지 알 수 없을 정도로 뒤섞여서 더럽기가 이루 다 말할 수 없을 지경입니다. 그중에서 국책펄프가 몇 %, 탄광폐수가 몇 % 라고 비율을 나누는 것 자체가 사실상 불가능할 정도로 오염이 극심합니다. 물론 이것은 국책펄프의 폐수 때문만은 아니라 하더라도, 이 시기부터 이시카리 강의 오염이 얼마나 진행되어 있었는가를 보여주고 있습니다.

그럼 어민들의 항의는 어땠는가? 1944년, 삿포로군(郡)의 어업회에서 펄프 폐수의 물곰팡이 때문에 어구를 못 쓰게 되었다느니 어획고가 40%나 감소했다느니 하는 불평들이 공장 측에 제기되기 시작합니다. 51년에는 하류의 연어어업에서 공장폐수의 완전처리와 강바닥의 청소비용을 지급하라고 요구하지만, 기업 측은 모두 들은 체도 하지 않습니다.

그런데 1958년, 이른바 수질2법 ―수질보전법과 공장폐수규제법— 이 제정되자 이시카리 강은 문제가 있는 강으로 가장 먼저 오염조사를 받게 됩니다. 하지만 제일 중요한 수질기준이 정해진 것은 1963년부터 64년에 걸쳐서니까 사실 5년 이상이나 지연되었어요. 이 5년 동안 '조사 중'이라는 명목하에 강은 점점 더 오염되어 갔다는 것은 이 어획고를 보더라도 알 수 있습니다. 58년부터 59년에 걸쳐 얼마나 큰 변화가 있었는지, 그래프를 보면 여러분도 알 수 있을 겁니다. 사실 그 동안의 사정은 아직 자세히 조사하지 못했습니다만, 이 조사 기간에 오염이 진행되었다는 사실만은 확실합니다. 제가 찾아간 것은 1960년 가을이었는데, 수질기준이 정해지기 전에 빨리빨리 오염시켜버리자! 라는 분위기가 공장 측에서 강하게 풍기고 있음을 느낄 수 있었습니다.

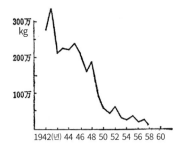

도표 1 | 이시카리어협 관내 피해어족 총어획고 추이

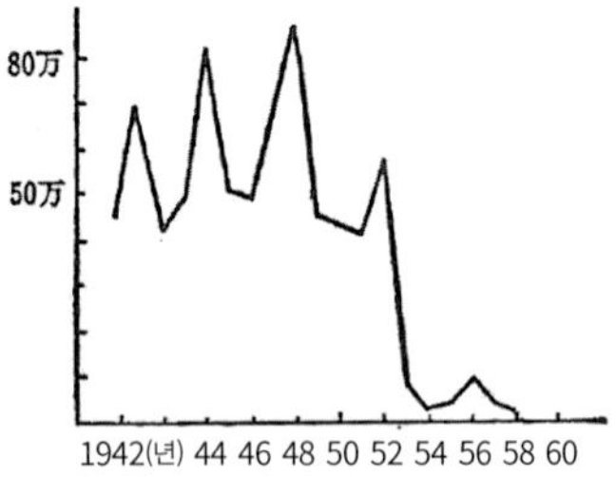

도표 2 | 이시카리어협 관내 연어어획고 추이

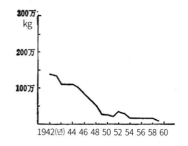

도표 3 | 아쓰타(厚田)어협 관내 피해어족 총
어획고 추이

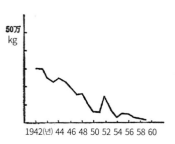

도표 4 | 아쓰타어협 관내 연어어획고 추이

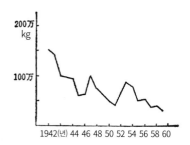

도표 5 | 하마마스(浜益)어협 관내 피해어족
총어획고 추이

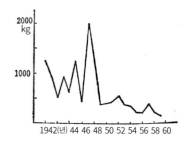

도표 6 | 삿포로군 에베쓰(江別)어협 관내
칠성장어 배 1척당 어획고 추이

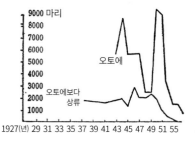

도표 7 | 오토에(音江)부근 연어포획수

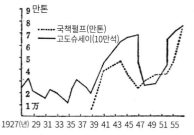

도표 8 | 회사의 조업상황

그런데 이 이시카리 강의 오염과 그에 대한 농업보상에 대해, 지금 말씀드린 약 20년 가까운 기간의 경위를 조사해 보면 농업용수 오염의 경우에는 대상범위가 엄청나게 넓어집니다. 1만 3천 헥타르라는 넓이를 오염시켰으니 제대로 보상하려고 들자면, 가령 1헥타르당 1만 엔이라면 다해서 1억이 넘습니다. 그런데 1헥타르당 100엔이라는 눈곱만큼의 돈밖에 안 낸 거죠, 기업은. 제대로 냈다면 어마어마한 돈이 됐을 텐데 말입니다. 그러니 기업 측은 철저한 압력과 에누리 작전으로 보상금이 폐수처리비보다 싸질 때까지 금액을 후려칩니다. 게다가 필요하다 싶으면 경찰을 동원해서 기업을 지지하게 하고 항의하는 어민과 농민을 탄압하는 것도 마다하지 않습니다. 이때는 다행히 경찰과의 충돌을 잘 피했던 모양입니다다만, 그다음의 혼슈(本州)제지 때는 그대로 충돌해서 문제가 커지고 말지요.

전후(戰後) 직후의 정부, 관료에 의한 공해문제 대책

그러는 동안 사실 중앙에서는 아주 조용한 움직임이 진행되고 있었습니다. 그것은 1948년 경제안전본부에 자원조사회가 설치되었고, 그곳의 위생부 회장을 도쿄대 교수인 가메야마 나오토(亀山直人)가 맡았습니다.

가메야마 나오토 교수는 수질오염 문제의 중요성을 진작부터 어느 정도 인지하고 있었기 때문에, 후배이면서 도쿄도 하수국에서 오래도록 근무하고 있던 시바타 사부로(柴田三朗)라는 기술자를 불러내 〈수질오염방지 소위원회〉를 만듭니다.

이 소위원회는 여러 차례 토론을 거듭한 결과 「수질오염에 관한 권고」라는 것을 자원조사회에 제출하는데, 거기서 수질오염방지법을 제안하죠. 그런데 자원조사회 중에서도 산업계 대표의 반대가 너무 거세서 결국엔 다수결 표결에 부쳐 간신히 자원조사회의 답신을 냅니다. 그걸로 끝난 게 아니에요, 그 뒤에 통산성, 다음엔 또 업계단체의 맹렬한 반대에 부딪히게 됩니다. 그러다 보니 1951년에 제안된 방지법은 53년에야 후생성에서 요강을 만드는데, 거들떠보지도 않습니다. 그렇게 1957년 경제기획청이 법안을 만들 때까지 어딘가에 처박혀서 잠들어 있게 됩니다.

그동안의 경위에 대해 사토 타케오(佐藤武夫) 씨가 〈자원조사회〉와는 별개의 심사회인 〈국토개발심의회〉에서 이뤄진 1953년 이후의 수리(水利)제도 특별부회의 논쟁을 문헌으로 남겨뒀습니다. 아주 중요한 기록이라 한 구절을 읽어보도록 하겠습니다. 사토 타케오 씨의 『수리경제론』(1963년, 전지농업연구회) —지금은 구하기가 좀 어렵습니다만— 의 제2장 49페이지 이하에 다음과 같은 서술이 있어요.

「수질문제에 대해서는 후생성과 수산청, 특히 수산청이 강하게 주장하고 있다. 먼저 수질을 오염시킬 경우 수질문제를 일으킨 측의 행정대표인 통상산업성의 발언부터 보도록 하자.

"땅에 구덩이를 팜으로써 광산피해를 방지하거나 광산폐수 관리에 필요한 광산피해 방지에 대해서, 광업권자는 그에 필요한 조치를 강구하도록 되어 있습니다. 또 광업권자는 광산피해방지의 여러 시설 혹은 광산피해 방지를 위한 시설을 설치할 경우는, 전국에 있는 광산보안감독부국 등의 허가 또는 인가를 받은 후에 실시해야 한다고 되어 있습니다. ……엄중한 규정이 정해져 있으므로 부디 그 점을 조사하시기 바랍니다."

엄중한 규정이 있으니까 문제는 발생하지 않는다는 말인지, 그럼에도 발생하고 있을지 모르니 조사하라는 말인지 분명하지 않다. 이어서 공업폐수에 대해서는,

"그리고 폐수에 관한 내용입니다만, 대개 다양한 공업에서는 물을 사용하여 그것을 처리하는데, 가령 섬유공업의 경우를 보면 물을 사용하고 그것을 그대로 방류하면 자잘한 섬유가 거기에 섞이게 되고, 그것이 농지로 흘러 들어가면 벼의 성장을 상당히 저해하거나 혹은 어장으로 흘러들면 플랑크톤 같은 미생물의 발생을 저해합니다. 그로 인해 현재 각 관청에서 보상 문제들이 발생하고 있습니다. 이 역시 대개 도시의 하수장치와 같은 문제로 일단 무해한 곳으로 흘려보낸 후 처리하는 측면도 있지만, 물의 절대량이 제한되어 있으므로 이것을 전부 그대로 방류해버리면 아깝습니다. 또 사실 절대량이 부족하므로 그것을 재이용해야 할 필요가 발생합니다."라고, 공장폐수가 농어업에 피해를 준다는 사실을 깨끗이 인정하고 있다.

다음은 피해자의 입장을 대표하는 수산청의 오카이(岡井) 차장의 말이다.

"광산에서 흘러나오는 폐액에 독이 함유되어 있어, 일본의 하천에서 종전에는 물고기가 많이 잡혔는데 지금은 거의 잡히지

않는 하천도 상당히 많습니다. 그리고 최근에는 펄프공장이나 화학공장들이 하천 연안에 증설되는 바람에 목하 그 하천에 사는 물고기 자원이 고갈될 위기에 처해있는 곳도 많습니다. ……

참으로 애석하게도 일반통념으로는 일부 어민들이 어려움에 처해 단백자원의 일부가 파괴되어도, 가령 광산에서 특별한 시설을 설치하는 것보다 그 시설비를 곤란에 처해있는 어민 측에 약간씩이라도 매년 나누는 것으로 경제적 수지를 맞춰가는 것이 좋지 않겠느냐는 의견이 일부 있습니다. 게다가 공장에서도 공사에 상당한 고정자산을 쓰기보다는 오히려 해마다 어민의 불평불만에 대해 이를테면 위로금이라도 줘서, 그때그때 임시방편으로 해결하는 것이 낫다는 기업가의 사고방식에서 벗어나지 않는다고 봅니다. ……또 한편으로 피해를 당하는 어민 중에서도 눈앞의 이익에 끌려서 '아니, 우리는 합의를 봤습니다'라고 그걸로 됐다는 식의 태도를 보이는 하천의 어업자도 있습니다."

수리제도부회를 통해 본질적인 문제를 제기하려 했던 것은 이때뿐이었다고 생각될 정도로, 이때 중요한 문제가 제기되었다. 요컨대 광공업의 발전과 더불어 수질오염 문제가 격화된 것, 그로 인한 하천어업의 피해를 오염수 처리시설로 제거할 것인가? 아니면 어업자에 대한 생업보상(위로금)을 하고 오염수는 그대로 방류할 것인가? 하는 문제. 광공업자본은 위로금으로 처리하는 것이 더 이득이라고 생각하고, 어업자 중에도 그렇게 생각하는 사람이 있다는 것이다.

이에 대해 화학공업을 대표하여 오시마 타케지((大島竹治) 전

문위원은,

　"화학공업을 운영하면 대부분이 그 대상이 된다고 생각합니다만, (오염수 처리를) 어떻게 하든 화학공업의 본질상 목하의 상황에서는 완전하게 처리한다는 것이 사실상 좀 불가능하므로, 일정 한도를 정해서 보상해야 하는 것은 당연하다고 생각합니다."라며 보상기준을 정부가 제시해야 한다고 강조한다. 오카이 차장은 '처리시설을 설치하는 것이 공장 측의 이익에 반한다, 어업자 역시 위로금을 바라는 사람이 있다, 그런 관계로 오염수 처리가 실시되지 않고 있다'라고 사회경제적으로 문제를 제기하고 있는데, 오시마 전문위원은 화학공업의 본질상 완전처리는 어렵다고 사회경제적으로 제기된 문제를 기술적 문제로 되받아치고 말았다. 보상으로 처리하는 것이 가장 이익이라는 것을 스스로 밝히고 있다.」

　여기까지의 경위를 읽어보면, 작년 말에 있었던 공해국회에서 누차 논의되었던 '정부가 정한 기준 이하라면 처벌을 받지 않는다'는 규정에 관한 논의는 1953년에 이미 다 끝난 상탭니다. 그런 걸 다 깨끗이 잊어버리고 '우려'라는 문자를 지웠니 안 지웠니 따위의 아무래도 상관없는 논의를 일본의 야당이라는 작자들이 하고 있었어요, 작년 공해국회에서 말입니다. 잘 생각해보면 53년에 이미 답이 나온 문제를 놓고 이러니저러니 말꼬리 잡아가면서 재탕을 한 것에 지나지 않습니다.

　역사를 조사해 보면 이런 간단한 것은 금방 나옵니다. 그조차도 제대로 하지 않는 정치가 ―우리도 역시 그렇습니다. 이미 보상기준이라는 것을 나라가 정해서 운 나쁘게 그 이상으로 올라가면 보상은 하지만 그 이하는 일절 보상하지 않는다는 사고방식이 이 시점에서 나왔고, 하물며 그대로 척척 실행되다가 급기야는 작년 법률에서 형사면책까지 확인되었다는 사실을 이제야 알게 되었으니, 우리가 공해피해를 보는 것은 당연하다고 해도 과언이 아닐 정도로, 지금의 논의는 문제의 본질을 짚고 있습니다.

이어서 다음을 좀 더 읽어보겠습니다.

「오시마 전문위원의 보상기준 설정요구에 대해 오카이 전문위원의 대리인인 야마다(山田) 기관은, 통일적인 보상기준은 마련되지 않았으며 만약 그런 기준이 만들어지더라도 어업자는,

"입장이 약한 처지이므로 정당한 요구를 해야 할 순간에 도중에 꺾이고 마는 경우도 기존에 종종 있었습니다. 그러한 경우에도 중앙관청으로서는 지도는 할 수 있지만, 이런 점을 주장하라는 식의 조언을 하거나 하진 못합니다. 요는 어업자의 의견을 존중하는 것으로, 어업자가 그것으로 됐다고 말하면 수산청은 그대로 할 뿐 별도로 상세한 기준은 만들지 않습니다."라고 대답했다. 보상문제는 힘이 약한 영세 어업자와 화학공업의 독점자본 사이의 모순대립, 산업의 불균등 발전에서 발생하는 문제로 본질적으로 인식되고 있는데, 그 처리는 각자의 역학관계에 내맡겨진 문제에 지나지 않는다는 행정상의 처리한계를 분명히 서술하고 있다. 이에 대해 오시마 전문위원은 "아, 그럼 됐습니다!"라고 그야말로 만족스럽다는 듯이 말하고 그 자리는 그렇게 막

이 내렸다. 이것이야말로 수리제도부회에게는 최대의 고비라고 인식한 사람이 출석자 중에 몇 명 있었던 게 아닐까.」

심의회는 방패막이

이것은 수리제도부회의 의사록을 토대로 하여 기록으로 남긴 사토 타케오 씨의 평가입니다만, 확실히 여기에서 모든 것은 역학관계로 정해지고 기준을 만들어도 기업 측은 얼마든지 짓뭉갤 수가 있다, 그랬다고 해서 따로 불만을 말하지 않으리라는 것을 수산청이 말하고, 그에 대해 화학공업 협회의 상무이사이고 현재의 전무이사인 오시마 타케지가 만족의 뜻을 표합니다.

나중에 오시마는 미나마타병 문제에서 폭약원인설을 주장하고, 그다음에는 미나마타병 연구간담회인 다미야(田宮)위원회를 조직합니다. 뿐만 아니라 지금도 일본화학공업협회 전무이사로, 또 자칭 폐수문제에 관한 세계적인 권위자로(웃음소리) 사실상 업계의 대변인으로 활발한 활동을 하고 있습니다. 어쨌든 그의 활약은 지금 우리가 보았듯이 이미 엄청납니다. 그러니 우리가 이러한 경위를 만일 알고 있었다면, 당연히 작년 공해죄 논의나 공해국회에서 오갔던 온갖 논의들이 아무 의미가 없는, 아무래도 상관없는 것의 반복이었다는 것도 금방 알아차렸을 겁니다.

일본의 정치가가 얼마나 역사를 공부하지 않는지, 또 우리 역시 역사공부를 제대로 하지 않았는지를 다시 한 번 깨닫게 되는 사건입니다. 하지만 이것은 사실 전후(戰後)에만 있었던 일이 아닙니다. 제가 친구한테 들은 이야기로는 아시오구리광산 광독사건 때부터 사실 그것은 다 끝나있었다는 거예요. 오히려 지금 야당이 주장하고 있는 것들은 아시오구리광산 광독사건 무렵에 정부 측 관료가 제안했다가 실현하지 않았던 것을, 오히려 기업보호 입장에서 주장되었던 것을 현재의 야당이 주장하고 있는 겁니다. 사회당과 공산당은 특히 공해에 관한 한 재계의 PR계라고 하는 편이 맞다는 지적이 있습니다. 이것은 조만간 그와 관련된 것들의 검토가 이뤄지리라 생각합니다.

이시카리 강 사건의 결과, 기업 측이 얻은 결론은 아까도 말씀드렸듯이 '수질오염 피해는 광범위하다, 따라서 경영자는 강력한 연합전선을 구축하지 않으면 안 된다, 그러기 위해서는 업계단체를 강화하고 정치헌금을 늘려서 정치적인 압력을 완전히 사용할 필요가 있다!'라는 겁니다.

그래서 1958년에 수질2법(수질보전법, 공장폐수규제법)이 제정되자, 수질2법을 운영하는 수질심의회 위원으로 업계단체 혹은 자본가대표들이 우르르 몰려듭니다. 처음에는 화학공업계에서 오시마 타케지 한 사람만 예정되어 있었는데, 오시마는 강제로 산요(山陽)펄프 사장인 오카와 테쓰오(大川鉄男)를 수질심의회 위원으로 영입합니다. 그리고 전문위원이라는 직책을 만들어 자기 입김이 미치는 관료나 대학교수 그런 인간들을 위원이니 학식경험자니 하는 형태로 투입해서, 심의회를 완전히 재계의 말이라면 알아서 복종하는 기관으로 만들어놓습니다.

결국 심의회란 것이 사실은 진짜 방패막이라고 일컬어지게 된 사태는 대개 이 시기부터 정착된 겁니다.

혼슈제지 에도가와공장 사건

도쿄에서 SCP펄프 폐수를 흘려보내다

이런 기업 측의 결론은 그대로 강력한 연합전선을 이루고, 어느 회사도 양보할 수 없다는 방식이 그대로 표출된 것이 에도가와(江戸川)의 혼슈(本州)제지 사건입니다. 실행위원회에서 정리해주신 자료를 오늘 나눠드렸는데, 먼저 에도가와사건 자료의 주요일지를 봐주시기 바랍니다.

1958년 3월, 그때까지 제지공장이 중심이 되어 그라운드펄프 즉 분쇄펄프만 제조하던 에도가와공장에 세미케미컬펄프가 증설됩니다. 그런데 이 세미케미 —우리는 세미케미 혹은 SCP라고 부르는데— 종류의 펄프공업이란 맹독의 폐수를 생성하는 것으로 유명합니다. 이런 문제 때문에 대개는 도회지 근방에서는 안 만드는 것이 상식이라고 교과서에도 나올 정도예요.

그런 것을 도쿄 변두리에서 만들겠다니 무리수를 둔 거죠. 일단은 당연히 시운전을 했겠죠? 검은 물이 나옵니다. 이 조업 개시로 분위기가 한창 고조된 사이에 농업피해가 발생해서 회사에 항의하는 사건이 벌어지는데, 그때부터 도쿄 도와 지바 현(千葉県) 양측에 어민들이 진정을 내기 시작합니다.

4월부터 5월에 걸쳐 자주 어구(漁具)의 피해가 두드러지는데, 가령 5월 17일에 회사 측도 어장의 상황을 조사하겠다고 뜻을 굽히고 결국 피해상황을 인정했다고 적혀있습니다.

19일에 오염수 방출 중지를 요청하지만 수질검사 중이라는 이유로 거부합니다.

그리고 그 무렵 여러 가지 언질을 어민들에게 쏟아 붓습니다. 그리고 공장장을 바꿔치기하는 이른바 선수교체가 이뤄지죠. 곧잘 하는 수법입니다. 교섭이 불리해지면 이런저런 약속을 했다가 책임자교체라는 수법으로 그간의 이야기는 나 몰라라 하는 인물이 새로 등장합니다. 어디서나 마찬가지예요. 이것은 딱히 어민을 상대로만 하는 수작이 아니라 노동조합 상대로도 다들 이런 짓을 합니다. 다만 상대가 어민이었을 때는 상대방을 쉽게 신용해버리니까 이 수법이 먹히는 겁니다.

어민의 공장난입으로 사회문제화

5월 24일, 집단진정으로 다소 다툼이 있었습니다. 이때 공장 측은 은어에게 피해는 있을지 모르지만 다른 물고기에는 피해가 없다고 본다, 사용하는 약품이 나쁘다는 건 알지만 하수와 혼합되면 해는 없다고 생각한다고 답변합니다. 그리고는 보상을 할 테니 물은 흘려보내게 해 달라고 하고, 어업 측은 새로운 기계에서 나오는 검은 폐수는 즉각 멈추라고 요구합니다.

이 데모 덕분에 5월 25일에 일단 조업을 정지하고 교섭을 합니다만, 아무래도 이야기가 진척이 안 돼요. 그래서 5월 30일에 어업조합 측은 지바 현에 진정하게 됩니다. 그런데 도쿄 측 어협은 도쿄 도(都)에 진정을 넣어요. 그렇게 되니 게이요(京葉)공업지대 조성협회의 아무개 씨, —이 사람의 정확한 이름은 모르겠지만, 조사하면 금방 알 수 있을 겁니다. 어쨌든 지방 보스죠— 그리고 혼슈제지의 전무가 지바 현에 와서 '같은 날 도쿄 측 피해자 대표는 합의를 봤으니 지바 현 쪽도 도쿄를 본받아서 선처해달라'는 취지의 부탁을 합니다. 이걸 보면 회사 측하고 회사를 유치한 사람들이 한 짓을 알 수 있어요. 이것은 전형적인 지방 보스의 수법으로, 저쪽이 해결했으니까 우리 쪽도 참아야지! 하고 또 저쪽에 가서 똑같은 소리를 합니다. 저쪽은 정리가 됐으니 너희도 참아라! 이렇게 양쪽을 잠재워놓고 자기는 얼굴 세우고 돈을 긁어모으죠. 이런 전형적인 수법이 등장합니다.

어쨌든 이런 소란이 있고 나서 진정이니 중재의뢰니 하는 것이 오가는 사이, 6월 2일이 되자 공장 측은 다시 펑펑 쏟아내기 시작합니다.

6월 4일부터 6일까지 조사한 결과, 이건 해도 해도 너무 심해서 도쿄도가 조업중지를 권고하고, 일단 즉각중지를 명령하자 밤이 깊어서야 마지못해 중지합니다.

| 에도가와사건 주요일지 |

1958년

3월 18일　혼슈제지 에도가와공장, SCP(세미케미컬펄프) 공법완성, 시운전 개시

4월 6일　이 무렵부터 검은 오염수 유출

4월 22일　SCP조업개시 축제기간 중 지역농민, 폐수에 의한 농업 피해에 대해 회사에 항의

4월 23일　어린 은어의 격감에 놀란 어민(에도가와수계 9어업권자), 공장폐수의 선처를 도쿄 도의 수산과에 요청

5월 13일　오염수로 인해 어패류가 폐사한 것을 어민이 도 당국에 연락

5월 19일　어민, 폐수중지를 공장에 요청하지만 수질검사 중임을 이유로 거부

5월 21일　회사 측, 에도가와공장장을 교체

5월 24일　오전 10시, 도쿄만 어민 1천 명, 200척의 배에 나눠 타고 에도 강을 거슬러 올라 공장 뒤쪽으로 상륙, 기습데모를 시도. 단체교섭 3시간, 회사 측 SCP기계의 조업을 일시 정지하기로 함. 이후 1주일 동안 회사 대 어민 간의 교섭 이어짐

6월 2일　합의를 이루지 못한 채 공장 측 배수 재개

6월 4일　도쿄도수산시험장, 해면의 피해상황 조사

6월 6일　도쿄도건축국, 회사에 대해 SCP공정의 조업정지를 구두로 권고 같은 날, 기계가동중지 명령, 오후 11시 배수 중지

6월 7일	게이요공업지대 조성협회의 아무개, 회사사장과 관계어업조합장 등을 이치카와 시(市川市)의 요릿집으로 초대하여 중개. 우라야스(浦安)어협은 출석거부
6월 9일	회사 측, SCP의 조업개시. 같은 날 오후, 도쿄도건축국 폐수방출 정지를 권고. 같은 날 오전 7시~이튿날 오전 2시까지 방출(추정). 10일 이른 아침, 조업정지
6월 10일	오후 6시 무렵, 오염수 방류에 격노한 어민 700명, 공장으로 난입. 투석으로 창문을 부수고 공장 안으로 농성. 오후 9시 50분, 경찰기동대 약 1천 명 출동, 경찰봉으로 어민을 난타, 어민 8명 체포(그중 1명은 중상자). 어민 측에 중상자 다수
6월 12일	회사 측은 같은 날 도지사에게, 이튿날인 13일 지바 현 지사에게 각각 조정을 의뢰. 같은 달 27일, 혼슈제지의 폐수에 의한 어업피해 도쿄 도·지바 현 협의회 설치
6월 13일	이날 이후, 국회의 각 위원회에서 에도 강 오염수 방류사건이 논의됨
6월 30일	수질오염방지대책 전국어민대회 개최(도쿄·일본청년관). 어민 4천 명 참가. 수질오염방지법의 제정을 요구할 것 등을 결의. 가와시마(川島) 자민당 간사장, 아사누마(浅沼) 사회당 서기장 등도 출석
12월 15일	'공공용수역의 수질보전' '공장폐수 등의 규제' 제정. 같은 날 회사 측, 우라야스다이이치(浦安第一), 미나미교토쿠(南行德), 이치카와 시 교토쿠 마을 세 곳의 어협과 보상협정 조인(보상금=1천만 엔)
12월 26일	회사 측, 가사이(葛西), 죠토(城東), 아라카와(荒川), 후카가와(深川) 네 곳의 어협과 보상협정 조인(보상금=1천2백만 엔)

그리고 7일에는 요릿집으로 초대해서 와해작전을 폅니다. 이걸로
안심했을지 모르지만, 6월 9일이 되자 다시 조업을 시작해요. 그래서
도쿄 도에 진정을 냈더니, 아니 공장은 분명 멈췄을 것이다, 틀림없이
폐수를 흘려보내지 못하게 권고했다는 겁니다. 그 말을 듣고 돌아와 보
니 눈앞에서 떡하니 폐수가 흘러나옵니다. 공장이 약속을 어긴 사실을
알았으니, 6월 10일 저녁 무렵에 도쿄 도에 진정을 내고 돌아오던 어민
들을 중심으로 공장으로 난입해서 한바탕 난리가 납니다. 한밤중이 되
어 기동대가 1천 명가량 출동합니다. 어민 700명에 경찰 1천 명이니까,
순식간에 포위되고 완전 섬멸이죠. 꽤 많은 부상자가 나왔어요. 이후의
일은 늘 그렇듯이 한바탕 난리가 벌어지고, 6월 30일이 되어서 일본 어
업사상 처음으로 수질오염반대 어민대회가 열리고 수실오염방지법 제
정을 요구하게 됩니다.

그때부터 어지간히 티격태격한 끝에 세 개 그룹으로 분리된 어협
과 회사 측이 보상금 조인을 하는데, 이 과정에서 확실히 가와시마 마
사지로(川島正次郎)가 상당히 적극적인 역할을 했을 겁니다. 지방출신의
정치보스이기도 하니까요. 어쨌든 적극적인 중재를 한 결과, 각각의 어
협에 여기 나온 액수의 보상금을 주는 것으로 타결을 봅니다. 폐수 속

의 약품과 오물을 침전시키고 생물처리 및 오물처리로 일단 제거하는 것만 제대로 하려고 해도 몇 억은 들었을 텐데, 보상금은 세 그룹을 합쳐서 5천 1백만 엔.

그중에서 우라야스 본 어협이 마지막까지 버틴 모양입니다만, 1천9백만 엔으로 몇 집 정도가 보상받았을까요? 1천9백만으로 1,333명. 평균을 내면 한 사람당 1만 조금, 잘하면 2만 엔 정도. 이 정도가 당시 시세였던 모양입니다. 그 말은 이후 미나마타에서 나온 기준, 혹은 시라누이(不知火) 해에서 나온 기준을 보더라도 평균 1인당 2만 엔 정도의 보상이 목표로 제시되고 있습니다.

이 사건은 이른바 지방 보스의 중개방법이 그럴듯하게 개입됐다는 것, 그리고 진정은 진척이 없고 기업 측의 강경한 태도에 어민 측이 궁지에 내몰려서 폭발한 사건인데, 어쨌든 아차 하면 이번에는 공장 측도 엄청난 손해를 볼 수 있는 ―이 경우에는 결국 1959년 3월에 공장에 배수처리시설이 생길 때까지 SCP의 설비는 조업중지를 먹었습니다. 이것은 혼슈제지로서도 타격이 컸죠.

그래서 이런 식의 분쟁에 휘말리지 않기 위해 좀 전에 말씀드린 보상기준을 목표로 한 수질보전법, 공장폐수규제법을 ―이것은 전부터 준비되어 있었으니까― 서둘러서 제정하면 되는 것이라, 1958년 12월에 법률로 단번에 제정하게 됩니다.

수질기준은 어떻게 정해지는가?

하지만 진짜 중요한 규제기준은 —이것도 조사기간이라는 명목으로 줄곧 지연되고 있었는데— 에도가와 사건에 대해 정해진 것이 1962년입니다. 그것도 펄프폐수는 COD가 600ppm으로 처리를 전혀 하지 않아도 되는 수준으로 정해집니다. 이 결정방법에 반드시 주의해야 합니다. 현재 저를 포함한 이쪽 기술자는 이런 식의 수질기준을 정할 때 기술적으로 가능한 수치로 해서 기준과 사고방식을 정합니다.

가령 교수가 심의회에 나가면, 어느 선에서 정하면 좋을지의 논의를 합니다. 대개 교수나 조교수는 자기 손으로 BOD, COD, SS를 측정하지 않기 때문에 돌아와서 조교한테 묻습니다. 지금의 기술로는 몇 ppm 정도까지 처리가능한지, 그래서 '이 방법이면 이 정도까지, 또 저 방법이면 저 정도까지'라는 답안을 우리가 적습니다. 그러면 이 경우는 회사의 부담이 너무 커서 이 방법은 채택하지 않을 테니까 일단 단순침전으로만 가자! 그러면 몇 ppm이다. 이런 식으로 해서 수질기준이 정해집니다. 그 몇 ppm이라는 숫자를 교수가 가지고 심의회에 가는데, 그것은 대개 사무국이 전부터 준비해둔 숫자와 정확히 맞아떨어집니다. 같은 자료에서 나오는 것이라 당연하겠죠. 똑같은 교과서로 똑같이 공부하고 똑같은 실험결과를 주거니 받거니 하기만 하니까, 당연히 똑같은 숫자가 나옵니다. 그래서 학식경험자와 사무국의 태도가 일치한다, 그러니까 공정한 결론이다!(웃음소리)

사실 우리도 모르는 사이에 그런 조력자 혹은 토대 만들기 작업을 돕고 있었다는 것이 솔직한 얘기입니다. 이때 결국 처리는 단순폭기

[1]와 침전뿐이었는데, 조금 전에 잠깐 거론했던 '이 업계의 권위자'인 시바타 사부로의 설계를 토대로 만들었습니다. 이 간단한 침전의 결과가 딱 들어맞도록 수질기준을 만들었던 겁니다. 이런 방법은 사실 그 후로 다고노우라(田子の浦)의 공해[2] 때까지 줄곧 반복됩니다.

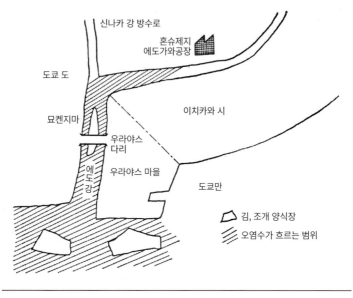

에도 강 하구 부근의 구성도

어쨌든 직접 자료를 보면 아주 재미있는 것이 여러 가지 많습니다만, 특히 혼슈제지의 회사역사서에 적힌 내용은 정말 흥미롭습니다.

---

1   폐수 처리에서, 하수 속에 공기를 넣어서 폐수의 정화를 돕는 장치

2   다고노우라 오니공해는 시즈오카현 후지시 다고노우라 항구에서 1960년대부터 70년대 전반에 발생한 오니오염에 의한 공해를 일컫는다.

"농민, 어민은 이른바 '검은 물'에 대해서는 일종의 미신을 가지고 있어서, 그 경우에도 현지 어민 측을 자극한 직접적인 원인은 방류된 폐수의 외관이 지나치게 검은 색을 띠고 있어서 의외의 공포심을 주었기 때문인 것 같다."

이 뒤에 시바타 사부로 박사의 '색이 검은 것은 탄닌, 리그닌인데 차 속에도 함유되어 있다'라는 아주 말도 안 되는 논조가 들어있습니다.

시바타 사부로라는 사람은 1924년에 도쿄대학 응용화학과를 나온 사람이라, 그 당시 자신이 받았던 교육으로 모든 수질문제를 결론짓고 있습니다. 좋든 나쁘든 자기 생각대로 결론을 짓는데, 이 같은 주장은 아주 제멋대로입니다. 예를 들면 '생무는 색이 하얗지만, 공기 중에서 산화하면 노란색이 된다. 산화할 때 노란색이 되는 거니까 독은 아니다.'라고 말합니다. 여기에는 생물에 대한 이해가 전제되지 않았다는 것을 여러분은 알아차리셨을 겁니다.

물고기는 어떤 식의 반응을 하고 미생물은 어떤 반응을 하는지 하는 것은 전혀 들어있지 않아요. 하지만 이런 사고방식은 다이쇼 시대에 끝난 것이 아니라 그 후에 도쿄대 응용화학에서 현재까지 쭈욱 이어져오고 있어요. 또 현재의 위생공학 기술 대부분은 시바타 사부로의 업적 위에 세워졌다고 할까요, 거의 표절이라 해도 무방할 겁니다. 시바타 사부로가 혼자 하나둘 쌓아온 실험의 결과를 모두 자기들이 한 것인 양 교과서에 쓰고 있는 것이 현재 일본의 위생공학자라고 해도 될 겁니다. 그 점을 감안하면 우리는 아직도 시바타 사부로의 울타리를 전혀 벗어나지 못하고 있다, 현재 일본의 기술은 거의 그 울타리 안에 머물러 있다고 말할 수 있습니다.

그런데 다고노우라의 오니[3] 문제에 대해, 일본과학자회의가 현지를 시찰해서 내놓은 대책안을 최근에 볼 기회가 있었습니다. 그 권고 내용이 오지(王子)제지의 가스가이(春日井)공장 또는 혼슈제지의 에도가와공장 수준의 처리를 하라는 것이었습니다.

현재 다이쇼와(大昭和)제지는 단순폭기나 침전설치도 안 하고 있으니까, 거기까지 간다면 확실히 진보일지 모릅니다. 하지만 역사를 조금만 돌이켜보면, 혼슈제지 에도가와공장이나 오지제지 가스가이공장의 처리설비가 어떻게 만들어졌는지, 그 기반이 되는 기술적인 사상은 무엇인지 정도는 알 수 있을 겁니다. 그러니 그것을 현재의 다이쇼와를 중심으로 한 후지의 제지자본에 접목시켰을 때, 결과는 어떻게 될까요? 또 양적으로 어느 정도 차이가 나는지도 전혀 고려하지 않고 가스가이 수준이니 에도가와 수준이라고 하는 것은, 마치 미국 수준이라거나 외국 어느어느 나라 수준이라고 하는 것과 전혀 다를 바 없는 발상입니다. 일본과학자회의 정도 되는 전문가 집단이 그 정도 발상의 대책밖에 제시하지 못한다면, 이것 역시 재계의 PR계와 전혀 다르지 않습니다. 아쉽게도 현재의 진보적 과학자의 실력이 이 정도밖에 안 된다는 사실을 여러분도 알아두시기 바랍니다.

사실은 이 시기에 기요우라 라이사쿠(清浦雷作) 씨의 조사결과가 등장합니다. 1958년 여름부터 59년에 걸쳐 에도 강 하류를 조사하는데, 공장폐수의 영향은 거의 없고 나카가와 강(中川) 방수로에서 나오는 가

---

3   공장폐수나 산업폐기물 등의 오염물질이 섞인 진흙을 일컫는 말로, 일본어의 'ヘドロ'를 뜻함.

정하수의 영향이 더 크게 나타났다는 내용의 조사가 이뤄집니다.

만일 우리가 이때 알아차렸더라면, 59년 가을부터 겨울에 걸쳐 이뤄진 유기수은설에 대한 기요우라의 반론은 성립될 수 없었다고 봅니다. 확실히 기업 측에 서서 수질조사를 하고 그것을 학회에서 발표해서 기업에 유리한 상황을 만들어줍니다. 그런 수작을 우리가 아직 모르고 있었던 거예요. 사실 저도 그 무렵 어렵게 회사에 근무하다 다시 대학원으로 돌아왔을 때였는데, 그때 일본화학회에서 이런 강연을 듣고 아무래도 이상하다고 생각했던 기억이 납니다. 만일 여기서 정체가 드러났더라면 미나마타병의 비극은 지금처럼 심해지지 않았을지 모릅니다.

그런데 지금, 고단샤(講談社)에서 발간한 블루박스 시리즈 『공해에의 도전(公害への挑戦)』 증보판이 날개 돋친 듯 팔리고 있습니다. 기요우라 라이사쿠의 저서예요. 정말 놀라운 것은 고단샤가 낸 큼지막한 광고 중에 이시무레 미치코의 『고해정토(苦海浄土)』가 적혀있고 그 옆에 오시카 타쿠(大鹿卓)의 『와타라세 강(渡良瀬川)』이 있고 '해설 우이 준'이라고 적혀있다는 거죠. 그리고 그 바로 다음에 같은 크기로 기요우라 라이사쿠의 『공해에의 도전』이라고 적혀있어요. 이것을 읽은 사람들이 모두 어이가 없었다고 하는데, 지금까지도 어용학자는 여전히 당당하게 고단샤의 광고 안에서 통용이 됩니다! 물론 '고단샤니까 안 쓰겠다!'고 거절할 주제가 아닌 저도 해설을 쓰긴 했지만, 그런 식의 광고가 나올 줄 알았다면 역시 안 쓰는 게 나았겠다고 생각하기도 합니다.

그렇지만 기요우라 라이사쿠의 책은 한 번쯤 읽을 가치는 있으니 (웃음소리), 여러분이 모두 사서 그 사람한테 인세를 벌게 할 정도는 아니라고 생각하는 만큼 책방에 서서 잠깐 보거나 한 권 사서 돌려보는 정도로 해서 요령 있게 어떤 내용이 적혀있는지 알아두는 것이 좋지 않을까 생각합니다.

법률 하나로 여론 3년

결국 이 사건 덕분에 수질2법이 햇빛을 보게 되었는데, 이것은 공업 측의 타협은 아니었습니다. 법률은 생겼지만 정령(政令)이 안 정해지면 규제를 할 수 없어요. 그리고 정령은 조사를 통해 정합니다. 그러니 문제를 조사 단계까지 몰고 왔을 뿐인 겁니다.

이 기준을 정하는 내용이 기업에 지나치게 부담을 주지 않아야 한다는 것이 목표라는 말씀은 저도 드렸죠? 그런데 이시하라(石原)산업의 폐수에 대한 PH의 규제를 없애고 게다가 법률의 취지에 맞도록 신고일자를 앞당겨 제출하도록 지도한 통산국 사람들의 행위가 최근 사회당의 이시바시(石橋) 서기장의 질문으로 명백히 드러났습니다. 어떤 의미에서 그런 행위는 우리의 상식입니다.

위생공학에 몸담은 사람에게 그것은 상식이에요. 사실은 우리도 늘 하는 짓이라 그게 왜 잘못된 건지 딱히 깨닫지 못했다는 것이, 솔직히 말씀드려 신문을 봤을 때 느꼈던 감정입니다. 저런 것은 우리도 교수님한테 이럴 때는 이렇게 하라고 항상 듣는 말이라서, 무엇이 나쁘고 어디가 법률위반이라는 건지 의문을 가질 정도입니다. 저도 그런데, 위생공학을 졸업한 젊은 관료 여러분에게는 저런 것은 지극히 당연한 일이라서 "왜 나쁘다는 거야?"라고 오히려 정색을 할지 모르죠.

그런데 저는 적어도 이 법률 덕분에 한 가지 배운 게 있습니다. 그 것은 '법률이 없으니까 단속할 수 없다'라는 말은 새빨간 거짓말이라는 겁니다. 법률을 만들면 이번에는 정령이 없어서 단속할 수 없다고 말할 게 뻔해요. 대체로 이것을 핑계로 3년을 버팁니다. 관료는 법률을 여론 조작을 위해 만듭니다. 59년에 수질2법이 통과된 이후 최초로 수질기 준이 정해진 것이 62, 3년입니다. 이것으로 약 4년 동안 여론을 속이는 데 성공합니다.

　　그리고 욧카이치(四日市)에서 천식이 문제가 된 후로 매연규제법 이 제정될 때까지 약 3년. 이어서 미시마(三島)·누마즈(沼津) 콤비나트 반대운동으로, 일본의 산업계가 '입지정책이 이대로 가다가는 너무 위 험하다'라며 일단 법률을 만들어서 어떻게든 체면을 세워야 한다고 느 낀 후로 공해기본법이 완성되기까지 3년. '법률 하나로 여론 3년'이라 는 저의 경험칙(=경험적 법칙)은 여기서 얻어진 겁니다.

　　그런데 재작년부터 작년에 걸친 공해의 심화는 급기야 법률 하나 로 3년을 버티기 어렵게 만들고 말았습니다. 14개 법률을 만들어도 1년 을 채 못 버티지 않을까요? 지금까지의 비율로 보면, 14개 법률을 만들 면 42년은 거뜬히 버틸 수 있을 텐데 말입니다.

　　요컨대 이렇게 해서 '법률은 여론조작을 위한 것'이라는 결론을 제가 얻은 것만은 수확이었다는 말씀입니다. 관료한테 이 이야기를 하 면 노발대발하겠지만, 결코 대놓고 반론은 못 할 겁니다. 그러니까 경 험칙으로 봤을 때, 지금까지는 '법률 하나·여론 3년'이었지만 앞으로는 3개월 버티면 잘한 축에 든다고 말씀드릴 수 있습니다.

　　그리고 이 법률에서 제출된 '합의 중개제도'라는 것이 있습니다.

쌍방의 의견이 대립했을 때 합의를 중개하는 권위 있는 전문위원을 만들어두자는 건데, 이들은 대신이나 현지사가 임명합니다. 그 자격으로는 '공정하며 식견이 높은' 등등 뭐 여러 가지가 있는데, 일단 저는 절대 선택될 리가 없겠죠? (웃음소리)

어쨌든 이 제도가 나중에 공해분쟁처리법의 골자가 됩니다. 그런데 합의 중개제도로 가면 절대 불리해진다는 것은 이미 상식이 되어 있으니까, 직후에 발생한 미나마타병 분쟁 때 수질2법의 합의 중개제도를 현지사는 교묘하게 회피합니다. 그 후로 지금까지 이 제도는 거의 활용되지 않고 있죠. 법률이 제정되고 벌써 십몇 년이나 지났는데 30건, 1년에 3건 정도예요. 이걸 하면 진짜 큰일 난다는 건 모두 잘 알고 있으니, 만반의 대책이 세워지지 않는 한은 이런 어리석은 제도는 의미가 없습니다.

저도 지금은 이 중개위원이 누구인지 까맣게 잊어버렸습니다만, 분쟁처리법에서는 분명 도쿄대의 가나자와 요시오(金沢良雄) 교수가 포함되어 있을 겁니다. 사실 전에 공개강좌에서 도쿄대학의 기여에 대해 가나자와 교수의 이름을 언급했더니, 국민생활연구소의 미야카와(宮川) 씨가 가나자와 교수는 실적도 있고 제대로 현장까지 찾아가는 훌륭한 분이라고 지적을 하더군요. 저도 그에 대해서는 따로 반론을 하지 않았습니다, 그래서 더 곤란한 거라고.

아무리 법률 교수가 현장에 가서 뭔가를 알았다고 해도, 그것은 어디까지나 심의회 위원 자격으로 간 겁니다. 관리가 미리미리 '오늘은 깨끗하게 청소합시다!'라고 서둘러 준비 다 해놓은 뒤에, 정중히 찾아가서 깨끗하게 정리된 것만 돌아보는 겁니다. 그런 것은 공장폐수를 조사하러 갈 때도 빤히 통하는 상식이에요. 그런 것을 몇 백 번 둘러봐도 공해피해자의 고충은 눈곱만큼도 모릅니다. 바로 여기에 문제가 있다는 겁니다. 그러니까 도쿄대 교수는 심의회의 위원이 되어선 안 됩니다. 공해에 대해 알고 싶다면 잠복이라도 해서 현지를 조사하고 피해자의 이야기를 들어야 합니다. 이것이 저의 결론입니다.

전후 공해격화의 전환기

그런데 여기에서 '산업 발전과의 조화'라는 말이 나옵니다. 이 말이 법률에 나온 것은 이번이 처음인데, 사실은 이제 처음 거론되는 이야기는 아닙니다. 다이쇼 시대의 아라타 강 사건 때 경찰서장이 했던 말은 여러분도 알고 계실 겁니다. 그러니까 조화론에 대해서도 공해기본법이 생겼을 때 '조화'라는 말은 말이 안 된다고 야당에서 말들이 많았는데, 어쨌든 그런 이야기는 이미 다이쇼 시대에 나왔죠. 이제 와서 새삼 가타부타 말해봐야 시간 죽이기밖에 안 된다고 봅니다.

하물며 58년에는 아무도 불평을 안 했단 말입니다. '조화'라고 쓰여 있어도 다들 만세삼창으로 통과! 그런데 똑같은 사람들이 67년에 와서 새삼 불만을 토로한들 누가 상대나 해줍니까? 안 해주는 게 당연합니다. 그런 걸 보면 우리는 정치가를 다소 오냐오냐 응석받이처럼 대하는 경향이 있습니다.

사회당 같은 당이 아직 90석이나 차지하고 있다는 것은 정말 말이 안 됩니다. 저는 한 9명 정도 남으면 적당하지 않을까 생각합니다만.

그렇다고 공산당이 90명이 되는 건 괜찮냐고요? 아니요, 그 역시 안 될 말입니다. 일본의 정당이 공해문제에 대해 발언할 수 있는 실적은 그야 말로 소수에 불과합니다. 그걸 보면 우리는 역시 정치가를 너무 안이하게 방치했다는 실감이 듭니다.

이때 종이펄프노련(=전국종이펄프산업 노동조합연합회)과 혼슈제지 노동조합이 어민과 공동투쟁을 했다는 기록이 남아있습니다. 그리고 문제해결을 위해 상당한 노력을 했다는 빛나는 역사를 기록해놓고, 종이펄프노련에서 그것을 종종 인용하더군요. 요즘 종이펄프노련에의 공격이 좀 거센 건 사실입니다. 주민이 반대하면 보너스가 줄어드니까 잠자코 있으라는 등의 말을 다이쇼와제지 같은 단위조합이 하니까 —저나 가이노(戒能) 선생한테 '요즘 세상에 조합이 나와봤자지…'라는 소리나 듣고— 노련도 참 안 됐습니다. 그러면 1958년 혼슈제지는 노동조합이 알아서 결의를 했고 종이펄프노련으로서도 훌륭하게 어민들과 함께 투쟁했다고 합니다.

그런데 이 무렵부터 저도 조금씩 폐수문제에 관심을 갖기 시작했는데, 아무리 봐도 당시 종이펄프노련이 냈던 성명에 대한 인상이 약했다는 생각을 지울 수가 없어요. 특별할 것 없는 그런 성명이 아니었나 하는 느낌도 들고 —오히려 지금에 와서 조사해볼 에너지도 없지만— 그들이 하도 열심히 했노라 강조를 하니까 저도 진짜 그랬는지 어쨌는지 알아봐야겠다고 생각하고 있습니다.

다만 이때는 사실 조금 다른 방향에서 이상한 사태가 발생했습니다. 국회(제29특별국회)의 심의에 부쳐진 거예요. 이것은 공장 측이 약속을 어겨서 화가 난 어민들이 난입한 사건이므로 누가 봐도 공장이 나빴죠.

당시는 아직 고도성장기 이전이라 정치헌금 납부도 나빴을 겁니다. 역시 문제가 됐습니다. 자민당 위원장이 "헌법이 보장하는 생활권과 기본적인 인권을 충분히 배려한 자민당도 참을 수가 없습니다. 국회의 결산위원회에서 공장은 부당하다는 의미의 결의가 내려졌고, 나아가 6월 10일 어민에게 뭇매를 행사한 경찰은 다소 난폭했다고 국회는 판단하여 치안문제로 대처해주기 바랍니다."라고 말합니다. 요즘에야 이런 기특한 소리를 할 리 없겠죠? 학생이 얻어맞아 죽어가는 판인데요. 당시는 역시 자민당이 이렇게 말하지 않을 수 없을 정도로 사건의 충격이 컸고, 또 정치헌금의 납부도 안 좋았으니까요. 게다가 법무성 인권옹호국과 도쿄법무국은 경시청에 대해 경비가 너무 심하다는 권고를 냈습니다.

이것은 사실 다음 해에 발생한 미나마타 소동에 약간 영향을 미쳤다는 이야기는 전에 말한 대롭니다. 이때는 경찰이 제법 혼이 났습니다. 서장은 주의훈계 처방 —면직까지는 안 갔지만, 어쨌든 창피를 당한 셈이죠. 그리고 도쿄지검은 불기소처리 했습니다. 그리고 이듬해의 미나마타 난입 때도 이 전례가 있다 보니 검찰청은 역시 주저하게 됩니다. 여기서 또 섣불리 기소하고 국회에서 문제시되면 큰일이다 싶으니까 갈팡질팡하다가 결국 기소는 상당히 늦어졌습니다. 그런데 이번에는 1960년의 고도성장 초기의 정치적 판단이 개입됩니다. 58년 말과 60년 초두의 정치적 정세의 차이. 또 하나는 노동운동에 대한 취급도 물론 이 사이에 크게 달라집니다. 탄광노동조합을 무너뜨린 미쓰이(三井)·미이케(三池) 쟁의가 그렇습니다.

에도가와 사건은 이렇게 해서 공해근대사에서 상당히 중요한 사건이 됩니다. 그것은 단순히 법률이 제정되었다는 것만이 아니라, 그 시점까지는 아직 고도성장의 사회구조가 성립되지 않았습니다. 그랬기 때문에 국회도 경찰에게 주의를 주는 상황이 아직은 있었던 거죠. 그런데 그 뒤로는 하고 싶은 대로 합쇼 입니다. 기업 측이 무엇을 하든 '맘대로 하세요'가 됩니다. 사실 1958년을 전환기로 해서 일본의 공해, 전후(戰後)공해사의 제2기가 시작되었다고 해도 과언은 아닐 겁니다.

하지만 이 사건도 어민이 돈을 받고 졌다는 것은 사실이라, 지금은 어업권 포기 지경까지 오고 말았습니다. 결국은 수질기준을 정해서 규제했지만 어업은 완전히 망쳤어요. 이런 상황을 의료계에서는 '수술은 성공했지만 환자는 죽었다'고 합니다(웃음소리). 그런데 그 수술이 성공한 건지 아닌지도 저는 의문입니다.

이 법률에 관한 한 제정됐을 때부터 허점투성이 법이라고 비판이 있었는데, 지금까지 허점투성이 법의 전형으로 공해관계자들 사이에서는 회자되고 있습니다. 왜 이런 것을 에너지를 낭비해가면서 만들었는지, 이따위 법률 오히려 없는 편이 낫지 않았을까, 하천법에 '누구도 강물에 오물을 흘려보내서는 안 된다'는 의미의 조문이 있습니다. 여기에 벌칙만 더하는 편이 훨씬 깔끔하고 좋지 않았겠느냐는 겁니다. 그런데 그렇게 하면 처벌받을 사람이 증가하기 때문에, 정확히 말하면 처벌받을 산업이 증가하기 때문에 일부러 특별법을 만들어서 규제를 완화합니다. 특별법이 생기면 부두에서 물고기 내장을 버린 생선가게가 형사처벌을 받고 이시하라산업은 당당하게 통과하는, 욧카이치 같은 사태가 아무렇지 않게 벌어집니다.

도야마(富山) 이타이이타이병

숨겨진 피해자

그럼 시기적으로 계속되는 문제로 도야마의 이타이이타이병에 관해 이야기하도록 하겠습니다. 이것은 상당히 오랜 모색 끝에 카드뮴 오염에 의한 뼈의 질병이라는 사실이 거의 확실시 되었습니다. 여기서 '거의 확실시'라는 묘한 표현을 쓴 것은 아직 학계 일각에서 이것을 인정하지 않는 부류가 있다는 것, 그리고 물론 사태가 우리가 처음에 생각했던 것보다 훨씬 복잡한 구석이 있다는 것 등을 포함해서, 다수의 공해에 의한 질병과 마찬가지로 인과관계가 완전히 밝혀지는 것이 불가능하다는 의미에서 이 표현을 쓸 수밖에 없습니다.

상당히 독특한 뼈의 질병인 도야마 이타이이타이병의 역사는 일본 의학이 갖는 근본적인 결함 혹은 의학만이 아니라 공학 역시 못지않게 가지고 있는 결함의 다양한 측면을 아주 명료하게 조명해주는 사건입니다.

그뿐만 아니라 이 질병은 미나마타병과도 비교되듯이 상당히 비참한 질병의 성질을 가지고 있습니다. 전형적인 환자는 뼈에 심한 통증과 골절, 가장 심하게는 70곳이 골절되어 죽음에 이른 사람도 있습니다. 그런 점에서 병의 고통을 간단히 비교하는 것은 어렵지만, 미나마타병 못지않게 극심한 질병으로 현재는 세계적으로 널리 알려지게 된 사건이기도 합니다.

이 질병은 1945년 무렵에 이미 의사가 환자의 존재를 인식하고 있었습니다. 하기노(萩野)병원이라는 후츄(婦中)마을에 있는 개업병원의, 지금 원장의 아버지, 그러니까 이전의 원장이 남긴 기록에 이미 45년 이전부터 그것으로 추정되는 기록이 있습니다.

또 그 원인이 된 미쓰이(三井)금속 가미오카(神岡)광업소가 배출한 카드뮴에 의한 오염은 늦어도 다이쇼 시대에는 진행되고 있었다는 것이 여러 자료를 통해 입증되고 있습니다. 질병이 언제부터 발생했는가를 밝혀내기가 쉽지 않은 만큼 최초의 환자를 찾는다는 건 아마도 영원히 불가능하지 않을까요. 미나마타의 경우에서조차 1953년부터 질병이 발생했다는 현재의 공식견해에 그 어떤 근거도 없는데, 이타이이타이병처럼 20~30년씩 카드뮴으로 오염된 물과 식품을 섭취하여 발생한 만성중독의 경우에는 어느 시점에 질병이 시작됐는가를 논하는 자체가 별 의미가 없습니다. 여기에서는 질병을 알게 된 것이 1945년 전후부터라는 것만 먼저 말씀드립니다.

전형적인 환자는 대략 100명 정도 생존해 있습니다. '전형적'이라고 말씀드린 것은 골절 혹은 뼈의 극심한 통증을 호소하는 환자입니다. 그리고 현재까지 100명 이상이 이 질병으로 사망했다고 하기노 박사는 증언했습니다.

물론 이것은 하기노병원에 내원해서 하기노 박사의 진료를 받은 환자를 중심으로 한 통계일 뿐입니다. 그 외의 의료기관에서 아주 최근에 이르기까지 다른 질병으로 치료를 받았던 사람도 있고, 또 여러 가지 사정으로 병원에 못 간 사람도 있으므로 전형적인 환자의 실제 숫자는 이 수치를 웃돌 것이 분명합니다.

그리고 그런 전형적인 환자 외에 좀 가벼운 증상의 환자까지 포함하면, 아마도 1천 명을 넘는 만성중독 사례가 도야마 시 남서쪽 교외, 후츄 마을을 중심으로 해서 진쓰 강(神通川)의 선상지 일대에 분포해있을 겁니다. 그런데 이 조사는 아직 완전하게 끝났다고 할 수 없습니다. 물론 후생성이나 도야마 현의 검진에 의한 환자의 분포조사와 가나자와(金沢)대학의 조사가 있긴 하지만, 그것으로 전모가 파악이 됐는지 어땠는지는 현재로서는 의문입니다.

왜 그런 지경이 됐을까요? 그것은 이 질병이 밝혀지는 과정을 돌이켜 보면 어느 정도 상상이 갑니다.

주로 이 질병은 다발지대의 중심에 있는 후츄 마을의 하기노병원 원장인 하기노 노보루(萩野昇)에 의해 추적되었습니다. 이를테면 이것은 일본의 개업의가 밟아간 시행착오의 역사입니다. 어느 때는 실패하고 벽에 부딪히고 다시 방향을 선회해서 또 벽에 부딪혀 발견한 역사라고 해도 될 겁니다.

또 나중에 말씀드리겠지만 여기에서는 초인적인 노력이 그다지 느껴지지 않는다는 것도 하나의 특징입니다. 그래도 여기에는 극히 평범한 일본의 의사, 그것도 개업의로서는 —하긴 아주 당연하다고 하면 이상하지만— 호소카와 하지메(細川一) 박사처럼 전혀 전망이 없는 상황에서 자신의 의사를 관철시킨 초인적인 노력과는 전혀 다른 인간의 노력의 흔적이 있습니다.

그것을 이유로 흠을 잡을 수도 있고 여러 가지 비판도 할 수 있습니다. 최근에는 그런 것으로 새롭게 사회의 시선을 끌어보려는 움직임도 있습니다. 하지만 저는 이타이이타이병과 관련이 있는 몇몇 학자, 특히 그중에서 현지에서 도망치려야 도망칠 수 없었던 하기노 박사에 대해서는 왠지 모르게 인간적인 친근함을 느껴서, 누구를 딱히 비판할 마음이 안 생기는 것은 사실입니다. 이 점을 미리 말씀드립니다.

일본 의학의 결함 : 하기노 박사의 고립화

여기에서 아주 명쾌한 이론적인 평가를 —제가 하려는 게 아니고— 일본 의학이 가진 결함이 가장 심각하게 드러난 예로써 이것을 들여다보려고 합니다. 하기노 원장이 전쟁에서 돌아와서 얼마 안 지나 가나자와대학 의학부, 당시 가나자와대학 의대의 병리학 교실에서 박사학위 논문을 위한 연구를 하고 있었습니다. 하지만 대지주로서의 하기노병원의 재산은 전후 농지해방과 상속세 등으로 붕괴하였고, 결국 부친이 남긴 병원으로 돌아가 원장으로 경영에 합류한 것이 1945년 전후의 일입니다.

그 무렵의 연구는 주로 모교인 가나자와대학 의학부의 협력을 얻어 이 질병의 원인에 관한 연구가 이뤄지고 있었는데, 알아낸 것이 전혀 없었습니다.

임상적으로는 이것을 골연화증(骨軟化症)이라고 보통 부르고 있었는데, 뼈가 물러지고 부러지기 쉬워지는 병이라는 건 알 수 있었습니다. 실제로 뼈가 부러지니까 그렇게 규정할 수 있었지만, 왜 뼈가 물러지고 부러지는지는 전혀 알아내지 못했고, 또 역학적으로 분포를 조사해서 기존의 증상과 비교해보는 식의 계통적인 연구방법도 실제로는 거의 이뤄지지 않았습니다.

하지만 지금 생각해봐도 그것은 어쩔 수 없는 일이었어요. 여러분 가정의 바로 옆에 위치한 고작 한두 명의 의사가 일하고 있는 개업의를 떠올려 보세요. 역시 새로운 질병에 대해 어떤 과학적 방법을 적용할 수 있을까를 고려할 때, 할 수 있는 건 지극히 제한된 방법에 불과할 겁니다. 그러니까 당시 가나자와대학 의학부와의 공동연구는 실제로는 거의 진전이 없었지만, 그건 오히려 당시의 의학 수준과 개업의 제도의 한계라고 할 수 있을 겁니다.

1955년경부터 그때까지 류머티즘 연구를 중점적으로 해온 가와노(河野) 박사와의 협력이 얼마간 계속됩니다. 이 시기에 도야마 현립의 중앙병원도 가담하게 됩니다. 현립중앙병원은 지자체의 병원으로 상당히 영향력 있는 큰 병원이었어요. 하지만 이 무렵에는 영양부족과 비타민D 부족 혹은 대사결함에 의한 구루병과 비슷한 질병일 거라는 예상 하에 일련의 연구가 이뤄집니다. 확실히 비타민D를 대량으로 환자에게 먹이면 어느 정도 증상이 호전되는 경우가 있었지만, 부작용이 심해서 결과는 그다지 좋지 않았습니다. 여기까지는 알고 있는 내용입니다.

이 시기에 하기노 박사는 '이것은 가미오카광업소에서 흘러오는 광독이 아닐까?'라는 의심을 하게 됩니다. 그가 처음에 생각한 것은 아연이었습니다. 하지만 아연의 증상을 조사해 봐도 그 정도로 심한 뼈의 질병은 기록된 게 없었습니다. 그래서 아연이 아닐까? 의구심은 내비쳤지만 입증할 길은 없고, 그러다 가와노 박사와의 협력관계도 깨지고 맙니다.

물론 현재의 출신학교별로 딱 구분이 되어 있을 정도로 대학과 지역 유착이 두드러지는 병원지배 하에서, 자신의 모교 출신이 아닌 사람과 공동연구를 하는 것은 지극히 위험해서 하기노 박사의 평판은 가나자와대학에서도 물론 극도로 나빠집니다. 그런 이유도 있고 해선지, 그런 지방병원이면 가령 대학을 졸업한 젊은 의사를 분배하지 않는 식의 보복조치도 대학은 취할 수 있습니다. 그래서 하기노병원은 그 당시부터 현재까지 줄곧 만성적인 의사부족 상황에 처하게 됩니다.

요시오카 킨이치(吉岡金市)의 철저한 역학적 연구

그런데 1960년에 이르러서 그때까지 도야마 현 각지의 냉수해를 조사하던 요시오카 킨이치(吉岡金市, 농학자) 씨와 협력을 시작합니다. 요시오카 킨이치라는 사람은 농업경제에서 출발해서 농학 및 경제학 학위를 가지고 있는데, 그의 연구방법은 철저한 역학적 방법입니다. 말하자면 공중위생과 의사도 결코 쉽게 할 수 없을 정도의 아주 철저한 역학조사를 실시합니다.

이 조사는 사실 후츄 마을의 농업공제조합과 광독대책협의회의 의뢰를 받아 한, 이른바 위탁연구로 이뤄졌습니다. 그 와중에 하기노 박사와 알게 됐고, 그때부터 1961년 최종보고가 나오는 동안 요시오카 킨이치 씨는 카드뮴의 존재를 지적합니다. 또 분석을 고바야시 준(小林純) 씨에게 의뢰하여 카드뮴을 확인하죠. 이 부분부터 사실 이야기가 상당히 복잡하게 얽히게 되는데, 어쨌든 60년 말부터 61년 초에 걸쳐서 요시오카 킨이치가 깔아놓은 연구의 레일이 완성됩니다. 이제 나머지는 여러 인간이 아웅다웅하면서 결국 그가 깔아놓은 레일 위를 걷다가 섰다가 또는 달렸다가 한 것이 이타이이타이병 연구의 최근까지의 동향입니다.

요시오카 킨이치 씨의 출발점은 '작물이 공해를 입는다는 것은 인간에게도 반드시 공해가 있다, 중금속이 작물에 피해를 입힐 때는 반드시 인간에게도 피해를 줄 것이다'라는 생각입니다. 그래서 문헌들에서 중금속의 병변(病變)에 대해 검색합니다. 거기에 카드뮴의 만성중독으로 뼈가 아프고 골절이 발생할 수 있다는 예가 나와 있었던 거죠.

카드뮴 말고도 그 밖의 중금속을 여러 가지 분석해보니 —사실 너무 터무니없는 숫자라서 저도 그걸 본 순간 제 눈을 의심했는데— 이타이이타이병 중증환자의 뼈에 3,800ppm의 카드뮴, 그리고 최고 530ppm까지의 납, 7,000ppm까지의 아연이 축적되어있었습니다. 경증환자의 예에서도 300ppm의 카드뮴이 발견되었어요. 이 정도가 되면 카드뮴이라는 물질의 독성에 대해 다소의 경험이 있는 인간이라면, 그것이 뼈의 질병인 이타이이타이병과 어떻게 연관되었는지는 별개로 하더라도 그 3천 몇 백 ppm이라는 숫자만으로도 놀라고 남을 일입니다.

저는 사실 이 보고서가 나온 61년에서 한 1년 정도 지난 62년에 처음으로 보고서를 보았습니다. 그때는 염화비닐 기술자로서의 경험을 통해 카드뮴의 염류가 염화비닐의 안정제로 다량이 사용되는데, 그게 독성이 높아서 가령 수혈용 염화비닐 파이프 등에는 사용해서는 안 된다는 걸 알고 있었어요. 식품포장용의 염화비닐 필름 등에도 사용하지 못하도록 규제하고 있다는 걸 이미 알고 있었기에, 그 숫자를 보고 깜짝 놀랐던 겁니다.

이 보고서는 61년 6월이 되어 위탁연구비를 지출한 후츄 마을의 농업공제조합으로 발송됩니다. 하지만 그 내용이 너무나 확실하게 가미오카광산을 지적하고 있다는 데 놀란 대책협의회는 이 보고의 발표를 보류합니다. 요컨대, 쌀 피해만으로도 미쓰이와 매년 티격태격하고 있는데 제대로 교섭도 안 된 상태에서 또다시 이런 골치 아픈 것을 발표하면 엄청난 사태가 벌어지고 말테니까 이타이이타이병 쪽을 덮기로 한 겁니다.

이 분석을 맡았던 고바야시 씨와 요시오카 씨 사이가 안 좋다는 것은 옛날부터 유명한지라, 아마도 하기노 씨가 고바야시 씨와 의기투합해서 분석을 그분께 맡긴 것 같아요. 어쨌든 하기노 씨와 고바야시 씨가 한 팀이 되어, 이 보고가 완성되기 1개월 전인 61년 5월에 현에 보고를 합니다. 또 한편으로는 하기노와 요시오카 두 사람 이름으로 61년 6월에 정형외과학회에서 역시 이타이이타이병의 원인에 대해 보고합니다.

여러분도 잠깐 생각해보면 알겠지만, 싸워서 사이가 안 좋은 두 사람이 학회 보고를 공동명의로 냈다고 하면 이상하게 보이는 게 당연하잖아요. 그런데 몇 달인가 전에 낸 것을 놓고, 싸웠다고 해서 금방 빼고 어쩌고 할 수 없는 것 아닙니까. 그래서 결국 서로 뻘쭘한 관계에서 기록에 남아있는 대로 협력관계가 묘하게 고정된 겁니다.

고작 30만 엔의 조사비

어쨌든 여기서 대량의 카드뮴, 아연, 납이 뼛속에서 발견되었다는 사실이 공표되고 도야마 현은 예산 30만 엔으로 조사위원회를 만듭니다.

아무리 그래도 그렇지 이런 큰 문제에, 그것도 환자가 몇 백 명이 될지도 모르는 질병을 조사하는데 고작 30만 엔으로 위원회를 만든다는 것은 말도 안 됩니다. 실제로 현청의 관리도 ─제가 나중에 찾아갔을 때─ "여하튼 의회가 시끄러워서 그래요"라고 대답했을 정도로, 결국 의회를 위해 만들어진 조사위원회였습니다. 그런데 그 안에서 광독설을 주장하고 있는 하기노 노보루, 고바야시 준 모두 떨어트립니다. 요시오카 킨이치도 떨어트려요. 그 대신 공중위생의 대가라는, 가미오카병원에 의사를 공급하고 있는 기후(岐阜)대학의 다치(館)라는 교수를 일부러 위원으로 불러 앉힙니다. 결국 전형적인 중화(中和)를 위한 위원회를 만든 겁니다.

그러자 다치 교수는 하나하나 반론을 제기합니다. 61년부터 63년에 걸쳐 광산병원의 데이터로 반론을 전개한 덕분에, 이 위원회는 뭐가 뭔지도 모르는 동안 광독설을 완전히 부정하지도 못하고, 그렇다고 긍정도 못한 채 66년이 됩니다. 이젠 예산도 바닥났고 카드뮴의 의혹은 크지만 뭔가 '플러스 알파'가 있을 것이라는 결론을 내리고 해산되고 맙니다.

　바로 그 무렵에 —62년 11월 말부터 12월에 걸쳐 제가 이 이야기를 듣고 갔을 때의 현의 태도가 얼마나 심하던지 "어디서 왔느냐? 무슨 속셈으로 이런 일에 끼어드느냐? 어서 나가라!", 현청의 환경위생괍니까, 공중위생괍니까? 아무튼 거기서 여러 명의 직원한테 붙들려서 말그대로 곤욕을 치른 적이 있습니다.

　"대학원생이라면서 무슨 속셈으로 우리도 모르는 이런 일에 관심을 갖느냐?"면서 엄청 혼났던 기억이 있습니다.

　그때의 여러 가지 일들은 62년 12월 16일의 『아사히저널』에 아주 자세하게 그 경위를 기록한 것이 실려 있습니다.

　그리고 연구자들 간의 복잡한 문제에 대해서는, 1966년의 『과학(科学)』 11월호에 요시무라 이사오(吉村功)의 이타이이타이병에 관한 논문에서 거론됩니다. 또 70년 『문예춘추(文藝春秋)』 12월호에 아주 상세하게 인간의 갈등에 초점을 맞춘 르포가 실려 있습니다. 대체로 이 『문예춘추』 12월호의 기사는 정확합니다. 다만 이 역시 나중에 언급하겠지만, 정확성만 가지고는 자료의 가치를 평가할 수는 없습니다. 그러니 어느 면에 대해 정확한가를 따져봐야겠죠.

암중모색으로 원인규명

　그런데 1961년부터 66년까지는 하기노와 고바야시 팀이 미국으로부터 3만 달러, 약 1천만 엔에 달하는 NIH(National Institute of Health, 국립위생연구소)의 연구자금을 받게 됩니다. 그때는 어디에서도 연구비를 못 받고 있었는데, 이것에 선정되면서 간신히 두 사람의 공동연구가 지속될 수 있게 됩니다. 하지만 실질적으로는 고바야시 씨의 동물실험이 대부분을 차지해서, 하기노병원에서 다소 하려고 했던 동물실험은 하나도 성공하지 못했습니다. 저도 그 시기에 조금이나마 돕고 싶었지만 역시 잘 안 됐습니다.

한편 가나자와대학은 문부성이나 후생성이 주는 연구비로 약간의 연구를 합니다. 대학병원에서 학위논문이 생산되는 한 의사에게 연구라는 것은 생산적인 일이기 때문에, 대학에서 이른바 「이타이이타이병의 원인추구에 대하여」라는 등의 논문이 이 시기에 몇 편인가 나옵니다. 다만 그것들이 진짜 원인을 찾았거나 발견할 단서가 됐는가 하면, 제가 알기로는 그렇다 할 만한 것은 없었습니다.

1966년 말에는 이런 식의 연구활동 대부분이 거의 결말에 가까워지게 됩니다. 카드뮴이 적어도 절반의 원인이다, 아마 원인비율의 십중팔구는 카드뮴 중독이라는 임상 가설이 확립됩니다. 그리고 이 시기보다 조금 늦은 67년 무렵에는 왜 뼛속의 칼슘이 빠져나가는가 하는 구조도 어느 정도 밝혀집니다. 카드뮴 중독이 일어나면 왜 뼛속의 칼슘이 감소하여 뼈가 부러지기 쉬워지고, 또 하나는 아직 확실하지는 않지만 왜 뼛속에 카드뮴이 고이는지는 사실 밝혀지지 않았습니다.

고인다거나 실제로 고여 있다는 사실밖에 말할 수 없지만, 카드뮴은 원래 신장(腎臟)에 상당히 나쁜 독이 된다는 것은 교과서에 실려 있었다는 사실을 나중에야 깨닫죠.

이것은 하기노 씨도 저한테 사건 당초부터 했던 말인데, 일본의 의사는 중독에 대해서는 상당히 약하답니다. 특히 무기중독이라는 것은 학교에서도 가장 약한 부분이고 교과서에도 전혀 없는 분야라는 거예요. 게다가 하기노 씨가 공부하던 시절은 전쟁 중이라 이른바 동원 의사였는데, 박사논문을 쓰긴 했지만 실제로 그만한 실력을 갖출 조건이 아니었다고 하더군요. 어쨌든 무기중금속의 중독에 대한 문헌을 조사하거나 중독증 사례를 보거나 할 기회가 전혀 없었다는 거죠. 당연히 일본어로 쓰인 교과서도 전혀 없어요. 저도 어쩌다 이 뼈의 병변에 대해서는 독일어로 된 교과서를 읽다가 문득 발견하고는 서둘러 하기노 씨에게 연락을 했어요. 그랬더니 그것이 새로운 문헌이라고 하더군요. 그 정도로 암중모색해야 했습니다.

그런데 표면에서는 사라졌지만, 요시오카 킨이치 씨가 실시했던 환자의 분포나 환자발생지역의 벼 피해 그리고 과거의 홍수효과 등의 조사는, 지금 돌이켜보면 원인이 중금속임이 틀림없다고 할 정도의 단계까지 왔다는 것은 정말 큰 성공입니다. 이후의 후생성 연구에서도 요시오카 킨이치의 계획에서 한 발짝도 못 나갔으니까요. 그나마 진척이 있었던 건, 고바야시 씨가 했던 동물실험에서 카드뮴을 추가하면 칼슘의 균형이 확실히 감소한다는 사실, 즉 몸에서 칼슘이 빠져나가서 뼈가 부러지기 쉬워진다는 것을 쥐 실험을 통해 알아냈다는 정돕니다.

일본에서 가장 불가사의한 공해

1966년 12월에 저와 요시무라 씨가 하기노병원을 방문한 적이 있습니다. 마침 그때 구마노(熊野)지구에서의 마을모임이 있었는데, 하기노 씨와 함께 초대받아 갔어요. 거기서 공해에 대해서 한 차례 강의를 한 기억이 있습니다. 그때 제가 느끼고 또 말했던 것은 '일본에서 가장 불가사의한 공해'라는 거였어요.

66년 하면 이미 제2의 미나마타병이 니가타(新潟)에서 발생해서 작정하고 소송을 하려는 움직임이 조금씩 나오고 있던 시기였고, 누마즈(沼津)·미시마(三島)의 콤비나트 반대운동이 성공해서 ―공해반대운동이라는 것이 일어날 수 있다고 하면 이상하지만― 어쨌든 운동이 될 수 있다는 목표가 마련된 시기였습니다. 그 시기에 반대운동이 전혀 존재하지 않던 지역이 이타이이타이병이 발병한 곳인데, 이것은 저의 사례 연구 중에서도 아주아주 특수한 경우였습니다. 그래서 그에 대한 저의 소감을 솔직히 말씀드렸던 기억이 납니다. 이것은 일본에서 가장 불가사의한 공해다! 이 정도로 심한 고통을 겪으면서 그 원인이 눈앞에 있는데도 아무 소리도 안 하는 아주 보기 드문 공해라고요.

역시 가족 중에 환자가 있는 지역 사람들은 노골적으로 싫은 얼굴을 하더군요. 제가 도야마 현에 잠시 산 적이 있는데, 이런 일은 도야마 현에서가 아니면 어디서도 안 일어날 겁니다. 즉 강자 앞에서는 엎드려 따르라는 것이 만연해 있는 생활과 도야마 현의 공업우선의 태도가 있기에 비로소 생길 수 있는 문제라는 이야기를 했던 기억이 납니다.

이 시기에도 하기노 씨에 대한 현의 공격, 예를 들면 일부러 보험진료 기록을 파헤친다거나 덤프트럭을 조심하라거나 하는 일종의 '인사'죠. '귀갓길 조심하라!'는 말은 참 편리해요. 어떻게 들으면 참 친절한 인사말인데, 자칫 위협적으로 말하면 '오늘 밤길 위험이 닥칠지 모른다!'는 경고로도 들리니까 말이에요(웃음소리). 물론 말하는 쪽과 듣는 쪽 쌍방의 심리적 갈등에 따라 달라지니까, 하기노 씨가 '나는 위협당했다'고 해도 위협한 측이 '나는 그럴 의도가 없었다'고 할 수도 있는 문제죠. 하지만 당시 하기노병원을 둘러싼 정세로 보면, '귀갓길 조심하라'는 말은 충분히 위협의 인사가 될 수 있었다고 저는 생각합니다.

이대로 이 사건은 끝날 거라고 생각했습니다. 그런데 67년 5월, 공명당의 야오이 히데히코(矢追秀彦) 참의원 의원이 국회에서 폭탄질문을 하면서 사건은 갑자기 매스컴을 타게 됩니다. 그때까지는 움직임다운 움직임이 거의 없었던 것이 사실입니다.

엄격한 보도관제

반대로 공해를 정확히 보도하는 것은 매스컴의 사회적 책임이라고 요즘에 와서 말들 하는데, 정작 그때는 뭐 했느냐는 반감이 전혀 안 드는 것도 아닙니다. 참의원에서 폭탄질문이 나올 때까지도 엄연히 이타이이타이병은 존재했었고 도야마 지방에서는 모르는 사람이 하나 없을 정도의 상식이었습니다.

그런데 현(県)은 아주 엄중한 보도관제를 마련해놓고, 현의 기자클럽에서는 기자가 새로 전근해올 때마다 청년단체에서 강경한 요청이 있었다면서 합의사항이랍시고 강조합니다. 시집올 아가씨가 없어지니까 이타이이타이병에 관해서는 일절 보도하지 말아 달라는 식으로 보도관제가 작용합니다. 1962년 초에 어쩌다 아사히(朝日)신문 지국

의 기자가 이 합의사항을 어겨서 기자클럽에서 제명된 적이 있을 정
돕니다.

그 덕분에 당시 62년에서 65년 정도까지 이타이이타이병에 관한
기사가 나온 것은 아사히뿐이었습니다. 이건 어쩌다 내친김에 그렇게
됐던 건지는 모르겠어요. 딱히 아사히만이 공해에 대해 진보적이었던 건
지 어떤지 —그 당시에 말입니다— 그것도 뭐라고 단정 지을 순 없습니다.

하지만 67년 5월의 국회질의는 확실히 효과적이었습니다. 후생
성은 66년에 해산했던 연구그룹이 내놓은 결론을 재조사하기 위해 별
개의 연구그룹을 만듭니다. 이것을 돌려막기라고 하죠. 한 곳에서 어떤
결론이 나왔는데 불리해지면 다음 것을 만들면 된다는 식이죠. 이때는
고바야시 씨가 포함됩니다. 하기노 씨도 포함됐는지는 모르겠어요.

그런데 고바야시 씨는 먼 타지에 거주하고 있어서 회의가 있을
때 회의통지 보내는 걸 일부러 깜빡 까먹은 모양이에요, 도야마 현의
관리가. '일부러' 그랬다는 건 나중에 알게 된 사실인데, 회의통지를 안
보낸 것이 한두 번이 아니었다고 해요. 왜 그랬냐고 추궁하니까 처음으로
'그때는 잊어버려서'라고 대답했다고 하니까 역시 고의였다고 봅니다.

그렇게 했음에도 결국 더는 숨길 수 없게 되자 68년 5월에 드디어
후생성의 공식견해가 발표됩니다. "이타이이타이병의 원인은 주로 가
미오카광산에서 흘려보낸 카드뮴이다." 이것은 전후 일본의 공해병 원
인에 대한 정부견해가 나온 첫 번째 사례입니다. 미나마타병에 대해서
는 같은 해 9월이니까 이타이이타이병이 처음인 셈이죠.

그 직전인 3월 9일부터 민사소송이 시작되고 1970년 12월에 대부
분 결심을 했으니까, 올 3월이나 4월에는 판결이 날 겁니다. 다만 이 민

사사송은 다른 손해배상 사건과 조금 구조가 달라서 광업법에 근거한 무과실책임의 손해배상 사건입니다. 원고 측이 광산에 과실이 있다는 것을 입증하지 않아도 되는 —해도 되지만 실제로는 안 했어요— 무과실책임의 제도를 이용하고 있어서 다른 재판보다 수고가 덜 든다는 장점이 있습니다.

이렇게 해서 이타이이타이병의 원인관계에 대해서 대체로 확인되었다 싶었는데, 아니나 다를까 최근 들어서 그에 대한 반론이 나오고 있습니다.

키가 작은 것도 중독의 원인 - 산업위생학자의 어용성

도쿄대학의 보건학과에 미쓰이금속 가미오카광업소 직원 한 명이 상당한 액수의 연구비를 들고 연구생으로 와서, 카드뮴과 이타이이타이병의 관계에 대한 위탁연구를 하고 있다는 사실. 그리고 후생성의 식품위생조사회 —이것은 후생성의 하청단체 혹은 외곽단체에 해당하는데— 그곳의 산업위생 전문가인 쓰치야 켄자부로(土屋健三郞)라는 게이오(慶應)대학의 교수가, 구로베 시(黑部市)의 공해과장인가 뭔가하는 사람하고 대담을 하는데, 거기서 '카드뮴은 그 정도로 무서운 독이 아니다, 지금 0.4ppm이니 1ppm이니 소란을 떠는 것은 카드뮴 노이로제다'라는 의미의 발언을 하면서 이것은 학문적 신념이라고 정색을 한 겁니다.

그런데 사실은 이 쓰치야 켄자부로 교수를 우연한 기회에 스톡홀

름에서 마주친 적이 있습니다. 그때 그 사람이 해준 이야기가 저에게는 상당히 의외의 것이었어요. 쓰치야 교수는 수은중독, 특히 금속수은증기에 의한 중독의 산업위생 문제를 오랫동안 연구해온 사람이라고 합니다.

어느 체온계 공장에서 집단중독이 발생했을 때의 이야기를 영어로 해줬는데, 아마도 은단이었던 거 같아요. 제 기억으로는 은단으로 만든 상당히 큰 체온계의 수은중독이 있었어요. 그때 키가 작은 사람부터 먼저 중독이 됐다고 합니다. 그것은 환기는 충분히 했지만 수은증기는 무겁기 때문에 밑으로 가라앉는다, 그래서 키가 작은 사람은 중독이 된다(웃음소리). 그럼 이 경우 수은중독이라는 것은 수은이 주요인이긴 해도 키가 작다는 부차적인 원인이 없으면 안 걸린다(웃음소리). 그러므로 수은에만 원인관계의 책임을 지게 할 수는 없다(웃음소리). 이렇게 되면 대체 뭐라고 해야 할지 알 수가 없군요. 이 논리대로 하면 '아, 나는 키가 작아서 병에 걸렸구나'라고 포기할 수밖에 없다는 거네요(웃음소리).

그 얘길 듣고 있자니 아무래도 냄새가 난다 싶더군요. 이것이 68년 8월 스웨덴에서 만났을 때의 이야깁니다. 아니나 다를까, 스웨덴의 아주 유명한 직업병, 특히 카드뮴 및 수은중독의 대가인 프리벨리이로부터 이런 뼈의 질병이 발생하는 경우는 없다고 들었다는 거죠. 그렇게 일본에서 이타이이타이병과 카드뮴의 원인관계를 은폐하기 위한 대대적인 캠페인을 시작한 사람이 쓰치야 켄자부로입니다. 외국에서 만난 사람은 자고로 조심하지 않으면 안 됩니다. 하지만 수은중독과 키의 상관관계 같은 아주 좋은 예를 가르쳐준 것에 대해선 고맙게 생각합니다(웃음소리).

이 쓰치야나 가쓰누마(勝沼)나 스즈키(鈴木) 같은 라인의 사람들 특징은, 산업의학이나 산업위생을 옛날부터 해온 학자로서 업계와 자연스럽게 깊은 관계를 맺게 된다는 점이 공통적입니다.

사실은 그것뿐만 아니라 산업위생의 주된 업무가 산재(産災)의 인정입니다. 산재의 인정이란 가능한 한 엄정하고 중립적으로 정형적인 증례를 인정하는 데 그 기능이 있습니다. 그러므로 중독의 기미가 조금이라도 보인다 싶으면 닥치는 대로 떨어트려야 하겠죠, 업무상으로는. '공정'하게 한 결과가 역시 정형적인 증례만을 인정하는 것이 업무인 거니까요.

그런 순위를 정해서 어느 순위에 맞아떨어지는가를 봅니다. 일정 순위보다 낮으면 '인과관계 없음'으로 판단하지 않을 수 없어요. 원래 그런 성격을 가진데다 아무래도 산업의학이나 산업위생을 하는 사람은 특정 기업과의 유착이 늘어날 수밖에 없거든요. 취직할 데가 거기밖에 없으니까. 그것은 공학부 교수가 기업과의 인연이 많은 것만큼이나 당연한 겁니다. 공장에서 근무하는 의사로 취직하는 길밖에 없으니까 아무래도 기업과의 인연이 증가하겠죠. 그런 인간이 공해병 인정을 하게 하는 것은 공해병 환자에게는 지극히 불행한 사태입니다. 먼저 정형적인 증상이 있어야 합니다. 징후가 있는 것으론 안 돼요. 게다가 그것을 진단하는 의사는 경우에 따라서는 회사와 끈이 닿아있을지 모른다기보다는 십중팔구 그렇다고 봐야죠. 가령 제자의 취직을 도와줬다거나 고문의로 일하고 있다거나, 그런 식으로 연줄이 닿아있는 것이 당연한 의사가 '이것은 공해병입니다' '이것은 공해병이 아닙니다'라고 판단하는 것은 지극히 불행한 사태가 아닐 수 없습니다.

요컨대 그것은 외국의 문헌사례, 카드뮴의 사례로 보면 프리벨리이 혹은 프랑스의 몇 가지 증례를 머리에 떠올려보고 그것에 맞는 것만을 먼저 골라냅니다. 눈앞에 있는 환자를 통해 증례를 찾아가는 것이 아니라 무조건 문헌에 나와 있는 것에 맞춰서 현실을 재단하는, 이를테면 표절심사가 의학의 방법론이 되고 맙니다.

그래서 우리는 질병을 말할 때의 출발점으로 반드시 '건강에서의 치우침'을 봅니다. 예를 들어 오체만족인 인간이 점점 어느 한 곳이 이상해져요, 그때 건강한 상태에서 어느 정도 치우치고 있는가가 질병의 정도를 나타낸다고 봅니다. 그때는 '건강한 상태'가 다소 추상적이긴 하지만 하나의 이상적인 기준 즉 일정한 상정 값이 되게 마련입니다. 예를 들어 '뼈는 아프지 않을 것이다'거나 '골절이란 웬만해서는 발생하지 않을 것이다'가 이상적인 기준인데, 만약 건강한 상태에서 골절이 일어났다면 그것은 뭔가 의심할 여지가 있다고 생각하는 겁니다.

인간을 쥐 이하로 취급하는 의학

그런데 산업위생 사람들의 사고방식은 반댑니다. 카드뮴 중독이라면 이것과 이것의 조건이 갖춰질 필요가 있다, 즉 건강이 얼마나 나빠졌는가가 아니라 문헌 사례에 얼마나 들어맞느냐로 판단합니다. 기존의 틀 안에 어느 정도 들어맞는가로 판단해요. 기존의 틀 안에 어떻게 들어맞느냐로 증례를 판단합니다.

그런 의미에서 지금 일본에는 진정한 공중위생학자가 없다고 봅니다. 건강이란 뭔지? 혹은 보통의 상태가 어떤지? 기관지염 비율이 보통 상태에서 몇 %가 되고 거기에서 1%가 증가하면 그것은 무엇을 의미하는지? 그런 '보통의 상태에서 어느 정도가 치우치면 병이다'라는 신념 혹은 인식에서 출발하는 그런 의사가 진짜 공중위생 의사라고 생각합니다.

'공중(公衆)'이라는 개념을 가지고 거기에서 출발하는 것이 공중위생 의사다, 그러므로 증례로 가령 뼈가 아프다고 적혀있으면 우선 뼈의 통증이 카드뮴과 관계는 없는지 의심해 본다. 가령 머리카락에서 수은이 검출되면 수은중독 증상은 없는지 의심해 본다 — 이런 것이 진짜 공중위생의 입장이라는 겁니다.

그런데 이른바 문헌에 적힌 증례가 없으면 머리카락에서 수은이 나와도 이것은 수은중독이 아니다! 라고 하는 것이 일본의 의사, 특히 지금 진단을 하고 있는 의사 대부분의 입장입니다. 그런 인식에서 출발하면 하기노 노보루나 요시오카 킨이치의 방법론은 소위 비과학적인 것으로 보입니다.

예를 들어 "카드뮴을 몇 밀리그램 먹였더니 쥐에게서 골절증상이 나타났다, 그런데 인간은 '이타이이타이(아프다아프다)' 하지만 전혀 골절이 없지 않느냐?"라는 소리를 아무렇지 않게 하고 있어요, 일본 의사란 자들은. 말 못하는 쥐보다도 인간이 더 못합니다. 다시 말해 일본의 의학이란 그만큼 기계적이 되어버렸다는 얘깁니다.

어쨌든 오래도록 카드뮴을 다뤄온 축전지공장이나 다이캐스팅의 합금공장에서 오랜 기간 일해온 노동자의 뼈에 금이 가고 통증이 생기는 증상은, 이미 1940년 전후부터 알려져 왔습니다. 그렇다면 역시 이타이이타이병과 카드뮴 중독의 관련성을 제일 먼저 의심해봐야 할 것을 ―인간을 통해 이미 성립된, 인간을 통해 전례가 이미 성립된 문제를― 쥐를 가지고 증명하지 않으면 유사성이 성립되지 않는다는 태도가 일본의 산업의사(産業医師)의 전형입니다.

이것은 일본의 대다수 공해병 환자가 똑같이 짊어져야 할 운명이라는 것은 지난번 카네그롤 증례에 대해 여러분에게 말씀드린 적이 있습니다. 문헌에 적혀있는 것조차 못 봐요. 하물며 증상을 의심하는 태도조차 전혀 없습니다. DDT와 카네그롤의 구조가 유사하다는 사실만 가지고도 당연히 의심해봐야 하는 신경증상이나 정신증상을, 일본의 의사는 의심하려는 태도조차 없어요.

이타이이타이병의 인과관계에 관해 앞으로 있을 논쟁에 있어서도 저는 마찬가지일 거라고 생각합니다. 당연히 쓰치야 켄자부로나 가쓰누마 하루오(勝沼晴雄) 등 일본의 산업위생을 대표하는 권위자들은 이타이이타이병을 부정하는 쪽으로 움직일 겁니다.

기사의 올바름이란 무엇인가?

마지막으로 아까 제가 『문예춘추』 12월호 기사에 대해서, 그것은 전면적으로는 반드시 옳다고는 할 수 없다고 말씀드렸죠. 그건 사실 12월호에 실린 1960년부터 66년 무렵까지의 여러 경위와 세 학자 간의 문제에 대해서는 대충 이 정도일 거라고 저도 생각합니다. 거의 그대로일 거라고 판단해요.

다만 이 세 학자를 부추겨서 서로 헐뜯고 할퀴게 하거나 분열을 한층 조장한 것이 무엇이었는가 하면, 하기노병원을 둘러싼 현(県)의 압력입니다. 현은 무슨 방침이 있어서 그렇게 한 것이 아니에요. 옆의 현에 있는 가미오카광산이나 미쓰이금속공업이라는 대기업의 눈치를 보느라 그런 것도 아니에요. 다만 그런 대기업에 맞서는 것은 말도 안 되는 짓이라는 생각에서 한 행동일 뿐, 가미오카가 이렇게 해 달라 해서 한 게 아니라는 겁니다.

그것이 제가 도야마 현을 조사했을 때 끝내 풀지 못한 숙젭니다. 미쓰이금속이라는 독점기업은 자기들이 직접 명령하지 않아도, 현청의 관리들이 자기들에게 가장 유리하도록 일을 해줍니다. 그리고 '하기노는 가짜다, 거짓말쟁이다'라는 소문을 퍼트리고 보험접수를 필요 이상으로 까다롭게 조사하고 "귀갓길 조심하라!"고 인사까지 해준다는 겁니다. 그런 지방자치의 실태를 쏙 빠트린 것이, 누가 뭐라 해도 부정할 수 없는 『문예춘추』 보고서의 결점이라고 생각해요.

그러니까 그 보고서는 절반만 맞습니다. 절반만 맞다는 것은 적혀있는 부분은 옳지만, 나머지 절반은 전혀 적혀있지 않다는 의밉니다. 물론 있는 그대로 적으면, 적힌 당사자는 세 명 모두 노발대발 화를 내면서 각자 할 말들이 있겠죠. 그래도 읽는 사람은 아주 재미있게 읽었을 텐데. 저도 어제 다시 읽어보면서 '역시 반밖에 안 적혀있구나!' '나머지 반을 빠트리고 나면 이야기는 아무리 해도 재미가 없지' '그런 재미있는 것을 써서 원고료를 받을 수도 있을 텐데…' '하지만 빠트린 나머지 절반은 어떻게 하지?'라는 아쉬운 생각이 들더군요.

여러분도 저랑 똑같은 생각을 여러 가지 문헌을 읽으면서 하실 겁니다. 중요한 부분이 누락되어 있는 것도 많습니다. 그럴 때 적혀있는 것만이 진실이라고 착각하는 태도에서 얼마나 큰 위험이 발생합니까? 『문예춘추』의 〈문춘상(文春賞)〉을 받은 이 르포만 읽는 한, 이 세 사람이 어떤 버릇이 있고 사리사욕을 위해 어떻게 아웅다웅 다퉜는지만을 우리는 알 수 있습니다.

전에 제가 미나마타에 가서 피해 어민들의 집을 방문했더니, 그 이튿날 회사에 바로 보고됐더라는 이야기를 한 적이 있죠? 그것도 같은 맥락입니다. 이 사실만 두고 보면 미나마타의 어민을, 밥 한 끼 얻어먹자고 저에 대한 정보를 회사에 판 비열한 인간이라고 생각할 수도 있습니다. 하지만 그들이 처해있는 조건을 생각하면, 저라도 그렇게 했을 거라는 것이 저의 대답입니다.

이타이이타이병에 대해서는 자료를 좀 더 보충해서 말씀드리고 싶었는데, 사실 오늘 새벽 4시 무렵까지 준비했는데도 지금 말씀드린 것 정도밖에 정리하지 못했습니다. 그러니 일단은 이것으로 이타이이타이병에 대한 저의 이야기를 마칩니다.

좀 늦어졌습니다만, 질문이 있으면 한두 가지만 듣도록 하겠습니다.

질문 및 토론

──── 수질기준의 허점

A   수질기준이 정해진 이후의 측정은 어떤 식으로 이뤄지고 있습니까?

우이준   그건 국가의 위탁업무로 대부분 현이 실시합니다. 물론 현이 국가에서 충분한 예산을 받아오는 것이 아니라 마지못해서 합니다. 원래는 열 번은 해야 하는 것을 세 번 정도로 끝내기도 하고, 높은 수치가 나오면 못 본 척 눈 감기도 하고… 그런 일은 실제로 곧잘 있습니다. 그러니까 제시된 결과를 전면적으로 믿을 수도 없어요. 어쨌든 표면적으로는 그런 업무를 하는 곳은 현이고, 기준을 만드는 곳은 국가가 되는 셈입니다.

　　　　또 한 가지, 전부터 문제가 되긴 했는데 최근에 와서야 부쩍 논의되고 있는 것은, 국가의 법률이 정한 기준보다 훨씬 엄격한 기준을 지자체에서 정할 수 있느냐 없느냐는 겁니다. 이것은 사실 훨씬 전부터 제기되어 왔던 문제로, 일단 법무성은 그것은 안 된다고 회답을 했습니다. 그것은 당연히 행정법 원칙에서 보더라도 문제가 되고, 법학자인 가토 이치로 교수조차도 확실히 이렇다라고 정하기는 어렵다는 견해를 1965년에 있었던 공해연구회 석상에서 언급했던 것 같습니다.

최근에 와서 이윽고 '공해기본법의 수정 및 보완'이라는 형태로 국가의 기준보다 경우에 따라서는 특별히 인정한 경우에 한해서 엄격한 기준을 지자체가 정해도 된다는 식으로 바뀐 것 같아요. 거기에도 엄청난 부정이 있다는 것을 부언해 두겠습니다.

─────── **내부고발자 지원 문제**

B　　도요(東洋)에틸 제1조합의 노동자 15명이 도요소다(東洋曹達)에 응시했다가 재취직을 거부당했잖아요. 공해투쟁을 해가는 데 있어서, 공해 발생원에서의 노동자 혹은 기술자의 투쟁이 상당히 중요하다고 생각합니다. 그런데 이 경우처럼 자본의 공격으로 노동자가 취직할 수 없게 되고 그 때문에 생활에 어려움을 겪는 상황을 묵과한다면, 앞으로 공장노동자가 생활상의 불안 때문에 고발을 못하고 자주규제를 택하지 않을까 걱정이 됩니다. 어떻게든 지원태세를 갖춰야 할 것 같은데, 저 역시 경험이 없다 보니 어떻게 해야 좋을지 모르겠어요. 선생님의 생각은 어떠십니까?

우이 준　　저는 '나라면 어떻게 할까?'라고 생각해봤을 때, 역시 싸우겠습니다. 저라면 끝까지 싸울 겁니다. 지원이 있건 없건 상관없이 싸우겠어요. 물론 지원이 있다면 고마운 일이지만, 없어도 싸워야죠.

B	노동자의 입장이라면 그럴 거라고 생각합니다. 기업의 내부고발자 발언으로는 그것이 정말이라고 생각하지만, 우리가 향후의 공해투쟁을 —공해투쟁뿐만 아니라 대학투쟁에서도 그렇지만— 내부고발자가 갖는 무게는 상당히 크다고 보기 때문에, 우리가 내부고발자에게 배워서 스스로를 단련해간다는 의미도 포함해서 내부고발자를 외부에서 지원하는 것도 중요하다고 생각합니다.
우이 준	해도 좋겠죠. 자신이 중요하다고 생각하는 일이라면 하면 됩니다. 그것이 하나고요, 또 하나는 역시 기술자란 해고가 되더라도 먹고 살 수 있다는 자신감이 없으면 할 수 없어요. 이것은 원칙입니다. 일단 저지른 이상에는 해고되더라도 먹고 살아갈 실력을 이제부터 쌓는 방법이 있습니다. 벼락치기 같긴 하지만, 자신을 그 정도로 밀어붙이면 정말 실력을 키울 방법은 있습니다.

지금의 일본에서는 확실히 도요소다니 미쓰비시화성이니 하는 일류기업에서는 먹고 살아갈 수 없을지 모릅니다. 하지만 그런 장치산업에서 8년 내지는 10년의 커리어를 쌓아온 노동자나 기술자라면 결코 굶어 죽을 일은 없다고 확신합니다. 이것이 제 답입니다. 그런데 만일 굶어 죽을 지경이 됐다 하면, 그 사람은 그동안 월급도둑이었다고 생각할 밖에요(웃음소리).

그리고 말이죠, 내부고발을 한 사람이라면 '나도 돕겠다!'라고 말은 할 수 있지만, 별 계획도 없이 기업을 고발했다가 해고가 됐다? 이제 어쩌죠? 그럼 다른 한쪽에서는 "이제 얼마나 힘든지 알았지?"라고 대학 나왔다는 사람이 말합니다, 공장부장인지 뭔지 하는 사람. 그 사람 분명 도쿄대나 교토대 나온 인간일 겁니다(웃음소리).

그런 걸 봐주는 조합이라면 ―이것은 도요소다의 조합은 물론이고 지역구노동조합 그리고 도요에틸의 제2조합도 다 통틀어서 하는 말입니다― 이것은 이른바 고도성장 하에서 임금 올려주고 매수한 노동조합 아닌가 라는 의심이 듭니다.

그런 것에 의지해서 말이에요, 이래라저래라 해봤자 안 할 게 뻔하지 않겠냐 싶은데, 여러분 생각은 어떠세요? ('동의합니다'라는 목소리, 웃음소리) 말하자면 임금인상이란 매수의 한 형태라고 보면 됩니다. 그러니까 해고되더라도 할 사람은 합니다. 그래도 하는 사람이라면 이쪽도 부족하나마 돕는 겁니다.

예를 들면 10년 경력자가 취직할 곳이 어디 있겠냐? 토요에틸에서 잘린 경력이 있는 사람을 고용해줄 데가 어디 있겠어? 라고 묻는다면, 저는 이 단계에서 짚이는 데가 있다고 대답은 할 수 있어요. 다만 그때는 취직되더라도 '여전히 투쟁은 해야 한다!'라는 조건은 붙일 겁니다(웃음소리). 도요소다를 대적해서 죽을 때까지 싸우겠다는 약속만 하면, 저도 돕겠습니다.

만일 세노오(妹尾)라는 공장부장 있죠? "이제 맛 좀 봤지?"라는 식의 말을 뻔뻔스럽게 하고 다니는 류의 대학출신, '그런 놈을 절대 살려두지 않겠다!'라는 각오가 되어 있다면 저도 반나절 제 시간을 쪼개서라도 취직자리를 알아보겠다고 약속하겠습니다.

하지만 그런 각오도 없이 어쩌다 보니 내부고발자가 돼서 해고됐다는 사람이라면, '멋대로 하십쇼' 할 겁니다. 그러면 공장에 싹싹 빌고 들어가 재취업이라도 하면 되잖아요? (웃음소리)

어느 쪽입니까, 이번 경우는? 전 잘 모르는 일입니다만.

B	저도 도요에틸 노동자와의 접점은 없어서 아직 잘 모릅니다. 그래서 이런 자리에서 말할 단계는 아니지만……. 그리고 재취직 문제보다 오히려 중요한 것은 그런 고발자가 나왔을 때 그것을 지원하는 움직임이 활발해져서, 다른 공장의 노동자가 '내가 고발해도 어떻게든 굶어 죽진 않겠구나!'라는 생각으로 고발을 주저하는 일이 없도록 하는 것이 가장 중요하다고 생각합니다. 그런 의미에서 질문한 겁니다, 단순히 재취직을 하면 좋겠다는 취지에서가 아니라.
우이 준	아니오, 제 말씀은 그런 게 아닙니다. 재취직은 하나의 방법이지만, 그 전에 '나는 이러이러한 투쟁을 하려고 하니 도와달라'라고 한다면, 그에 응해서 그렇다면 '나는 이 정도의 도움을 주겠다'가 되잖아요.

그런데 무턱대고 도와달라고 하면, 사실은 저도 도움을 받고 싶은 심정입니다(웃음소리). 그러니까 당사자는 어떤지, '당신은 어떤지를 알면 나도 그에 부합하는 도움을 생각하겠다'는 것이 저의 대답입니다.

사실 이것은 남의 일이 아닙니다. 저 또한 같은 처지에 있습니다. 그러니까 '저는 끝까지 해볼 테니 응원해주십시오!'라고 하는 거고, 다행히 이렇게 공개강좌 형식으로 싸움이 지속되고 있다는 것은 지극히 바람직한 상태 —저희들 입장에서는 바람직한 상태이고 교수회 입장에서는 아주 곤란한 상황입니다.

이럴 때는 어느 정도 이것을 계속하는 것 자체로 상대측을 계속 언짢게 만들 수 있습니다. 다만 이것을 이대로 도요에틸에 응용할 수 있는가 없는가인데, 대개 같은 수를 두 번 써먹으면 반드시 지게 돼 있어요. 그러니 두 번은 안 하게 다른 뭔가를 생각해내야 하는데 말입니다.

제가 가령 이런 공개강좌를 계속해서 성공한다면, '저 녀석이 하는 걸 나라고 못 하란 법 없지?' 해서 제2, 제3의 공개강좌가 탄생할 것은 분명합니다. 제2, 제3의 공개강좌를 낳기 위해서라도 저는 끝까지 해낼 겁니다. 이것이 저의 투쟁입니다. 그에 대해 여러분의 지극히 엄중한 질문이면 질문, 비판이면 비판으로 여러분 자신의 투쟁을 하시길 바랍니다.

자, 어떻습니까? 약간 어중간하긴 하지만, 어차피 그건 서두른다고 될 일이 아닙니다. 그러니 '나는 이런 투쟁을 하겠다!'라는 이야기가 들어오면 무엇을 할 수 있는지 논의하도록 하겠습니다. 오늘은 이쯤에서 마쳐도 되겠죠?

B   네, 알겠습니다.

────── **도야마 이타이이타이병의 풍토**

C   저는 도야마 출신입니다. 이타이이타이병 발생지는 고향 바로 옆이구요. 저희 집 바로 앞에 진쓰 강(神通川)이 흐르고 있고 조금 멀리 내다보면 닛산(日産)화학이 있습니다. 하기노 의사와는 평소 알고 지내는 사이로, 그 병원은 제 어머니가 단골로 다니시는 곳이고 저도 간혹 다닌 적이 있습니다. 병원에서 아까 말씀하신 '덤프트럭' 이야기도 들었습니다.

도야마라는 지역이 좀 이상한 곳이긴 합니다. 이타이이타이병의 이름은 초등학교 2, 3학년 때부터 알고 있었어요. 그런데 이름은 알지만 그 실태는 신문에도 전혀 나오지 않았어요.

우이 준	환자도 못 보셨죠?
C	환자도 잘 모르겠어요. 그리고 신문에 나온 것은 '하기노 씨가 미국에서 돈을 받았다, 그것은 축하할 일이다' 정도예요. 반면 이타이이타이병 환자에 대한 것은 전혀 안 나옵니다. 요컨대 신문이란 것이 참 재미있는 것이구나! 이제야 새삼 감탄하고 있습니다만(웃음소리). 정월에 고향 도야마에 갔을 때 기타니혼(北日本)신문, 도야마(富山)신문, 호쿠리쿠추니치(北陸中日)신문 등이 대기업이긴 하지만, 그 신문들이 공해문제를 어떻게 다루고 있는지 살펴봤습니다. 역시 정월 초하루부터 공해문제의 특집을 싣고 있더라고요. 그런데 무슨 연유에선지 모르겠지만, 자연파괴를 위한 TKA 개발이라고 합니까? 다테야마(立山)의 꼭대기에 도로를 만들어서 케이블카를 만들어 운행하고 있고, 여전히 신산업도시라느니 신일본해 시대라느니 부추기고 있는 겁니다. 현지에서 절실하게 느낀 것은 '신문이란 참 이상한 존재구나!'라는 거였어요.
우이 준	말씀하신 대로 환자를 찾아보기가 진짜 어렵죠. 이것이 이타이이타이병의 특징입니다. 미나마타병의 경우는 그나마 낫습니다. 아주 긴 세월 동안 이것은 업병(業病)으로 취급되어왔고 불교에서도 악업으로 얻은 업병 취급해 온 게 사실입니다. 그래서 해부할 수 없었다는 것도 진짜였어요. 하기노 씨도 해부를 하고 싶었지만, 시신을 훼손하면 저세상에 가서 오체만족으로

환생하지 못한다고 스님한테 이야기를 들었고 본인도 왠지 그런 기분이 들었다고 합니다. 그러니 해부라고 제대로 할 수 있었겠어요? 여태 제대로 된 병리소견이 없다는 것은 바로 그 점입니다. 이른바 실태가 계량적인 형태 혹은 문자 형태로 기록되지 않은 점에서도 상당히 특수한 질병입니다.

세미나의 계획

우이 준 지금 이타이이타이병의 특성을 아주 깔끔하게 이야기해주셨는데, 제 이야기만으로 이렇게 진행하는 것에는 당연히 한계가 있습니다. 오늘 자료 역시 실질적으로 실행위원회 여러분이 준비해주셨어요.

지난주에 말씀드렸다시피, 여러분 중에서 희망자 20~30분을 모시고 일주일에 한 번 세미나를 했으면 합니다. 제가 지금 대학에 있는 시간대는 목요일과 금요일 이틀간으로 오후부터 밤까지인데, 학생실험 담당조교 자격으로 있습니다. 그래서 우선 금요일, 물론 희망자 중에서 금요일에 오실 수 있는 분이 많지 않으리라 생각합니다만, 이번 주 금요일 6시부터 8시 반까지, 도시공학과 지하의 실험실로 오실 수 있는 분은 일단 모여주시면 됩니다. 세미나에서 우리가 무엇을 할 수 있는지, 한 분 한 분이 가지고 있는 테마가 정말 현 상황에서 실현가능한지, 실현한다면 어느 정도까지인지, 혹은 전혀 다른 방면을 향해 어떻게 부딪혀볼까 등등을 논의해보면 어떨까요?

한 사람 한 사람 '나는 이 방향으로 반년 혹은 1년 세미나를 해보겠다'는 윤곽이 보였을 때, 봄방학이나 —저도 또 밖에 나갈 기간이기도 하니— 잠시 세미나는 각자가 조사한 테마를 가지고 해보면 좋을 것 같습니다. 그 결과를 이 공개강좌에서 활용할 수 있다면, 가령 2학기 프로그램 중에 30분 혹은 15분 정도 세미나의 연구결과를 보고할 수도 있지 않겠어요? 그런 생각으로 하룻저녁 더, 그것도 매주 하루도 빠짐없이 나오는 게 아니라 자신이 나올 수 있을 때 와서 보고하면 됩니다. 그러니 전에 자신의 테마를 써내신 분, 혹은 앞으로라도 해보겠다는 분이 계시면 금요일 6시 무렵에 도시공학 지하 실험실로 모여주시길 제안합니다.

우리가 또 장난을 좋아하는지라, 빨갛게 인쇄한 초청장을 4월부터 있을 2학기의 강사후보자에게 내일부터 발송할 겁니다. 물론 가토 이치로 교수님께도 발송할 예정입니다. 만일 답장이 안 오거나 거부하겠다는 내용의 답장이 오면, 이것 또한 우리한테는 심히 재미있는 상황 아니겠어요? (웃음소리) 꾸깃꾸깃해서 버리든 거절하든, 이 편지가 간 이상은 역시 공해에 있어서 유명인이라는 사실은 결코 회피할 수 없다(웃음소리)라는 전제를 깔고 이것을 발송할 겁니다.

자 그럼, 다다음주 여기서 다시 뵙겠습니다. 수고하셨습니다.

제10회

1971년 2월 15일

미시마(三島) · 누마즈(沼津)

승리한 최초의 공해반대주민운동

이 비 내리는 추위 속에 와주신 여러분께 감사드리며 서둘러 강의를 시작하도록 하겠습니다. 오늘 말씀드릴 내용은 먼저 일본의 전후 공해반대운동으로, 그때까지의 패배의 역사에 처음으로 종지부를 찍은 운동인 미시마(三島) · 누마즈(沼津) 콤비나트 반대운동입니다. 지금까지 공해반대운동이라고 하면 결국엔 기하평균의 법칙에 따라 낮게 책정된 보상금을 받으면 그나마 성공한 경우고, 대부분은 기업 측은 손해조차도 일절 인정하지 않은 채 투쟁은 패배로 끝난 것이 보통이었습니다. 그런데 미시마 · 누마즈의 콤비나트 반대운동 때 최초로 주민운동이 이길 수 있음이 입증되었습니다. 이것은 전후 공해반대운동에 상당히 큰 격려가 된 것이 사실입니다.

이 콤비나트 반대운동의 특징은 물론 철저한 과학적 조사를 토대로 추진한 운동이기도 하지만, 또 한 가지 큰 특징은 그때까지의 기성

조직을 중심으로 한 운동에서 한 발짝 내딛기 위한 싹이 움텄다는 사실입니다. 그런 의미에서도 현재 각지에서 일어나고 있는 공해반대 시민운동의 첫 번째 사례로 보아도 좋습니다. '시민운동'이라는 단어에 적합한 형태의 운동으로는 이때가 처음이었다고 할 수 있어요. 또 여기에서 제기된 문제 중에는 지자체의 합병으로 주민의 결정권이 점점 축소되는 현상을 어떻게 할 것인가, 지자체가 합병되면 공해는 많아진다는 경험칙이 발아한 것도 바로 이때였습니다.

그리고 이 운동이 성공한 결과에 대해 산업 측과 정부 측은 이만저만 당황한 게 아니었어요. 내팽개쳐진 산업입지를 이대로 용인한다면 반드시 미시마·누마즈 형태의 운동이 전국적으로 번지게 될 것이 뻔하니까요. 그에 대응하는 어떤 제재 혹은 여론조작을 할 필요가 있다고 보았죠. 그래서 공해기본법이 성립되게 된 거고요. 이것은 기업 측이나 정부 측의 자료에도 확실히 기록되어 있을 정도로 큰 충격이었습니다.

늘 하던 대로 일단 시간의 경과에 따라 주요한 사건을 먼저 말씀드리겠습니다. 그런 다음 문제가 되는 부분을 다루도록 하죠.

미시마와 누마즈 두 시와 시미즈 초(淸水町)의 지도가 있습니다(호시노 요시로 편집 『일본의 기술자』 270페이지, 게이소쇼보). 이 '후지(富士)석유 앞'이라고 적힌 부근, 나카자토(中鄕) 마을. 이 나카자토에 1차 세계대전 이전에 작은 아연공장이 있었는데, 광독은 일절 안 나온다고 주장했지만 실제로는 상당량의 아황산가스가 배출되고 1차 세계대전 후에 망했습니다. 그 때문에 나카자토에 사는 마을사람 중에 나이 드신 분은 아황산가스가 얼마나 무서운지를 경험으로 알고 계십니다.

그런데 1958년에 아라비아석유가 설립되고, 같은 해에 도우레(東レ)의 미시마공장이 현재의 미시마역 바로 북쪽에 유치됩니다. 이 미시마공장이 공장용수로 대량의 물을 끌어올린 탓에 그렇게 풍부했던 후지산의 눈이 녹아서 흘러내리는 지하수조차 고갈돼 버립니다. 미시마 시에 라쿠주엔(楽寿園)이라는 유명한 정원이 있는데, 거기 연못이 쩍쩍 갈라진 것은 그 이후의 일입니다.

1960년에는 유명한 소득배증(倍增) 계획이 발표되고 미시마·누마즈를 중심으로 한 아라비아석유, 스미토모(住友)화학, 쇼와(昭和)전공, 도쿄(東京)전력 4개사에 의한 제1차 콤비나트 계획이 일단 완성됩니다. 그런데 이것이 금융긴축으로 은근슬쩍 중단돼요. 그리고 이때 입지조건을 둘러싸고 누마즈 시와 미시마 시 간에 이해대립도 있어서 제1차 콤비나트 계획은 결국 무산됩니다.

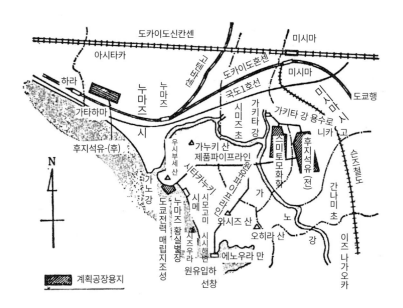

콤비나트에 최적의 조건

그런데 왜 이곳만 긴축의 대상이 되었을까요? 이곳은 바다가 깊어서 좋은 항구를 만들 수 있습니다. 그리고 크나큰 소비지역인 도쿄와도 가깝죠. 그리고 후지산 기슭의 들판 지하수가 풍부합니다.

이 지도에서 '가키타 강(柿田川)'이라는 강 이름이 적혀있죠? 이것은 유명한 용수(湧水)에서 흘러나오는 강인데 하루에 적어도 백만 톤 정도의 용수가 나옵니다. 지하수니까 수온도 일정해서, 강물처럼 겨울에는 영하에 가깝고 여름에는 27, 8도까지 올라가는 그런 변동이 없이 15, 6도를 유지합니다. 얼마나 편리합니까. 어느 쪽 물을 떠올려도 이른바 원료를 가져와서 소비지 근처에서 가공하는 형태의 콤비나트 건설에는 그야말로 최적의 조건입니다.

그러니 중단되기는 했지만 1963년에 축제분위기가 돼서 유명해진 '산업 신도시 지정'이니 뭐니 해서 한차례 소동이 벌어지는데, 산업 신도시의 지정에서 제외된 이 지역은 역시 우대조치가 지정됩니다. 63년 7월에 이 지정이 내려지는데, 그 직전인 5월에 미시마·누마즈 그리고 시미즈 초 이렇게 2개 시(市) 1개 초(町)의 합병계획이 출발해요. 이것은 이전의 콤비나트 제1차 계획으로 두 개 시(市)의 이해가 대립해서 실패했던 쓴 경험에서, 광역도시로 이해를 가능한 한 조정하자는 의도에서지요. 사실은 가능한 한 많이 합치자는 움직임입니다만, 인구로 치자면 누마즈가 훨씬 큽니다. 이 시기에 합병하면 여러 가지 우대조치도 있고 하니 각각의 마을들이 일단 교섭에 나서는 거죠.

63년 12월이 되어 드디어 제2차 콤비나트 계획 ―이번에는 아라비아석유의 자본이 투입된 후지석유, 스미토모화학, 도쿄전력 세 회사를 중심으로 한 계획이 제시됩니다. 이 계획이 미시마·누마즈를 중심으로 한 지도에 나와 있습니다.

이 콤비나트 계획이 나오자 미시마 시 지역구노동조합과 사회당, 공산당 그리고 〈용수를 지키는 모임〉 등 몇몇 단체가 모여서 석유콤비나트 대책시민 간담회를 출범합니다. 이 시점에서는 아직 각각의 단체들이 콤비나트에 찬성이냐 반대냐도 결정하지 못하고 있었는데, 1월이 되자 미시마 시민간담회는 여러 조사 끝에 역시 콤비나트가 들어서면 공해가 발생할 우려가 있다고 판단하고 반대성명을 냅니다.

이 시기에 시미즈 초(町) 대표는 토지매수 문제가 있어 사표를 냅니다. 사실 이것은 전년도인 1964년부터 이미 스미토모화학이 공장 예정지를 매점하고 있었는데, 이를 둘러싼 분쟁이 마을 대표의 사임으로 이어졌던 겁니다. 2월 초에 미시마 시에서 현과 기업의 설명회가 있었는데, 이것을 들은 누마즈공업고등학교 선생님들이 현청과 회사의 이야기가 너무 무책임해서 과연 이런 입에 발린 조건들을 진짜 믿을 수 있는지 어떤지 의문을 제기합니다. 그때부터 선생님들의 연구가 시작된 거죠.

미시마의 시민간담회는 시민협의회로 이름을 바꾸고, 2월부터 욧카이치(四日市)의 시찰을 시작으로 본격적인 조사를 실시합니다. 2월에는 시미즈 초 대표선거가 있었는데, 유치찬성파에서 대표가 당선됩니다. 거기에는 현이 광고를 내서 ―그때까지 지자체를 통해 배포했던 것을 돈을 들여서 신문에 끼워 넣습니다― 콤비나트가 들어와도 공해는 없을 것이며 모두의 생활은 풍요로워진다는 식으로 현(県) 정부의 협조가 실제로 있었습니다.

통산성·구로카와(黒川) 조사단의 권위에 의한 와해

3월에 들어서자 누마즈·미시마·시미즈 2개 시(市) 1개 초(町)의 여러 주민 단체의 반대결의가 이어지고, 이에 놀란 현청은 통산성에 조사단을 파견해달라고 의뢰합니다. 하지만 현이 표면에 나서면 곤란하니까 이 시기에는 누마즈 시·미시마 시·시미즈 초의 행정책임자 이름으로 통산성에 의뢰했어요. 이 의뢰를 받고 통산성 내부에 〈구로카와 조사단〉을 발족시킵니다. 2월부터 5월, 6월 정도에 걸쳐서 여러 형태로 주민의 견학여행, 기업에 의한 의원과 공무 관리직을 대동한 견학, 조사, 시찰여행이라는 명목의 행사들이 연이어 실시됩니다. 이것은 좋은 일이든 궂은일이든 욧카이치나 미즈시마 혹은 아네가사키(姉ヶ崎) 등 여러 지점의 실정을 알리는 데 있어 주민에게는 도움이 되었습니다.

4월이 되어 미시마 산간지역에 있는 국립유전연구소와 누마즈공업고등학교의 네 명의 교사들이 미시마 시의 의뢰로 〈마쓰무라(松村) 조사단〉을 구성합니다. 마쓰무라 조사단은 이 단계에서는 오로지 문헌과 콤비나트 계획서를 통해 공해의 유무를 검토하는데, 거의 같은 시기에 구로카와 조사단이 누마즈로 와서 엄청난 돈을 들여 조사하겠다는 선전을 합니다. 이 구로카와 조사단 중에는 도쿄대학의 안도 신고(安東新午)와 우치다 히데오(內田秀雄) 등 공학부 교수 두 명이 들어있었어요. 나중에 여기에 참가한 것에 관한 책임을 표명할 기회는 제가 아는 한 전혀 없었습니다. 뭣보다 안도 교수는 이미 정년을 맞아 그만둬버렸으니 지금에 와서 추궁하려고 해도 시간이 걸리겠지만, 우치다 교수는 아직 재직 중인 걸로 압니다.

실은 이 시기에 시미즈 초에서 다시 토지매수를 스미토모가 워낙 강제로 하다 보니까, 시미즈 초 대표가 궁지에 몰려 당선 후 2개월 만에 사표를 제출합니다. 이 사표를 수리하느니 마느니, 혹은 현에서 압력을 가해 철회했다느니 하는 옥신각신이 한동안 벌어졌어요. 그 사이 스미토모가 '스미토모화학'이라는 이름이 아니라 그 자회사인 '노가턱(Naugatuck)'이라는 미국의 고무·약품회사와의 합병회사 이름으로 강제로 토지매수를 추진한 탓에, 반대파의 주민이 누마즈 시에 만든 스미토모 현지사무소로 밀고 들어갔어요. 결국 현지사무소에서 이 이상 구로카와 조사단의 '공해가 없다'는 결과가 나올 때까지는 강제적인 토지매점은 일절 하지 않겠다, 현지사무소를 사실상 폐쇄하겠다는 약속을 받아냅니다.

5월이 되어 마쓰무라 조사단이 중간보고를 냅니다. 5월 연휴에 '고이노보리(こいのぼり)[1]'를 이용한 유명한 풍향조사를 누마즈공업고등학교 학생들의 협력을 얻어 실시합니다.

한편 구로카와 조사단은 5월에 헬리콥터를 이용하고 발연통을 터트리는 등 대대적인 현지조사를 실시하죠.

이 시기에 미시마 시 주민들의 압력으로 미시마 시장은 콤비나트

---

1   5월 단옷날, 천이나 종이로 만든 잉어를 깃대에 높이 달아 흩날리게 하는 일본의 한 연중행사

를 반대한다는 의사표명을 합니다. 이것으로 사실상 미시마 시의 태도는 확고해집니다만, 나카자토 마을에서는 토지매수에 응하는 유치찬성파 지주들이 일단 동맹을 만들어요. 이것이 또 반대파 주민들의 심한 압력으로 분열되고요. 사실상 이 지주동맹은 분열된 후에 활동을 중지합니다.

6월이 되자 누마즈와 미시마의 시의회가 제각각 반대결의를 해요. 그리고 누마즈 시장은 도쿄전력의 발전소 계획은 중지되었다는 의사표명을 합니다.

하지만 누마즈 시장은 콤비나트 계획 전체에 대한 기대는 저버리지 않고 있었어요. 이 시기에 그때까지 나카자토 지역의 반대로 여기에는 세울 수 없겠다고 예상한 후지석유가, 미시마 시에 세울 것을 포기하고 이번에는 누마즈 시 서쪽에 위치한 가타하마(片浜)에 진출할 계획을 발표합니다.

마침 이 시기에 니가타 지진이 발생하고, 최신의 과학적 대책으로 절대 화재가 일어나지 않을 거라 했던 쇼와석유 니가타공장에 불이 나는 사고가 있었어요.

이 니가타 지진은 오후 1시 1분이었던가요? 어쨌든 한낮에 발생한 지진치고는 드물게 주민의 주거지에서는 불이 전혀 나지 않은 지진이었는데, 반면 과학적으로 대책이 가능하다고 장담했던 석유정제공장이 홀라당 타버렸으니, 이 사건이 역시 누마즈·미시마의 운동에 부여한 영향은 실로 컸습니다.

아무리 공해대책이 과학적으로 잘 돼 있다고 해도 실제로 재해가 발생하면 역시 타는 것은 탄다는 살아있는 교육이 되었습니다.

그렇게 후지석유는 미시마 시에 들어서기를 포기했는데, 스미토 모화학은 여전히 고집을 부립니다. 그러다 7월이 되니까 시미즈 초에 '지역개발 건설동맹'이라는 토지를 팔겠다는 찬성파 지주들의 동맹을 만듭니다. 이 무렵에 구로카와 조사단의 보고서가 나옵니다. 이 보고서의 결말 부분은, 그 이후 현재까지 우리를 포함해서 공해에 대한 보고서를 쓸 때면 마지막 문장으로 정석처럼 사용되고 있는 유명한 문장입니다. 잠시 읽어보겠습니다.

「향후의 산업공해 대책에 관하여 누마즈·미시마 지구의 산업공해 조사결과와 권고의 내용은 상술한 대로입니다만 —이것은 이를테면 대책을 세우면 공해는 발생하지 않는다는 것을 다각적으로 서술한 뒤의 문장입니다— 마지막으로 그 경험을 토대로 향후 산업공해대책을 추진하는 데 있어 고려해야 할 사항에 대해 소견을 말씀드리면 다음과 같습니다.

1. 지역개발과 더불어 향후 형성될 신규 콤비나트 계획을 실시함에 있어서는 산업공해를 사전에 예방할 대책을 강력하게 실시해야 하며, 이를 위해서 필요한 경우에는 기상조건, 현지조사 그리고 풍동실험을 주된 내용으로 하는 누마즈·미시마 지구 산업공해조사의 과학적 방법 또는 그에 준하는 수법을 적극적으로 활용하는 것이 바람직하다.

2. 공장규모의 대규모화에 수반하여 강구해야 할 산업공해대책으로 각종의 것이 필요하지만, 그 기조가 되는 것은 역시 공해방지기술대책이다. 특히 아황산화물을 위한 기

술개발은 반드시 필요하다. 그 외의 산업계에서는 물론이고 정부는 산업공해방지를 위한 각종 기술을 개발하기 위한 시험연구를 적극적으로 추진해야 하며, 시급히 조직적이며 재정적인 조치를 강구할 필요가 있다.

3. 산업공해 문제는 복잡해지고 그 해결을 지연시키는 원인으로는 진출을 희망하는 기업과 지역주민 그리고 관련 지방 공공단체 간의 불신, 과학적인 사전조사의 불비, 공해문제 자체에 대한 인식의 부족 등을 들 수 있다. 따라서 향후의 지역개발에서는 관계자 간의 상호이해를 위해 애씀과 동시에 〈1〉에서 서술한 과학적 조사에 의한 객관적 판단에 기초한 해결이 반드시 필요하다.」

이 문장은 우리도 종종 목격하는 것입니다. '미시마·누마즈' 대신 '가시마(鹿島)'라고 써도 되고 '스오나다(周防灘)'라고 쓰든 '시모키타(下北)·무쓰(むつ) 지구'라고 쓰든 다 장소만 바꿔 넣으면 이런 문장은 얼마든지 통용됩니다.

하지만 이 강의를 처음부터 들어오신 여러분은 어디에 거짓이 있는지 물론 알아차리셨을 겁니다.

특히 '주민은 바보다' '불신을 가지고 있다' '공해문제에 대한 인식의 부족' 등의 이야기가 아무렇지 않게 쓰여 있어도 잠자코 있는 그런 주민이라면, 공해피해를 당하는 것은 오히려 당연한 겁니다. '너는 바보다'는 말을 듣고 헤실헤실 웃으며 유치를 위해 거들고 나서는 지방 공공단체나 지역주민은 공해를 입어도 불만 하나 말하지 못해요. 이런 문장은 지금도 새로운 입지계획이 나올 때마다 쓰입니다.

이 구로카와 마타케(黑川真武)라는 당시의 공업기술원장은 가시마 조사단 단장도 역임하고 있었습니다. 그로부터 벌써 몇 년이 지났습니다만 —벌써 10년 가까이 지난 것 같아요— 여전히 '과학적 조사를 하면 공해는 일어나지 않는다' '미시마·누마즈 때는 주민 반응이 지나쳤다' '인식이 부족했다' 같은 말을 NET의 모닝쇼인가 어딘가에 나와서 하더군요. 제가 사실 그 경위를 다소 알고 있는 만큼 너무 화가 납니다. 일본의 학식경험자라는 자들은 이런 식으로 스폰서의 의향에 따라 얼마든지 문장을 조작할 수 있는 능력을 가지고 있습니다. 그러니까 문장이 수려하거나 문맥이 잘 맞는다고 다 믿어서는 안 됩니다.

그 사람이 한때 무슨 말을 했고 지금 무슨 말을 하고 있는지, 미시마·누마즈 때 주민에 의해 아주 멋지게 가면이 벗겨진 동일인이 그 뒤에도 같은 소릴 하고 그 보고서를 또 공장유치를 위해 사용하게 되면, 그야말로 공해는 한없이 발생하게 될 겁니다.

지금의 이 결론 부분은, 그러므로 공장을 유치하려는 지자체에 사는 주민이라면 한 번쯤은 어디선가 들어본 적이 있는 말일 겁니다.

정부조사단과 지자체 조사단의 대결

이 시기를 경계로 하여 이번에는 기업과 행정의 반격이 시작됩니다. 8월 초, 이 구로카와 조사단의 보고서가 지나치게 낙관적인 데다 납득하기 어렵다고 느낀 마쓰무라 조사단과 지역주민 대표는 도쿄로 상

경해서 도라노몬(虎ノ門)에 있는 도요(東洋)빌딩의 한 사무실에서 대결을 벌입니다.

여기서 확실해진 것은 '구로카와 조사단과의 토론'이라고 말은 하면서 개회 직후부터 일방적으로 구로카와 조사단의 보고내용만 줄줄이 읊어대며 시간을 허비하는 통산성 관료, 현의 관리. 그리고 제한된 질문 시간에 확실해진 것은 구로카와 조사단의 전문가의 실태였습니다. 이를테면 시스템화된 전문분담이라는 사람들이 질문에 대해 "저의 전공은 이겁니다. 그런 걸 물어도 내 전공이 아니라서 대답할 수 없습니다."라는 식으로 회피하는 겁니다.

사실 구로카와 조사단이 발표하기 직전에 현의회에서 이런 식의 토론이 이뤄졌습니다. 시라마쓰(白松)라는 —이 사람은 틀림없이 자민당 의원 같은데 사회당이 아니라고 단언할 수도 없습니다. 알아볼 필요는 있어요(웃음소리).

"농학박사나 유전학자에게서 대기오염이나 기상학 문제, 환경공중위생이나 연소공학 문제에 대한 올바른 해명을 얻을 수 있을까요? 또 고등학교 선생님의 보고서 채점이라면 그렇다 쳐도, 이 정도로 폭넓은 전문분야 문제의 채점이 어떻게 공업고등학교 이과 선생님 정도에서 올바르게 이뤄질 수 있겠습니까? 게다가 조사비용은 고작 미시마시 예산상 금액인 10만 엔이라니, 학술적 가치라고는 전혀 없는 비과학적인 것이라고 판정하지 않을 수 없습니다." (웃음소리)

뿐만 아니라 이 의원은 구로카와 조사단에 대해 "본 조사단은 연소공학의 국내 최고봉, 구로카와 박사를 단장으로 하고 지질학, 지진학, 연소공학, 기계공학, 기상학, 석유화학, 의학 등 모든 것이 국내 최고권위를 망라한 베스트 브레인(웃음소리), 최고의 두뇌들로 구성되어 있습니다. 그리고 1,800만 엔의 국비를 들여 헬리콥터를 이용한 발연실험, 정밀한 모형을 사용한 풍동실험을 비롯한 현대과학을 총동원⋯⋯."

이것은 현의원의 질문인데, 이 한 마디에도 완전히 상반되는 이 두 개의 조사보고서를 시즈오카 현의 지배층이 어떻게 평가했는가 하는 전형적인 형태가 나타납니다.

지금 읽어드린 것은 『일본의 기술자』 안에 있는 보고인데, 이것 바로 뒤에 대결하는 모양새가 아주 요령 있게 잘 정리되어 있습니다. 저도 사실은 대결의 기록을 다시 정리해보려고 했는데, 여기 적힌 부분이 너무 잘 돼 있어서 그대로 인용하겠습니다. 280페이지부텁니다.

「2개 시(市) 1개 초(町) 주민대표 및 마쓰무라 조사단은 도쿄 도라노몬 도요빌딩에서 8월 1일 구로카와 조사단(구로카와, 이토, 스즈키가 출석)과 대결하였다. 이것은 과학전쟁의 클라이맥스였다. 통산성 관리의 무의미한 시간벌기식 조사보고 낭독이라는 방해작전에도 불구하고 마쓰무라 조사단의 멤버는 구로카와 보고서가 채용한 자료나 헬리콥터의 발연실험, 풍동실험의 근거 등의 계산처리와 해석 그리고 표현에 대해 예리하게 추궁하였다. 또 주민대표로 참가한 의사, 현, 시의원, 시민협 관리 등의 질문도 실로 예리하여, 구로카와 조사단의 답변은 종종 혼란을 겪었다. 결국에는 '저는 이런 문장을 쓰려고 한 건 아니었습니다. ⋯삭제해도 좋습니다'라는 답도 튀어나왔을 정도다.

풍동실험을 예로 들자. 먼저 마쓰무라, 마쓰나가 두 박사의

2,500분의 1 모형실험은 무엇을 축소한 것이냐는 질문에, 이토(伊東) 박사는 지형만을 축소했고 풍속은 그대로 실험했다고 대답했다. 비유적으로 말하면 풍동 안의 모형을 바람은 현실의 2,500배 즉 음속의 10배 이상으로 날려버린 셈이 된다. 물론 기계적으로 풍속을 2,500분의 1로 한 것도 유체역학 상 문제가 있지만, 그렇더라도 무서운 실험이다. 또한 그 지형도 주변의 산들은 만들지 않은 민둥산 모형이라고 한다. '정밀한 모형'이란 실은 이 정도의 것이었다는 사실이 명백해졌다.

다음으로 이 같은 실험에서는 '중심부의 자료밖에 사용할 수 없다'는 이토 박사의 언급에도 불구하고, 구로카와 보고에는 모형의 가장자리에 있는 라이코 강(来光川)의 자료를 채용하고 있다는 모순이 명백해졌다. 물론 모형에는 강 같은 것이 만들어져 있지 않은 것은 당연하다.

더욱이 굴뚝 높이의 변화로 인한 희석비율 및 지상농도의 측정치가 나와 있는데, 측정치의 오차범위는 어떤가? 라는 질문에 이토 박사의 대답은 다음과 같다.

"뭐랄까요, 오차를 목적으로 실험을 한 게 아니기 때문에 확실히 대답할 수는 없습니다."

"짧은 기간의 조사로, 지금 말씀하신 것처럼 신뢰도를 체크하는 실험은 할 수 없었습니다."

고교생 보고서에서도 실험오차 정도는 고려하는 것이 상식이다.

또 희석비율이나 농도의 측정에는 모형을 세부적으로 구분하여 구멍을 뚫고 아래에서 흡인하는데, 흡인 수치가 많으면 당연히 기류에 영향을 미치지 않겠느냐는 질문에도, 역시 "그 부분이 사실은, 충분한 체크는, 음 여러 가지 문제가 있을 거라고……."라고 대답하고는 결국 풍동실험으로 결론을 내는 것은 "어렵겠습니다. 특히 1년 정도로는 불가능하리라 생각합니다."라고 이토 박사는 대답했다.

데이터의 계산과 처리에 대해서는 더더욱 의심스럽다. 모형상의 희석비율이나 농도에서, 현시점의 아황산가스 농도를 추측 계산할 때 구로카와 보고서의 식에 따르면 결론치인 0.015ppm이 안 되고 그 13배의 수치가 나온다. 즉 상기의 계산식에는 명기되어 있지 않은 13분의 1 계수가 채용되고 있는 것이다. 이 점을 마쓰무라, 마쓰나가 박사는 반복해서 질문하지만, 이것이 난류에 관한 숫자일 거라고 거의 짐작할 정도의 대답밖에 못 얻었다. 다행히 이 점에 대해서는 구로카와 보고서의 원래 보고에서 7월에 공표할 때 삭제되어있던 부분을 마쓰나가 조사단이 입수함으로써 분명해졌다. 이것은 mead의 시간보정과 Smith-Lowry에 의한 풍향변동 그리고 대기안정의 분류 중 '불안정'이라는 단계의 보정계수를 채용하고 있기 때문이다. 단계는 그 외에도 '상당히 불안정' '다소 안정' '상당히 안정'이 있고, 만일 '상당히 안정'의 경우를 채용하면 계수는 4분의 1이므로 결론치는 3배 이상의 수치인 0.05ppm 정도가 되었을 것이다. 여기에는 외국문헌에서 인용한 근거의 애매함(mead의 시간보정은 60미터의 굴뚝)뿐 아니라 명확한 조작이 의심되지 않는가.

이렇게 하여 과학전쟁에서는 시민 과학자들이 완전히 승리하였다.

회견 후, 니시오카(西岡) 교사는 여느 때와 다름없는 부드러운 태도로 이토 박사에게 이렇게 말했다.

"저는 선생님이 쓰신 텍스트 『대기오염과 제어』로 공부했습니다. 그 책을 손때가 묻을 정도로 읽었습니다."

그랬더니 이토 박사는 "아, 그 책은 너무 오래됐어요."라고 아무렇지 않게 대답했다고 한다. 이때 니시오카 교사의 마음에는 오만 감정이 교차했을 것이 틀림없다.」

이때에는 주민이 낸 질문에 구로카와 조사단은 아무 대답도 하지 못했고, 반대로 마쓰무라 조사단이 우려했던 것이 현실화하지 않을 수 없었죠. 공해는 일어날 위험이 입증된 겁니다. 하지만 당시에 현, 시, 기업은 구로카와 보고서를 전면적으로 사용했습니다. 누마즈 시는 이 보고서를 전부 인쇄해서 9월 초에 모든 가정에 배포했습니다.

계획, 드디어 파산

그리고 여러 형태로 유치찬성파의 대회가 열립니다. 여러 단체가 의사를 표명해야 하니까 당시에는 가령 농업협동조합의 간부가 유치를 찬성한다더라는 소문이 퍼지면, 반대파가 우르르 찾아가서 예금을 빼버리는 운동을 합니다. 그러면 다음 날에는 백기를 든 그 간부가 반대표명을 하죠. 아니면 일명 '경운기 데모'가 대대적으로 벌어지게 됩니다.

결국 9월 13일이 되어 누마즈 시에 2만 5천 명의 시민이 모여 반대시위를 개최합니다. 이렇게 되니까 마지막까지 고집을 피우고 있던 누마즈 시장도 급기야 이러다간 진짜 죽겠구나 싶었던 모양입니다, 2만 5천 명의 반대자가 몰려들었으니 그럴 만도 했을 겁니다. 그래서 16일부터 18일에 걸쳐 유치를 단념하겠다는 의사를 표명해요. 그 후에 현과 석유심의회도 누마즈의 콤비나트 계획 보류를 인정하고 일단 중지가 됩니다. 마지막으로 10월이 되자 시미즈 초에 여전히 미련을 가지고 있던 스미토모화학도 급기야 포기하고 콤비나트 계획은 완전히 무산되었음을 인정합니다.

어쨌든 이것으로 현과 통산성 그리고 기업의 체면이 제대로 구겨지게 됐는데, 좀처럼 패배를 인정하지 않는 곳이 현청입니다. 특히 현립고등학교 교사들이 현의 공무원임에도 현 정책에 반대했다며 문제시하는데, 65년 4월에는 교장을 경질하고 조합 파괴의 명인으로 이름난 교장을 데려옵니다. 그리고 교육위원회로부터 설령 아무리 큰 사건을 일으켜도 반드시 교장의 신분만은 보장해주겠다느니 뒷일을 책임지겠다느니 하는 이야기를 들은 남자가 와서, 조합을 와해시키려는 공작을 4월부터 시작합니다. 그리고 그 방법이 얼마나 악랄한지 교사들이 반론을 제기하면 시민들의 지원도 모여드는데, 이것을 와해시키려고 기동대를 투입시킵니다. 한 번만이 아니라 여러 차례 투입해요.

그 사이 누마즈의 시장선거가 치러졌는데, 당시 공장유치를 적극적으로 추진했던 시장은 재출마를 표명했는데 어찌 됐든 가장 유력한 후보였죠. 또 한 사람, 반대운동의 중심이 되었던 보수계 의원도 시장에 입후보합니다. 그랬더니 사회당이 무엇에 눈이 뒤집혔는지 현 시장의 졸병인 무소속인지 어딘지의 의장을 추천합니다. 이 당시 사회당이 한 짓들은 아무리 봐도 상식으로 판단할 수 없는 말도 안 되는 것들입니다. 또 반대파가 추천한 후보 역시 원래는 보수계인데 —움직임은 상당히 애매했던 모양이지만— 결국 3인 대결구도의 선거전이 되어 이전 시장의 승리로 끝나요. 그렇게 콤비나트 반대운동으로 기껏 유치계획은 백지화되었는데 시(市) 정치의 최고책임자는 그대로인 형국이 되고 맙니다. 그러니 공업고등학교 교사에 대한 지역주민들의 지지에도 불구하고 기동대를 불러 내쫓아내는 짓을 교장이 할 수 있었던 것도 시장 선거의 실패 때문이라고 할 수 있습니다.

일본의 혁신정당이란 것들이 대개 이렇습니다. 어딜 가나 말도 안 되는 트집을 잡으면서 서로 물어뜯느라 아무것도 못 해요. 가령 후지시 때에는 공산당과 사회당이 저마다 별도의 후보를 세웁니다. 누가 보더라도 이건 위험하죠. 미나마타에서도 마찬가지. 미나마타에서도 작년인가였죠? 시의회 의원 보결선거에서 누가 봐도 둘 다 떨어질 게 뻔한 선거에 보란 듯이 양쪽이 한 명씩 후보를 세워요.

이런 점에서 보면 정말 약이 없다니까요(웃음소리). 또 말하지만 우리가 정치인들을 너무 편하게 길들이고 있는 게 아닐까 싶어요. 사회당 같은 건 차라리 사라져 없어지는 것이 —물론 공산당도 별로 다를 바 없다고 하면 좀 문제가 될지 모르겠지만— 현재의 공해에 관한 사회면에서는 지금의 혁신정당은 없는 편이 차라리 도와주는 게 아닐까 싶어요. 이때도 사회당이 보여준 작태는 참 말도 안 되는 실패였습니다. 착각한 건지 어떤지는 모르겠지만 이것은 두고두고 영향을 미칩니다.

반대활동가에 대한 보복

그렇게 1966년 3월이 되자, 이 네 명의 교사가 똘똘 뭉쳐서 덤빈 통에 콤비나트가 실패했다고 생각해선지 이들을 뿔뿔이 흩어놓기 위해 강제배전(配転)이라는 형식으로 전근을 꾀합니다. 이에 반대운동을 할까 말까를 놓고 논의하긴 했지만, 자칫 무리하게 밀고 나갔다간 무슨 일이 벌어질지 몰라 이 배전명령은 그대로 통과됩니다. 그런데 그해 10월 21일 베트남반전행동에 대해 현의 교육위원회는 한결 강력한 수를 쓰는데, 네 명 중 나가오카(長岡) 씨를 면직시키고 요시자와(吉沢) 씨는 정직이라는, 일본 전국에서도 보기 드문 강경한 처분을 내립니다. 이것은 어느 모로 보나 현의 보복성 처분이 분명했고, 그 후 이것은 재판투쟁이 되어 현재까지 계속되고 있습니다. 어쨌든 현청이란 지자체가 아니라 중앙의 부하에 불과하다는 사실을 이 미시마·누마즈 콤비나트 반대운동에 대한 현(県)의 행정이 여실히 보여주었습니다.

전에 중국어학 강의를 들었을 때, '현(県)'이라는 문자는 그 유래가 자립할 수 없는 지자체라는 의미에서 왔다는 이야기를 들은 적이 있어요. '현(懸)→현(県, 일본한자)'. 이건 웃자고 하는 소리가 아니라 진짜 자립할 수 없으니까 다른 사람한테 매달려있는 '지자체'인 거예요. 그렇게 현(県)이라는 글자가 생겨났다고 해요. 중국에서는 일본과는 반대로 군(郡) 아래 현(県)이 있습니다. 일본에서는 현(県) 아래 군(郡)이 있는데, 군은 중국에서는 지자체가 됩니다. 그리고 그 아래에 향(郷)이 있습니다. 군·현·향.

일본에서는 현이라고 하면 중앙의 부하기관이죠. 아마 64년 5월인가 6월이었던 것 같은데, 미시마 시가 콤비나트 유치반대의 태도를 정하니까 현은 갑자기 시(市) 재정의 특별감사에 들어갑니다. 뭔가 구린 데가 있을지 모른다는 느낌, 어느 모로 보나 켕기는 뭔가가 있을 것 같은 냄새를 풍기는 액션이죠. 그리고 이것과 너무너무 닮은꼴의 사건이 있었는데, 〈베트남에 평화를! 시민연합〉 사무소를 탈세혐의로 수색한 적이 있어요. 그런 수법을 이 무렵부터 쓰기 시작한 거 같아요.

그리고 지금은 정확한 날짜는 기억나지 않지만, 아사히신문이 지방재정의 특집을 한 적이 있어요. 그때 당시의 일을 미시마 시에서 제출한 서류를 시 직원이 보고 있는 앞에서 일부러 현청 관리가 서류더미 밑에 밀어 넣습니다. 그런 짓궂은 괴롭힘이 있었다는 기사가 실렸어요.

저는 이럴 때도 느끼는 거지만, 공공기관 같은 데 근무하면 어떤 식으로든 인간이 비열해지나 봐요. 단단히 각오를 하지 않으면 아주 당연하다는 듯이 주민을 차별하고 압박하는 것이 아예 재미가 돼버리는 관리들이 자연스럽게 생긴단 말입니다. 그건 대학도 마찬가지여서, 학생을 괴롭히는 걸 생의 낙으로 삼는 교수 ─저는 아니라고는 말하지 않겠습니다(웃음소리)─ 가령 교실을 빌릴 때의 절차 중 하나가 부족하니까 다시 해오라거나, 내 권한으로는 절대 빌려줄 수 없다! 라고 위세 떠는 걸 낙으로 삼는 교수가 제법 있어요. 우리 주위에도 상당히 있습니다. 하는 일들이 너무 보잘 것 없어서 그렇게 돼버리는지 모르겠지만(웃음소리), 반대로 그런 교수들이 잘난 체하게 만드는 건 학생의 힘이 약해서고, 현청 관리가 그런 깡패 짓을 아무렇지 않게 할 수 있는 것은 역시 민중의 힘이 약해서라고 판단할 수밖에 없습니다.

미시마·누마즈의 교훈

여기에서 잠깐 미시마·누마즈 콤비나트 반대운동을 통해 부각된 문제점을 대략 짚어보겠습니다.

첫째, 지자체라는 것은 주민 편인가 아니면 중앙의 부하인가 입니다. 시즈오카 현은 이 경우 완전히 부하관계에서 일했습니다. 미시마는 처음에는 다소 갈팡질팡하기는 했지만 어쨌든 대부분 주민 편에 서는 태도로 일관했습니다. 시미즈 초는 대표가 두 번 사표를 냈다는 사실에서도 알 수 있듯이 마지막까지 혼란을 겪죠. 또 누마즈는 현 쪽에 섰다가 마지막에 2만 5천 명의 데모집회라는 벽에 부딪히고 맙니다.

이것만 보더라도 참 여러 가지 삶의 방식이 나타납니다. '여러 가지 삶의 방식'이란 나중에 가서 많은 도움이 됩니다. 가령 한 가지로 통일이나 단결이 되고 확고한 이론 하에 어디나 마찬가지 움직임만 보인다면, 어느 것이 틀리고 어느 것이 좋았는지를 전혀 알 수 없겠죠. 이 경우에는 미시마가 비교적 혁신계 —마을주민에 따르면 보수계 중립파라고 하는데— 어쨌든 누마즈에 비하면 비교적 혁신에 친숙한 시장이었다는 걸 알 수 있습니다.

그런데 나중에 보면 —우리도 나쁘지만— '혁신세력의 통일로 미시마·누마즈 콤비나트 반대운동은 완전히 승리했다'는 식의 이야기를 쓰다 보니, 어느새 이쪽도 점점 거기에 만연해져서 통일과 단결을 지키면 언제나 승리할 수 있다는 환상을 가진 탓에 결국 실패하는 일이 나중에 생깁니다. 역시 이런 주민운동의 사례연구를 할 때는 훗날 정리된 자료를 읽으면, 정리가 되어 있어서 상당히 알기 쉽고 법칙성이 분명한 것처럼 보이지만 실제 운동은 그렇게 간단하지가 않습니다. 언뜻 보면 아무래도 좋을 사소한 것들이 쌓이고 쌓여서 성공도 되고, 실패도 되고, 막다른 처지에 몰리기도 하고, 극복하고 새로운 전망을 꿈꾸게도 되는 겁니다.

그러니까 미시마·누마즈 콤비나트 반대운동의 보고서를 몇 가지 읽어보면, 역시 최근 것일수록 정리가 잘 돼 있어서 전체의 전망을 잘 알 수 있는 대신 중요한 세부적인 내용을 찾아볼 수 없습니다. 이것은 마지막에 문헌에 대해 논할 때 다시 말씀드리겠습니다.

다음 두 번째는 교수와 과학자의 문제가 있습니다.

대학교수. 이것은 미시마·누마즈 때에는 "동쪽에서 오는 교수는 거짓말을 한다. 서쪽에서 오는 교수는 신뢰할 수 있다."라는 유명한 말이 생겼습니다(웃음소리). '동쪽에서 왔다'는 건 도쿄대학을 비롯해 도쿄에 있는 여러 대학을 말합니다. '서쪽에서 왔다'는 건 이를테면 교토의 쇼지(庄司) 선생이나 나고야의 미즈노(水野) 선생, 오사카시립대학의 미야모토(宮本) 선생으로 공해문제라면 대체로 신뢰할 수 있는 분들이죠. 도쿄에서 간 사람들의 이름은 사실 명확하게 밝혀지지 않아서 앞으로 조사해볼 생각입니다. 구로카와 조사단에 대해서는 안도, 우치다 두 사람이 있습니다. 지금도 우치다 선생은 공해가 아닌 다른 분야에서 아주 잘 나가고 있지 않나요?

구로카와 조사단의 구성에서 알 수 있듯이 도쿄의 전문가들은 시스템적인 전문가 분야의 일을 깔끔하게 해치웁니다. 단장이 한중간에 서서 전체를 총괄하고, 전문가 수에 맞춰서 몇 개 분야로 나눠 한 사람씩 진을 치게 합니다. 그러다 어디 어디가 특히 바쁠 것이다 하면 거기에 또 두세 사람 불필요하게 배치하는 거죠. 이것은 회사나 기관의 부과제(部課制)도 그렇고 조합의 전문부(專門部)와 흡사한데, 우리가 조직을 꾸릴 때 흔히 하는 방법이지만 이 방법은 구로카와 조사단뿐만 아니라 정부기관의 연구에서도 전형적인 겁니다. 이것은 꼭대기에 있는 사람을 '총장'이라고 부르고 다음 단계를 '학부장', 그다음을 '교수'라고 불러도 마찬가집니다. 즉 대학의 강좌제도를 완전 그대로 베껴다 옮겨놓은 것이 바로 구로카와 조사단입니다.

그렇게 하면 '공해는 절대 일어나지 않게' 되는 겁니다. 그건 어쩌면 당연한 얘기예요, 공해를 만드는 기구가 그런 기구니까 결국. 가령 회사기구라고 하면, 사장이 있고 상무가 있고 부장이 있고 과장이 있는 것처럼 피라미드형으로 전문분담하고 있는데 그 중 어디선지 모르게 공해가 발생한단 말입니다. 그런데 그것과 마찬가지 시스템의 기구에서 공해를 조사하거나 공해방지대책을 세워봤자 제대로 될 리가 없지요. 그것은 일정한 모양의 체를 이용해서 걸러진 입자는 같은 모양의 체는 반드시 통과하게 되는 것과 마찬가집니다. 공해를 생산하는 기구와 그것을 받아내는 기구가 같은 거라면 공해는 절대 없어지지 않습니다.

누마즈고등학교 선생님들을 중심으로 한 마쓰무라 조사단의 착상은 그렇지 않았어요. 유명한 '고이노보리 실험'이나 200미터 정도의 낮은 산을 한밤중에 오토바이로 올라갔다 내려오면서 역전층을 자기 눈으로 확인하는 '역전층의 존재'에 대한 조사에서도 모두 직접 확인했습니다. 그리고 그 선생님들은 모두 주민의 반대운동에 초대되어 매일 밤 학습회에 출석했습니다. 그 교육방법과 거기에서 나온 결론은 지금 제가 여기서 강의해도 가슴이 뜨끔할 정도로 핵심을 찌르는 것들이 있습니다.

누마즈공업고등학교 선생님들이 공부한 원칙은 다음과 같습니다.

첫째, 단상 위에 올라가 이야기하면 지식은 빠져나간다. 이것부터가 저를 뜨끔하게 만드네요(웃음소리).

둘째, 생활적, 일상적인 감각의 소재부터 이야기를 시작한다.

셋째, 시청각적 방법, 일러스트, 그림, 테이프를 활용한다.

넷째, 같은 내용을 다른 표현으로 반복해서 설명한다.

다섯째, 한 번 이야기를 들으면 안 들은 사람보다 확실히 똑똑해졌다고 느끼게 한다. 그렇게 하면 그 사람은 반드시 안 들은 사람에게 이야기를 전달한다(웃음소리).

이것은 사실 학교교육에서도 가장 기본적인 거죠. 기본적이라는 이유로 우리는 곧잘 잊어버리곤 합니다. 그래서 이번 공개강좌도 좀 더 제대로 준비해서 이 원칙 정도는 제대로 지켜서 하고 싶은데, 솔직히 말씀드려서 좀처럼 잘 안 됩니다.

여하튼 여기에서 주민이 자발적으로 공부를 시작한 것의 의의는 엄청 컸습니다. 마쓰무라 조사단과 구로카와 조사단의 대결에서도 분명하게 드러났듯이, 주민들 자신의 경험으로 확인해온 학문이 도쿄대학 권위를 업거나 공업기술원 원장이 이끄는 조사단보다 과학적으로 확실하다는 사실을 명백히 보여준 것은 아주 대단한 일이었습니다. 그리고 지금이야 도쿄대학 교수가 공해에 대해 뭐라고 말하면 그것은 '반드시 거짓말이다' 정도는 상식이 됐지만, 이 상식이 첫발을 내딛고 정착된 것은 이 누마즈·미시마 반대운동 때부터였습니다. 그때까지는 유명한 선생이 와서 뭐라고 말하면 그것이 진리라고 믿었으니까요.

이 점에 대해, 저에게 강의를 의뢰하신 여러분께도 한 말씀 사족을 붙이겠습니다. 이 사실은 뒤집어도 역시 진실입니다. 저를 데려다가 뭔가 이야기를 듣는다고 해서 그것으로 사태가 호전될 거라 생각해도 생각처럼 안 됩니다. 역시 그 지역에 사는 사람이 스스로 생각하고 행동을 일으키는 게 최선입니다. 다만 사람들을 모아야 하니까 와서 좀 도와달라고 한다면, 그건 기꺼이 가서 돕겠다(웃음소리)는 것이 저의 대답입니다. 대신 제가 시간을 내서 가는 정도의 운동으로서의 연대는 앞으로도 꼭 부탁드립니다. 돈을 주고 부르면 그것은 용건이 끝나면 끝나버리는 관계인만큼, 아무리 여비를 많이 줘도 저는 안 가고 싶은 곳에는 안 가고, 또 제가 가서 별 도움이 안 될 것 같은 곳에도 안 갈 겁니다.

그런 의미에서 공해반대운동의 대부분은 저의 참여를 필요로 하지 않습니다. 있다면 기껏해야 농성현장에서의 체포요원 정도예요(웃음소리). 진짜 실제로 일어난 일이에요. 나중에 말씀드릴 우스키에서 오늘은 아마 측량저지를 위한 농성이 나흘째가 되는 날일 겁니다. 이미 사흘 밤낮 농성이 이어지고 있어요. 오늘이 나흘째일 겁니다.

이야기가 자꾸 딴 데로 샜네요, 세 번째 문제로 제기된 것이 조직원리입니다. 여기서도 운동 직후에 실시한 좌담회에서 "아무래도 기성의 조직이란 문제를 제시할 때는 앞서 나가지만 운동이 점점 본격화되면 뒤처진다."라는 감상을 지역구노동조합 사무국장이 말한 적이 있습니다. 또 운동 중에도 종종 그런 문제가 논의됐다고 합니다.

시(市)의 직원조합이 공해의 무서움을 호소하는 전단을 내놓은 적은 있지만, 운동 중반이 지나면 점점 존재감이 희미해져 보이지 않게 되었다는 예도 있습니다. 이것은 아마도 누마즈의 사례라고 생각하는데, 시청 조합은 문제가 시민에게 전혀 알려지지 않았을 때 약간의 자료를 배포해서 경종을 울립니다. 하지만 시민이 시청으로 밀어닥치는 단계까지 운동이 무르익으면 그것을 저지하는 쪽으로 돌아서지 않을 수 없게 됩니다. 이건 상징적이긴 하지만 기성조직은 역시 이 경우에도 움직임이 둔했습니다.

그래서 유치반대 주민들은 사실 다양한 목적조직을 만듭니다. 이름이 뭐든 상관없이 필요할 때 필요한 조직을 만드는 식으로 결론짓습니다. 정당이나 노동조합은 그때까지의 조직원리에 익숙해져 있어서, 처음에는 확실히 어느 정도 도움이 되지만 도중에 대개가 낙오하게 되거든요.

그리고 찬성파도 물론 데몬스트레이션을 위해 조직을 만듭니다. 하지만 이것은 위에서부터의 조직인 데다 지역주민의 대부분이 반대할 때는 찬성파가 보이콧을 당하기 때문에, 가령 자동차 번호판을 일부러 종이로 가리기도 하고 다른 마을에서 데려오기도 합니다. 혹은 누가 참가했는지 모르게 하죠. 그래도 돈을 마구 뿌려대는 만큼 정원은 채워지는 경향이 확실히 있습니다. 1~2천 명이 모이는 대회도 있지만 결국엔 한계에 다다라서 금방 망합니다.

어쨌든 이것이 조직원리에 대해서도 의문이 제기된 첫 번째 기회였는지도 모르겠습니다. 시기적으로 이 앞에 해당하는 것은 맨 처음 이야기했던 미나마타입니다. 여기에서는 아직 어업조합 내의 '통일과 단결'이 표어처럼 되어 있던 시대였기 때문에, 누마즈에 이르러서 비로소 '통일과 단결'을 외치지 않고 운동이 성립되었다고 해도 좋습니다.

공해기본법이 제정되고 공해가 심화

그리고 이것은 앞에서 말씀드렸듯이 산업입지정책, 이른바 '공장을 유치해서 지역사회를 풍요롭게 하자'거나 '우리가 갈 테니 준비하라!'는 식의 산업입지정책에 대한 첫 번째 저항의 성립이었습니다.

그때 정부의 대응은 하다못해 공해기본법 정도는 만들지 않으면, 여론이 이 기세로 반항적이 되어 도저히 감당할 수 없겠다고 판단해서, 이 투쟁이 끝난 1964년 이듬해인 65년에 도쿄대학 법학부를 중심으로 해서 〈공해연구회〉라는 것을 만듭니다. 여기 리더가 가토 이치로 교슙니다. 저는 우연한 기회에 —처음에 어쩌다 그렇게 됐는지 지금은 기억이 안 나지만— 저희 쪽 교수에게 뭔가 의견을 물어왔는데 공교롭게 그 교수가 바빠서 당장 참여할 수 있는 상황이 아니었던 거예요. 그때 어쩔 수 없이 제가 대신 가야 할 상황이 돼서, 이 〈공해연구회〉의 입회인으로 참여했습니다. 그래서 '법률가의 논의'라는 것을 1년 이상 들은 적이 있어요. 물론 저도 할 말은 했죠. 특히 니가타의 미나마타병이 발견됐을 때의 일이라, 미나마타병에 대해서 교육시킨 적이 있습니다. 그렇게 65년부터 정부 측 대응이 시작되고 〈공해연구회〉에 의해 어느 정도

틀이 마련되고 1967년에 예의 악명 높은 '산업의 발전과 건강의 조화'라는 조화항목과 함께 공해기본법이 성립됩니다.

공해기본법이 성립되었을 때, 미야모토 켄이치(宮本憲一) 선생이 말한 유명한 말이 있습니다. "중소기업기본법이 나와서 중소기업이 망하고, 농업기본법이 나와서 농업이 쇠퇴한다. 공해기본법이 성립되면 공해는 심해지겠구나."(웃음소리) 정말 딱 들어맞았습니다. 이른바 '법률이 성립하면 심해진다'는 경험칙이 작용한 겁니다. 특히 이때 64년에 끝난 투쟁에 대해 67년에 법률이 생겼으니, 그때까지의 "법률이 생기면 반드시 좋아질 겁니다."라고 했던 여론조작을 위해 법률이 이용된 것을 보고, 저는 이 시기에 '법률 하나로 여론 3년'이라는 경험칙을 세웠습니다. 정말 딱 들어맞았어요. 70년이 되어서는 법률 하나로는 3년도 못 버티게 된 것 같습니다. 이에 대해서는 ―전에도 말했던 것 같은데― 나중에 '여론의 역할'에 대해 다룰 때 다시 이야기하겠습니다.

미시마·누마즈에 관한 문헌

자, 여기까지 하고 잠시 휴식시간을 가질 텐데 그 전에 문헌을 두세 권 소개하겠습니다.

시기적으로도 비교적 이른 시기에 쓰인 데다 읽기 편리한 것은, 이와나미신쇼(岩波新書)에서 나온 『안전성의 사고방식』 중에서 〈1장 미시마·누마즈의 주민운동〉에 대한 부분이 있습니다.

그리고 순서대로 보면 『기술사연구』라는 작은 서클잡지 35호에 상당히 자세한 보고가 실려 있습니다. 이것이 귀중한 이유는 보고서가 쓰인 것이 1966년 여름이기 때문입니다. 63년부터 4년에 걸쳐 벌어졌던 이 사건에 대한 상세한 인상이 아직 사라지지 않은 시기에 조사가 이뤄지고 연표를 만들었으며, 이어서 마지막으로 66년 5월 말에 쓰인 미시마·누마즈의 시민협회 사람들과의 좌담회가 있습니다. 이 좌담회에서는 비교적 세부적인 것에서 개인의 감상까지 이야기되고 있어서, 아마도 자료로써도 상당히 의미 있습니다. 적당한 기회가 있으면 이번 공개강좌의 자료집을 인쇄해볼까 생각 중입니다.

이어서 최근에 나온 책으로는 『일본의 기술자』 중에 〈제7장 고교 교사의 싸움〉이 있는데 이것도 『기술사연구』와 마찬가지로 필자의 손으로 쓴 보고가 있습니다. 같은 테마라도 66년부터 이 책이 쓰인 69년까지 3년이 지나고 보니 그만큼 이해가 깊어지는 대신 자세한 부분이 누락되고 맙니다. 또 여백의 문제도 있어서 하나부터 열까지 다 적을 수도 없는 노릇이지만, 실제로 운동을 해보니까 무엇이든 적는 것이 도움이 됩니다. 그러니까 여러분도 조사를 하실 때는 가능한 한 작은 것까지 빠트리지 않도록 하세요. 극단적으로 말하면 큰 것은 내가 굳이 말하지 않더라도 다른 사람이 쓸 겁니다. 다른 사람이 조사합니다. 사소한 것일수록 우리가 기록해두지 않으면 안 됩니다.

또 하나 최근에 나온 것으로 『공해와 주민운동』이라고 미야모토 켄이치 선생이 편집하신 책인데. 거기에 운동의 당사자였던 니시오카 아키오(西岡昭夫) 씨의 보고가 있습니다. 이것은 후지와 누마즈를 연결 지어 생각한 대단한 역작인데, 역시 시간이 흘러서 사소한 것이 빠져버렸다는 느낌이 안 드는 건 아닙니다.

이 『공해와 주민운동』이라는 책은 미야모토 선생이 편집한 책치고는 완성도가 많이 떨어진다는 느낌을 받지만, 이 니시오카 씨가 쓴 부분만은 예외입니다. 예컨대 니가타나 미나마타 같은 직접 운동에 참여했던 장소에 대해 서술한 것을 보면, '우와, 이렇게도 쓸 수 있구나!' 라는 생각이 절로 듭니다. 이 책이 중요하다고 생각하는 이유는, 별 볼일 없다고 치부되어 우리가 아무래도 좋다고 생각한, 가령 정당에 의한 지도 따위가 아주 자세하게 쓰여 있고, 한 거라고는 아무것도 없는 일본과학자회의가 과학적인 인과관계를 전부 해명했다는 식으로 쓰고 있어요. 또는 전일본민주의료기관연합회나 민주청년동맹이나 공산당 같은 이른바 방해밖에 안 됐던 조직이(웃음소리) 모두 멋지고 훌륭한 일을 한 것처럼 쓰여 있어요.

제대로 알지도 못하면서 쓸 수도 있더라고요. 예를 들어 미나마타병의 제1차 위로금보상 때 환자 측에 선 유일한 조직은 일본공산당 미나마타 조직이었다! 이건 분명 사실이긴 합니다. 하지만 그것은 농성 중인 환자들 주변을 어슬렁거렸을 뿐이어서 환자분들도 제대로 기억하지 못할 정도였어요. 솔직히 지금 환자의 기억을 더듬어보더라도 "그럴 때 누가 왔었던가?"라고 할 정도로 아무 도움도 안 됐어요. 게다가 그때의 멤버는 대부분이 다니가와 간(谷川雁)이 이끄는 그룹이라고 해서 제명을 면치 못했습니다.

그러므로 '세월에 사람은 변할지라도'라고 하지만 공산당은 몇천 년이 지나도 일체가 되어 일관된 지도방침을 가지고 있음을 인정하면 이야기는 별개입니다. 하지만 59년 당시의 미나마타 조직과 현재의 일본공산당 사이에는 연속성을 인정하기란 결코 쉽지가 않습니다. 가령 저의 『공해의 정치학』을 읽고 '아아, 이때 공산당은 좋은 일을 했구나!' '일본공산당은 일관되게 환자 편에 섰구나'라고 한다면 저 역시 화가 치밀 겁니다. 사회당도 그와 마찬가지예요.

그런 점에서 『공해와 주민운동』은 미야모토 선생이 편집한 책 치고는 완성도가 나쁘다고 말씀드리는 겁니다. 다만 미시마·누마즈 부분을 읽기 위해서 살 가치는 있다고 봅니다. 잘해서 할인이라도 받아 살 수 있다면 더 좋구요.

사실은 미시마·누마즈는 지금부터라도 역시 한 차례 조사해볼 필요는 있는 것 같아요. 이것은 니시오카 씨도 분명 지적하고 있는데, 미시마·누마즈의 콤비나트 반대운동에 대해서는 좋은 면만 전해지고 있어서, 그것을 기계적으로 다른 지역에서 모방하고 있어서 오히려 역효과를 냈다는 반성도 종종 있습니다.

그리고 후지의 경우는 처음부터 미시마·누마즈 스타일을 흉내 내면 실패한다는 인식이 현재 시민협회 등에도 있습니다. 그런 점에서 볼 때 미시마·누마즈 콤비나트 반대운동은 성공한 예인만큼 성공한 면만 전해지고 있다는 우려가 없지 않아 있습니다. 하지만 벌써 이래저래 7, 8년 전의 이야기라서 역시 사람의 기억 속에서도 서서히 정리될 건 정리되어서 사소한 것은 누락되는 경향이 있죠.

하지만 니시오카 씨나 나가오카 씨 등이 조사한 당시의 자료들은 상당히 잘 보존되어 있다고 하니, 그 자료를 단서로 하여 다시 한 번 주민의 당시 기억을 되돌려볼 필요가 있습니다. 그래서 지금 우리가 하는 미나마타병 전모를 밝히는 작업을 미시마·누마즈의 경우에도 해야 하지 않을까 하는 생각이 듭니다. 이에 대해서는 나중에 세미나에서 같이 생각해보도록 하겠습니다.

그리고 결론적으로 한 가지 더 나타난 것은, 공해문제에 관한 진실을 주민에게 정확하게 전달하면 그다음은 주민들이 알아서 하게 된다는 철칙입니다. 이것을 가르치려 하거나 다른 한편으로 전달하려고 해도 대개는 잘 안 됩니다. 미시마·누마즈의 경우에 어쨌든 사태를 정확히 전달하려는 데서 출발한, 그것이 역시 이 운동의 가장 큰 강점이었을 거라고 생각합니다. 그리고 이 공개강좌에서도 여러분에게 사태를 정확하게 전달하자는 것이 목적이고, 나머지는 여러분이 스스로 나서야 한다는 최초의 원칙을 저도 강하게 밀고 나가도록 하겠습니다.

후지(富士)

공해의 백화점, 후지 시

후지의 공해문제는 시기적으로도 마침 미시마·누마즈에서 후지로 문제가 옮겨간 듯한 형국입니다만, 이것은 누마즈에서 쫓겨난 도쿄전력의 화력발전소가 후지에 자리를 잡은 것이 큰 요인이라고 할 수 있습니다.

미시마·누마즈와 후지 시의 큰 차이는 후지는 처음부터 '종이의 성하촌(城下村)'으로 제지공업의 이른바 요람의 땅이라 할 정도의 공업도시로 출발했다는 사실입니다. 현재 우리가 '후지 시(市)'라고 부르는 곳은 후지 시와 다카오카 초(鷹岡町) 그리고 요시와라 시(吉原市) 세 곳의 지자체가 합병하여 형성된 곳입니다. 합병하기 전까지는 각각의 시 중심부와 공장지대는 어느 정도 떨어져 있었는데, 세 지역이 하나로 합병되면서 이번에는 시가지 한가운데에 공장이 덩그러니 남겨진 형상이 됐어요. 그래서 지금은 전형적인 산업지역과 주거지역이 근접해 있는,

요컨대 주민들이 사는 곳 바로 위에 공장 굴뚝이 우뚝 서 있는 마을이 되어버린 겁니다.

후지 산기슭의 풍부한 물 덕분에 역시 전쟁 전에 이미 중소기업의 제지공장이 집중되어 있었는데, 1920년대 후반부터 점차 규모가 커진 것은 다이쇼와(大昭和)제지였습니다.

다이쇼와의 선대사장은 돈벌이에 능란한 사람이었던 모양으로, 차(茶)의 중개업을 하면서 차에 물을 뿌려서 무게를 속여 돈을 벌었습니다. 그렇게 번 돈을 어떻게 쓸까 고민하던 차에, 당시 종이펄프 공업이 돈벌이가 좋다는 것을 알고 거기에 차츰 투자를 늘려갔다는 이야기를 그 지역에서 들은 적이 있습니다. 그렇게 해서 지금은 일본 최대의 펄프공업으로 성장한 겁니다.

그러다 1941년에 크래프트펄프의 공장이 스즈카와(鈴川)공장에 생깁니다. 그 후로 지독한 냄새에 의한 공해는 줄곧 일어났던 건데, 주민의 반대운동이 일어나게 된 계기는 1966년에 이르러 스즈카와공장 바로 옆에 있는 이마이(今井)라는 마을에 공해대책위원회가 생깁니다. 이 위원회가 1968년에 공장 근처 마을인 후지마(藤間)와 스도(須津)의 공해반대운동과 합류하여 〈후지시민협〉이 됩니다.

이 단계에서 후지 시는 이미 '공해의 백화점'이라고 불릴 정도로 모든 공해가 집결된 지역이 되어버렸어요. 아황산가스 —이것은 중유를 태운 연기에서 나오고, 제지공장이나 펄프공장에서도 나옵니다. 황산소다 —크래프트공법의 펄프공장에서 비처럼 쏟아집니다. 그리고 크래프트펄프의 견디기 힘든 냄새. 펄프에서 나오는 폐수의 극단적인 수질오염. 공장의 소음. 그리고 풍부한 지하수를 끌어올린 탓에 이번에는 바닷가 근처의 우물이 점점 소금물이 돼버립니다. 바닷물이 침투해서 염수화가 일어난 거죠. 그리고 물론 끈적끈적한 오니 문제도 있는데, 이것은 아주 지엽적입니다.

'공해의 백화점'이란 말은 지금이야 널리 알려진 말입니다만, 이 후지 시에 1968년 도쿄전력 화력발전소의 입지신청이 들어옵니다. 주민은 당연히 도쿄전력을 유치하려는 다수파와 지금까지 공해로 고통받고 있으면서 또다시 아황산가스를 대량으로 배출할 도쿄전력을 들여올 생각이냐며 반대하는 소수파로 나뉘게 됩니다. 그런데 후지의 경우에는 공해반대운동이 마지막까지 소수파로 지속됩니다.

기업과 행정의 유착

이 시기의 후지 시 시장은 다이쇼와의 사장과 친형제로 다이쇼와의 부사장이기도 했던 사이토 시게요시(斉藤滋与史)라는 인물인데, 다이쇼와제지를 위한 시(市)의 정치라고 해도 무방할 정도죠. 아주 유명한 예를 들면, 물을 대량으로 써야 하는 펄프공업은 용수를 어디서 얼마만큼 끌어오느냐로 공장의 규모가 정해지는데, 다이쇼와가 출자한 양식회사가 들어온다는 겁니다. 그래서 후지 강(富士川) 하류에 우물을 파고 물고기 양식을 하려고 봤더니, 예상보다 지하수가 너무 많이 나와서 엄청 많이 남은 거죠. 그것이 아깝다고 제지공장에 나눠주자고 결정합니다. 그런데 그 단계에서는 양식회사에서 다이쇼와 공장까지 시(市)의 비용으로 수도관이 이미 설치되어있었을 정도로 만반의 준비가 다 돼 있었어요.

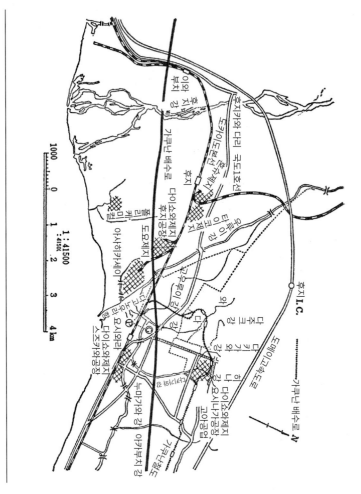

1969년이 되자 도쿄전력 화력발전소의 유치를 시의회에서 결정하려고 합니다. 그 일로 주위 주민 ―후지카와 초(富士川町)나 유이 초(由比町) 주민의 반대를 무릅쓰고 강행할 것을 결정하려고 합니다. 일테면 한밤중 아니면 꼭두새벽에 회의를 강행하는데 반대하는 시민이 그 회

의장으로 난입합니다. 이를 또 경찰이 기동대로 나서서 탄압하는데, 그 때문에 당분간 반대운동은 시들해집니다. 그때까지 경찰 신세를 진 적이 없던 유이 초 어민이 한 사람 한 사람 불려가서는 지문을 찍으라 하니 어지간히 놀랐겠죠.

이 시기에 시(市)와 공장 사이에 이른바 공해방지협정이 체결됩니다. 굴뚝을 높이 세운다거나 유황이 적은 중유를 태운다는 등 여러 가지 협정이 표면상 성립됩니다. 하지만 실제로 공해는 조금도 줄지 않았어요. 굴뚝을 높게 세운 만큼 연기는 더 멀리까지 날아갔을 뿐이죠.

이런 임기응변식의 공해대책을 여러 가지 해보던 중에 선거가 있었어요. 그때까지의 시장은 국회의원에 입후보해서 당선됩니다. 그러자 시장의 후임을 뽑으려고 선거가 열리는데, 누구도 예상하지 못했던 의외의 일이 전개됩니다. 보수계의 나이 많은 전직 부시장에 맞서서 사회당계의 전직 현의원과 공산당이 입후보했어요. 아무리 봐도 혁신 두 명에 보수 한 명이면, 보수가 시장이 될 것이고 다이쇼와의 성하촌이므로 다이쇼와 공존공영으로 발전해갈 것이라는 부시장의 말이 통해야 마땅합니다. 그런데 어떻게 된 일인지, 전직 현의원이 시장이 되고만 겁니다. 이것이 작년의 일인데 후지 시 역사 이래 처음으로 사회당계 시장이 나왔습니다.

오니 문제로의 전환

그런데 생각해보면 작년 1년은 다고노우라의 오니 문제로 후지의 공해가 점점 뒤바뀌어가는 게 아닌가 하는 의구심을 지역민도 제기했고, 그리고 우리도 최근 들어 그런 느낌이 들었습니다. 이것은 물론 펄프의 폐수문제가 현재의 수질오염으로는 가장 심각한데, 그렇게 되면 대부분은 다이쇼와이고 이를 비롯해 이른바 주요 5개사만 펄프를 만들고 있으니 당연히 책임은 펄프공장으로 집중됩니다.

오니 문제, 즉 폐수 속의 부유물 문제는 원인을 이야기하자면 제지공장 전체와 시(市)의 하수에까지 광범위해집니다. 요컨대 책임의 확산이 얼마든지 가능하다는 이야기여서 작년 1년은 오니 문제로 화살을 돌리지 못했어요. 그 뒤에는 물론 다이쇼와와 현(県) 그리고 국가의 획책이 있었다고 보아도 무방하지 않을까요?

그런데 오니에 대해 우리도 좀 생각해보면, 제지공장의 폐수를 모아서 처리한다는 사고방식 즉 그때까지 여기저기 논에 피해를 줬던 폐수를 전용배수로를 통해서 집결시키는 계획이 성립된 것은 훨씬 이전인 1951년부터입니다. 이게 바로 저 유명한 가쿠난(岳南)배수로였는데, 이것은 일단 하류에서 모아서 폐수처리를 한다는 계획으로 만들어졌지만 실제로는 아무 처리도 하지 않고 바다로 흘려보냈던 거예요.

그 배수로 출구 쪽에 근대기술의 정수를 자랑하는 웨이브패턴의 항구 —아무것도 없는 곳을 준설해서 오목하게 큰 항만설비를 만든— 다고노우라 항이 생긴 것은 1961년입니다. 웨이브패턴 항구가 성공적으로 조성됐다는 것은 사실 일본의 항만기술로는 엄청나게 획기적인 일입니다. 그때까지 항구라고 하면 하구나 급격한 만(灣)에, 그것도 어느 정도 깊이가 있는 장소로 한정됐었지만 웨이브패턴이라면 모래사장에도 뚝딱 만들 수 있어요. 항만설비란 아무 곳에나 쉽게 만들 수 있다는 점에서 기술적으로 대단한 진보라고 할 수 있는데, 이 웨이브패턴의 항구가 가쿠난배수로 끝자락에 생긴 겁니다.

배수로를 통해 운반된 오니는 당연히 금방 쌓여 막히기 때문에 매년 준설을 했어요. 그런데 1965년 여름에 그 썩은 오니를 한참 준설하는 도중에 황화수소가 터져서 그 중독으로 사람들이 퍽퍽 쓰러지는 사고가 발생합니다.

그런데 이 같은 사건이 작년 여름에 다시 벌어진 겁니다. 이 '준설'이라는 것도 사실은 오니를 항구 밖으로 버리는 것뿐이라서 항구에 쌓여있던 오니를 밖으로 쓸어내는 작업인 거예요. 그러니 어민들이 강하게 반대하는 것은 당연지사죠. 그런데 다고노우라 어민들에게는 위로금 정도의 보상금을 주고 어업권을 포기하도록 해놨기 때문에 다고노우라에서는 반대가 안 나왔어요. 대신 주변의 시즈우라(静浦)나 유이에서 강하게 반대하고 나섰어요.

그러자 작년 봄 4월에 준설은 일단 중지가 됐지만, 그 후로 오니는 점점 쌓이니까 어쩔 수 없이 7월에 준설을 재개합니다. 더운 여름이라 당연히 메탄발효도 심하고 황화수소도 발생하는 시기죠. 이런 시기에 항구를 휘저어놓았으니 당연히 중독이 발생하죠. 7월에 재개하자마자 또 중독이 발생하니 곧바로 중지할 수밖에요. 그러자 오니를 어디에 버릴 것인가로 갑자기 분주해집니다. 그래서 원양투기 계획이 7월 말에 발표됩니다.

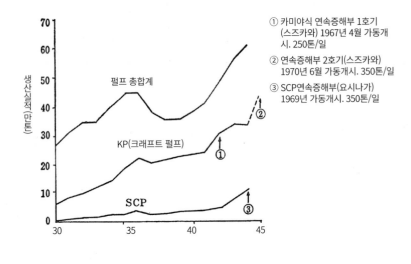

① 카미야식 연속증해부 1호기
(스즈카와) 1967년 4월 가동개
시. 250톤/일
② 연속증해부 2호기(스즈카와)
1970년 6월 가동개시. 350톤/일
③ SCP연속증해부(요시나가)
1969년 가동개시. 350톤/일

펄프 총합계

KP(크래프트 펄프)

SCP

도표 9 | 가쿠난지구 펄프생산실적 추이

이에 저항하는 시민의 저항집회가 1970년 8월 9일, 그리고 어민들은 그것과는 별개로 추진하겠다고 해서 현(縣)어업협동조합연합회가 주최한 항의집회가 8월 29일에 열립니다. 이것은 전부터 공해반대운동을 꾸준히 진행해온 시민협의회와 어민의 분단작전이었는데 그다지 성공하지 못했어요. 이윽고 해양투기가 개시되려던 9월 20일 직전이 되어, 어민이 물리력으로 항구를 폐쇄할지 모른다는 뉴스가 흘러나오고 반전(反戰)노동자와 전공투(全共鬪)계 학생이 역시 배수구를 물리력으로 봉쇄할지 모른다는 뉴스도 —이건 좀 과장됐던 것 같지만— 있어서 결국 원양투기는 당분간 연기됩니다.

그리고 10월 6일, 이번에는 지금까지처럼 수질기준 없이 흘려보내는 것은 격이 떨어지는 처사라면서 공장폐수의 부유물을 70ppm 이

하로 억제한다는 이른바 SS70ppm이라는 수질기준이 경제기획청에서 발표됩니다. 이 과정을 줄곧 가쿠난배수로 시절부터 학식경험자 자격으로 추진해온 사람이 제가 있는 도시공학의 스기키(杉木) 교수입니다.

10월 내내 '원양투기는 할 수 없다' 그리고 '준설도 할 수 없다'는 식으로 끌고 왔는데, 10월 말이 되어 후지 강의 하천 부지에 일단 오니를 옮겨와서 육상처리를 하자는 제안을 현에서 제기합니다. 이에 대한 주민들의 온갖 반대가 있었지만, 현과 시가 설득해서 2월 11일 주민 임원회가 일단 오니의 하천 부지 투기 후 육상처리 안건에 찬성합니다. 실은 12일 저와 나중에 말씀드릴 도시공학의 곤도(近藤, 조교) 선생이 ─시즈오카의 NHK에서 자민당과 사회당 그리고 공명당의 현의원들을 불러 인터뷰했을 때 ─자민당의 현의원이 '일단 32만 톤만 버리면 나중에는 얼마든지'라는 식으로 말실수를 하고 맙니다. 그러니까 '하천 부지 투기'는 지금으로서는 유일한 해결책이며, 다고노우라 항에서 퍼올린 것을 무제한으로 후지 강 하구에 쌓아두겠다는 속셈이었던 거죠.

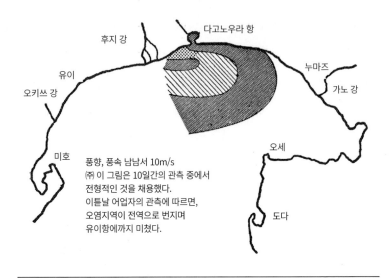

풍향, 풍속 남남서 10m/s
㈜ 이 그림은 10일간의 관측 중에서
전형적인 것을 채용했다.
이튿날 어업자의 관측에 따르면,
오염지역이 전역으로 번지며
유이항에까지 미쳤다.

도표 10 ㅣ 오염지역 관측도 – 8월 15일 11:50~12:30

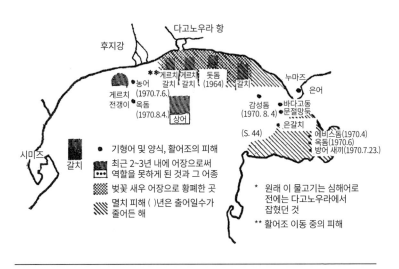

도표 11 ㅣ 스루가 만(駿河灣) 어족피해상황

현재의 오염이 어떤 상태인가 하면, 다고노우라에서 나온 오염수가 어느 날 이렇게 흐르고 있었다는 전형적인 예를 도식화하고 있는데, 이때 약간의 흐름은 후지 강에도 있었는데 후지 강이 담수를 흘려보낸 덕에 펄프폐수가 오염시키는 지역이 어느 정도 한정된 듯한 느낌도 듭니다.

이번에는 이곳 후지 강의 하천 부지를 진흙탕으로 망치려고 드니, 아주 중요한 맑은 물의 원천인 후지 강도 개골창으로 만들어버릴 계획인 거죠. 그렇게 되면 아마도 이 지역의 벚꽃 새우의 산란은 아예 없어지고 말 것은 불을 보듯 뻔한 일입니다.

지금까지의 경위를 쭈욱 살펴보면, 수질오염에 의한 피해를 항구 문제로 돌리려던 것은 사실입니다. 오니가 쌓여서 배가 오도 가도 못하거나 이런 식으로 물 표면에 찌꺼기가 떠오른다는 사실은 저널리즘이 금방 알 수 있는 문제이므로, 그것을 언론에서 다루도록 교묘하게 지혜를 짠 사람이 어딘가에 있는 게 분명합니다. 그런데 아직 그런 식으로 문제를 바꿔치기한 장본인이 누구인지는 도무지 알 수가 없습니다.

사실 오니 문제는 오히려 작은 문제에 불과해요, 그런데 그 문젤 놓고 이러니저러니 논의하는 동안에 다이쇼와를 비롯한 각 공장은 계속해서 폐수를 방류했으니까, 오니 문제 쪽에 정신을 팔고 있는 우리도 역시 곤란하긴 마찬가집니다.

지자체와 기업의 공해문제 대결

　제일 큰 문제는 역시 대기오염이라고 생각합니다. 하지만 시민이 이것을 문제시하면 모니터링을 한다면서 몇몇 측정지점을 정하고, 두 개 이상의 지점이 환경기준을 넘지 않으면 경보를 내지 않습니다. 그런데 지점의 배치방법이 아주 잘 되어 있어서, 절대로 두 곳이 한꺼번에 오염되는 일이 없도록 측정지점을 선정합니다. '오늘은 악취가 난다' '목이 아프다' 등 시청에 전화를 걸어 민원을 넣으면, 컴퓨터로 산출해서 '평균은 0.0몇ppm이므로 악취가 절대 날 리 없다'라거나 '목이 아플 리가 절대 없다'는 식의 답변이 돌아오도록, 이때까지의 시(市)의 공해대책은 운영되고 있습니다. 후지 시 역시 다르지 않아요. 성처럼 멋진 시청을 지어놓고 거기에 컴퓨터를 설치합니다. 그것은 다만 아황산가스를 연속측정해서 평균치를 내는 것만을 목적으로 사용됩니다. 그런 일은 주산으로도 할 수 있어요. 주산도 좋고, 더 재주가 있는 사람이라면 공기조작이나 물조작으로 완전히 같은 기능을 갖도록 하는 것도 만들 수 있습니다. 그런데도 거기에 컴퓨터를 들여놓은 것은 '시도 이렇게 돈을 쓰고 있다' 혹은 '과학적으로 관리하고 있다'라는 인상을 시민들에게 심어주기 위한, 이른바 여론대책의 기능을 하게 하려는 겁니다.

　그리고 수질오염에 대해 말하면, 우리 같은 아랫것들은 별개로 하더라도 외국에서 학자가 오거나 장관이나 국회의원이 오면 일정기간 공장을 멈춰서 깨끗한 물이 흐르도록 합니다. 이에 대한 사례는 나중에 말씀드리겠습니다.

　반대하는 주민에게는 뇌물 혹은 공갈에 의한 와해 수법을 공공연하게 쓰고 있어요. 예를 들어 다이쇼와의 사장이 시민협회장인 고다(甲田) 씨에게 돈다발을 들고 나타났다는 등의 일은 실제로 있었던 일입니다.

그리고 사장이 어민들 앞에서 "이제 와서 새삼 떠들어봤자 이 바다는 열여덟의 숫처녀로는 못 돌아간다"는 뻔뻔한(웃음소리) 소리를 한 유명한 일화도 있습니다. 최근에 벌어지고 있는 사건으로는 후지시민협이 시내 각지에 세운 간판들이 있습니다. 그중에는 "누마가와 강(沼川)이여, 너는 언제 소생하는가?"라거나 더 자극적인 것으로 "진흙탕의 명소 다고노우라"라는 것도 있어요. 그런데 이런 간판들에 콜타르를 범벅 해놓거나 뽑아서 엉망진창으로 만들어놓고 있습니다. 그런데 또 시민협은 하나가 뽑히면 두 개를 세우겠다는 각오로, 지난주에도 새 간판을 준비해서 대량으로 세웠다고 해요.

그리고 누가 봐도 뻔한 거짓말을 합니다. 가령 "물을 오염시키는 것은 다이쇼와만이 아니다. 중소기업인 화장지회사가 더 심각하다. 도시하수도 심하기는 마찬가지! 게다가 방죽에서 쏟아진 토사도 있다!"라고요(웃음소리). 그러니까 공해를 없애려면 "국민 모두가 반성해야 한다!"라는 이야기를 다이쇼와제지의 사이토 료에이(斉藤了英) 사장이 아무렇지 않게 합니다. 아버지하고 아들이 악랄한 짓을 해서 돈을 벌어온 일본의 산업자본가 2대째 사장이니까, 오만 멍청한 소리를 하는 것은 당연한 겁니다. 나쁜 아버지를 가지면 그 아들은 어디까지 나빠질 수 있는가를 보여주는 대표적 사례입니다.

또 한 가지 실례가 하시모토 류타로(橋本竜太郎) 후생정무차관인데, 미나마타병 환자를 앞에 두고 역시 뻔뻔하기 이를 데 없는 소릴 하는 멍청입니다. 어쨌든 일본 청년 중에는 부모가 부자면 정말 구제불능인 사람이 있습니다. 그 전형이 다이쇼와의 사장이 아닐까 싶습니다.

다이쇼와가 그만큼 악랄한 짓을 하고 있으니, 다른 회사도 모두 그것을 보고 배워서 당치도 않은 소리를 하게 됩니다. 가령 도쿄전력의 화력발전소에 반대하는 주민운동에 대해서는 "반대하면 텔레비전도 못 보게 하겠다!"느니 "형광등도 모두 꺼지고 말걸!"이라는 공갈협박을 도쿄전력이 합니다.

하지만 거기에 화력발전소를 안 세우면 안 되는 이유는, 텔레비전의 수요증가 때문이 아니라 종이펄프공업의 설비투자에 필요한 전력 수요의 증가 때문입니다. 그런 건 다 뒷전에다 밀어놓고 텔레비전을 못 보게 된다느니 하는 거짓말을 아무렇지 않게 할 정도로 후지 지역의 산업자본은 타락했다고 보면 됩니다. 사례를 하나 더 들면, 아까 봤던 〈후지 시 전도〉에서 가운데에서 조금 왼쪽에 '폴리케미칼'이라는 ―이것은 아마도 폴리포름알데히드, 폴리아세트알 수지를 만드는 회사로 보입니다만― 곳에서 미국에서 유입해온 폐수처리에 대해 주민에게 설명한 적이 있습니다.

우리도 다소 미국의 폐수처리기술을 알고 있어요. 현장으로 시찰을 가면 별것 없어요. 물을 한곳에 채워두고 하루이틀 천천히 침전시킨 후에 윗물만 흘려보내는 겁니다. 하지만 이곳의 폐수는 침전물과 부유물로 확연히 양분되는 종류가 아니라는 겁니다. 배수로에서 막 나왔을 때 떠보면 진짜 무색투명해서, 어차피 독성이 심한 종류의 폐수를 하루이틀 고여놔봤자 아무 처리도 되지 않습니다. 이것을 미국에서 들여온 처리법이니 뭐니 해가며 주민한테 설명하는 것도 역시 양아치 짓이죠.

혁신정당의 허약체질

후지의 특징을 조금 더 살펴보면, 먼저 시(市)의 정치가 기업과 긴밀하게 유착되어 있다는 겁니다. 그리고 기업이 구석구석까지 손을 뻗어서 취직에서부터 일상의 소비에까지 전부 지배하고 있는 상황에서 시민의식이 점점 퇴폐해지고 있습니다. 그러므로 썩은 냄새를 썩은 냄새라고 말하는 시민은 항상 소수에 불과합니다. 게다가 와해와 공갈에 약하죠. 이것이 현재의 평균치라고 보는, 혹은 다수파로 보는 후지시민의 성격이라고 고다(甲田) 씨도 지적했는데 저도 여기 갔을 때 역시 그런 걸 느꼈습니다.

그 결과 혁신세력의 무기력과 분열이 상당히 명확하게 드러납니다. 예를 들어 사회당은 시민협에 참가해서 같은 공해반대를 하면서 항상 서로 으르렁거리고 서로의 발목을 걸고넘어집니다. 또 다이쇼와 조합처럼 종이펄프노동연합에 가입은 되어 있어도 지역의 메이데이조차 따로 챙기는 어용조합이 생기는 겁니다. 이러니 노동조합이 아니라 제2의 노무관리라고 해도 좋을 정도의 공동화를 야기하고 있는 건데, 이 사태를 격화시키고 있는 것이 이른바 혁신시장의 무방침, 무견해입니다.

이것은 어느 정도 이해가 가기도 합니다. 전직 국철조합의 간부였다고 하는데, 조합간부란 보통 조합의 다수파를 점유하고 그 위에 군림하지 않으면 아무래도 편치가 않거든요. 그러니 소수파로 전락한 순간 실각하는 것이 관습처럼 돼 있어서, 시장이 되긴 했지만 여당은 한 사람밖에 없다 보니 할 수 있는 게 아무것도 없습니다. 역시 항상 과반수를 여당이 차지하고 있도록 하는 수밖에 없어요. 그래서 어쩔 수 없이 이러지도 저러지도 못하고 있는 것이 현 시장의 처지 같아요.

공해반대운동이란 걸 하다 보면, 다수파가 어쩌고저쩌고 하다가는 반대고 뭐고 할 수 없으니까 우리는 애당초 혼자 나서는 것이 공해반대운동이려니 생각하고 덤빕니다. 하지만 노동조합이란 항상 다수지배를 기반으로 해서 성립되는 조직이라 다수파를 얻지 못하면 아무것도 못 해요. 그런 시장 후보밖에 없었다는 것도 비극 중 하나입니다. 하지만 현재 조합간부의 의식 속에는 출세하면 현의원이 되겠다, 현의원을 어느 정도 한 다음에는 국회의원이나 시장이 되겠다 하는 것이 상식적인 출세코스라고 합니다. 그러니 이런 식으로 구성된 사회당도 결국 공해반대운동에는 거의 도움이 안 된다! 이른바 혁신시장이니 혁신지자체니 하는 것도 대부분은 환상에 지나지 않는다는 것이 후지와 그 밖의 지역을 돌면서 제가 느낀 겁니다.

하지만 그럼에도 불구하고 후지시민협을 중심으로 하는 공해반대운동은, 일본의 최강이자 최악의 자본 중 하나인 다이쇼와와 어찌어찌 호각을 이루고 있는 것이 현실입니다. 이것은 아마도 주민운동의 노력과 정신적인 고귀성이랄까요, 어느 쪽이 높은 것을 지향하는가 라는 의식이 항상 있기 때문이 아닐까 생각합니다. 특히 '혼자라도 끝까지 싸우겠다!'라는 소수의 사람이 모였을 때는 의외로 큰 결실을 이루는 실례가 후지뿐만 아니라 많이 있습니다. 그러니 이곳에서는 앞으로도 악전고투하면서 어떻게든 다이쇼와와 호각으로 투쟁을 이어가리라 저는 예상합니다. 또 그렇게라도 생각하지 않으면 혼자서 교수회에 싸움을 걸려고 할 때 좀 의기소침해져서(웃음소리), 그래! 후지의 운동이 있는 한 '나도 할 수 있다!'라고 믿는 거죠.

여러 신문의 기자들이 고다 씨에게 "후지시민협에는 대체 몇 명 정도가 있느냐?"고 물어요. 그 대답이 "한 명에서 3천 명 사이(웃음소리). 유사시에는 예컨대 의회의 강행이라도 있으면 3천 명이 모여들지만, 여느 때는 나 혼자 하고 또 이웃마을에서도 혼자 싸우는 사람이 있다. 어쨌든 적어도 한 사람은 있다."였다고 해요. 그의 대답에 다들 어안이 벙벙해지고 말았는데, 그런 황당한 운동이지만 일본 전국 각지와의 연대는 아주 잘 되어 있습니다. '후지시민협에서 왔다!'라고 하면 미나마타에서든 우스키(臼杵)에서든 혹은 기타큐슈에서든 어디서든 통용되는, 한 마디로 인정받는 존재다 이겁니다. 또 아시오구리광산 광독사건 이래의 역사적인 고찰에 대해서도 —그 중심이 되는 고다 씨의 개인적인 성격도 영향이 있겠지만— 상당히 유니크한 운동을 지속하고 있습니다.

저도 다소 이 후지의 운동에 관여한 적이 있습니다만, 그때 느낀 것은 '역시 이처럼 애초부터 소수의 운동으로 가면, 아무래도 이 활동은 목숨을 건 아슬아슬한 행동이 되거나 그렇지 않으면 아무 쓸모없는 것이 되겠구나'라는 거였습니다.

그 일례가 9월 20일에 후지에서 열렸던 청년노동자학생, 사실은 중핵파의 정치집회였어요. 저도 여기에 초대받아 갔는데, 가서야 비로소 중핵파의 정치집회라는 것을 알았습니다. 그렇다면 나도 할 말이 있겠구나 싶어서 서둘러서 원고를 만들었습니다. 요컨대 신좌익의 당파 공격을 한 셈인데, 물론 여러분이 상상하시는 것처럼 난리가 났습니다. 그때 말했던 것을 정리해서 수정한 것이 『현대의 눈(現代の眼)』 2월호에 실린 겁니다. 어민의 목숨을 건 투쟁에 비하면 전공투(全共鬪)나 반전(反

戰)은 훅 불면 날아갈 방귀 같은 것(웃음소리)이라는 것이 저의 결론입니다.

같은 날 일본과학자회의에서도 100명 정도 현지조사를 나왔습니다. 이 과학자회의가 올해 들어서 「후지 시의 오니 문제에 대한 대책안」이라는 것을 냈는데, 그것이 사실은 지난번에 말씀드린 혼슈제지 에도가와나 최근 사례로는 오지(王子)의 가스가이(春日井)공장의 폐수처리를 일단 모델로 해서 적어도 여기까지는 할 수 있겠다는 제안서를 제출한 겁니다.

그런데 혼슈제지 에도가와는 지난 시간에 이야기했듯이 1924년에 도쿄대학을 졸업한 기술자에 의해 설계된 겁니다. 그런 것을 모델로 한다면, 지금이 1970년이니까 거의 50년 전의 옛날 기술사상을 귀중한 모델로 삼는 것이 소위 '일본과학자회의'라면 이 역시 참 곤란하기 이를 데 없는 일입니다.

이런 발상에는 물을 가능한 한 합리화하고 자원을 가능한 한 사용하지 않고 아껴둔다는 발상이 과학자회의에는 전혀 없습니다. 그리고 발생원에서 처리한다는 발상도 없이, 무엇이든 섞어서 종합적으로 처리하면 큰 설비가 되고 비용이 낮아진다는, 덩치가 크면 무조건 좋다는 발상이 있을 뿐입니다. 이것이 얼마나 위험한 생각인지는 아마도 다음에 기술적 대책이라는 부분에서 더 자세하게 지적하겠지만, 아무래도 일본과학자회의는 지금으로서는 믿을 수가 없습니다.

후지카와화력이 다시 타오르다

그렇다면 앞으로 어떻게 될까요? 아마도 올해는 예상대로 전력이
부족해져서 도쿄전력의 압력이 한층 더 심해질 거라고 봅니다. 작년의
오니 소동 때, 도쿄전력은 이 정도로 일이 복잡해진다면 새로운 입지고
뭐고 무리일 거라고 기가와다(木川田) 사장이 말했습니다. 그런데 도쿄
전력 영업소에서는 그것은 사장의 외교적 언급일 뿐이고 자기들은 절
대 물러선 것이 아니라고 주장하고 있다고 하니, 올해는 후지카와화력
에 대한 추진이 강화될 겁니다. 그래서 다시 한 번 '전력은 누가 사용하
는가?'라는 근본적인 문제를 둘러싸고 후지시민들 사이에서 상당히 깊
이 있는 논의가 이뤄지지 않는다면, 이번에야말로 완벽하게 패배할 거
라고 예상합니다.

다만 작년에 있었던 몇 가지 활동 중에서 약간 플러스가 됐던 것
도 있는데, 하나는 도시와 마을 합병의 중지입니다. 처음에 공해에 반
대하는 세력이 강한 유이 초와 후지카와 초 —유이에는 새우잡이 어부
가 있고, 후지카와에는 도쿄전력의 화력발전이 생기면 연기를 뒤집어
쓰기만 하고 일절 도움 될 게 없다는 이유로 주부들 사이에서 반대의사
가 나왔는데— 일본 경금속을 가지고 고정자산세를 거둬들이는 우라하
라(浦原)와 세 개 마을을 합병시키려는 움직임이 있었는데, 이것이 아무
래도 파국으로 끝난 것 같아요.

대개 마을합병이 이뤄지면 공해가 심해지는 직접피해를 입지 않
는 다수파 주민에 의해 피해를 입는 소수파의 의견이 묵살당하기 쉽습
니다.

후지에서 명확히 드러난 또 한 가지 문제는, 현재 우리가 가지고 있는 기술의 한계입니다. 이것은 가쿠난배수로 같은 공장의 폐수방출을 그대로 방치했다가 다 모이면 한꺼번에 처리한다, 정리해서 관리한다, 혹은 바다로 방류한다는 수법이 실패에 봉착했다는 것은 하나의 성과입니다. 이에 대해 도시공학의 대학원 학생이 의문을 가졌고, 자기들이 아르바이트 삼아 번역했던 영어논문이 해중방류의 이론적 근거로 사용되었다는 사실도 알게 됐죠. 그런 것들로 인해 도쿄대 교수가 한 악행이 작년 여름부터 가을에 걸쳐 발각되었습니다. 하지만 스기키 교수는 여전히 수질심의회의 전문위원이고 도쿄대 교수인 만큼 여기에서 손을 놓을 수는 없습니다.

수질심의회가 제시한 공해대책은, 이른바 하수처리 기술의 응용으로 단순침전을 하면 SS는 70ppm 이하로는 내려가지 않습니다. 그러니까 70ppm을 가장 엄격한 수질기준으로 걸어두겠다는 이야긴데, 사실은 조금만 궁리하면 SS는 10ppm이나 20ppm 정도는 떨어트릴 수 있습니다. 이 사실을 설비를 해보니까 알게 되었다는 사례가 실제로 있습니다.

올해 7월에 COD나 BOD를 함유한 유기물 기준을 어떻게 정할 것인가가 결정되는데, 여기서 다시 도쿄대 교수 및 통산성과 후생성 그리고 건설 관료들이 어떤 식으로 답을 내놓을지 흥미롭습니다. 다만 그것이 나온 뒤에 따져봤자 때는 이미 늦기 때문에, 우리가 슬슬 선제공격에 나서보려고 합니다.

그러니까 이것은 스기키 교수뿐만 아니라 그 밖의 멤버에 대해서도 역시 지명수배는 필요하리라(웃음소리) 봅니다. 그리고 우리 세미나에 가능한 한 많은 사람들이 참여해서, 이 다고노우라와 관련이 있는 관리나 학식경험자가 과거에 어떤 나쁜 짓을 했는가를 철저히 밝혀내는 것은 후지의 주민운동에 결코 마이너스는 아닐 거라고 확신합니다.

그런 작은 노력들이 쌓이면 사실은 하나하나의 운동에 상당히 큰 도움이 되는데, 도쿄대 학생들은 절대 그런 일은 안 합니다. 상황에 대한 논의를 해서 후지의 개별투쟁에 관여하는 것은 전체 상황으로 보면 바보스럽다는 식이에요. 예를 들어 제가 하는 이번 공개강좌를 돕는 것조차 바보스럽다고 보는 것이 도쿄대학의 현실입니다. 그렇다고 불평만 하고 있을 수는 없잖겠어요? 이 공개강좌와 세미나의 성과를 가지고 반대로 학생들을 바로잡아 가겠다는 각오로 앞으로 돌진하려고 합니다.

우스키(臼杵)

지역산업·혁신동맹

시간이 좀 길어졌습니다만, 한 가지 더 우스키(臼杵)에 대해 간단히 보고하겠습니다.

우스키는 —이 역시 상당히 새로운 운동입니다만— 다이쇼 시대 운동으로의 회귀라고 해도 좋을 재미있는 장면이 있습니다. 여기에서는 그때까지의 마을 계층의 분해와 그 안에서 지자체란 무엇인가? 자치권력이란 무엇인가? 라는 논의가 다시 한 번 표면화되고 있습니다.

또 지역개발계획의 기본적인 사고방식이 대기업 의존형이냐, 아니면 지역주민의 권리를 가능한 한 신장시키는 방법이냐를 놓고 이론적 충돌이 일어나고 있다는 점에서 흥미롭습니다. 그것에 따라서 실제 계획이 달라지니까요.

이것도 사건으로는 비교적 최근의 일입니다. 재작년인 1969년 4월에 시장이 시멘트공장 유치를 발표했는데, 그것이 보조금 관계 등으로 일단 중단이 됐습니다. 그런데 9월이 되어 한 번 더 시멘트공장의 매립유치 계획이 나옵니다. 이때 매립하겠다는 연안어업 어장에 대한 어업권 포기를 어업조합의 총대회(總代会)[2]에서 결정한 것은 12월입니다. 그런데 이것은 총대회의 결정이지 총회가 결정한 게 아니라는 문제가 제기되면서 나중에 꽤 큰 다툼이 벌어집니다.

특히 매립지 바로 옆에 있는 가자나시(風成) 마을의 원양어업 어민은 가마이시(釜石)나 야이즈(焼津) 등 여기저기를 다니면서 공해가 얼마나 무서운가를 보아온 터입니다. 게다가 가자나시 마을 바로 뒤에 쓰쿠미(津久見)의 시멘트공장과 사이키(佐伯)의 시멘트공장이 있어서 그 분진의 실태를 봐왔습니다. 그러니 옆 마을에 그런 게 생기면 우리도 새하얗게 되고 말 것이라며 반대하죠.

그리고 시(市)의 지역산업인 식품가공공업, 특히 산토리의 공장과 간장·된장 공장이 있는데 여기에서 반대운동이 일어납니다. 그리고 지역산업인 간장·된장 공장의 경영자가 청년회의소의 리더이기도 해서 마스터플랜을 한 번 만든 적이 있습니다. 그 마스터플랜은 그다지 성공하지는 못했지만, 전혀 다른 요소인 시멘트공장이 온다는 겁니다. 그것이 오면 머리끝부터 분진을 새하얗게 뒤집어써야 할 텐데 반대할 밖에요. 이곳 우스키의 공해반대운동은 어민의 소수파와 지역사업 그리고 지역구노동조합을 중심으로 해서 점차 참여시민의 폭을 넓혀가는, 지금까지는 없었던 형태를 취하고 있습니다.

---

2   단체의 총회를 열기 어려울 때를 대비하여, 구성원 중에서 총대를 선출하고 조직함으로써 총회를 대신하도록 하기 위해 설치한 기관

4월에 〈우스키 시를 사랑하는 모임〉이라는 형태로 오이타(大分)합동신문에 전면광고를 합니다. 그런데 이때의 시의회 선거에서 공해문제와 공장유치는 쟁점으로 거론되지 않습니다. 이것은 유치 측에서 쟁점이 되는 것을 회피했던 건데, 이에 타격을 입고 유치파의 사회당 의장이 제명소동을 일으켜 결국 사회당은 분열합니다.

마침 오사카시멘트의 설명회가 이 무렵에 있었는데, 이 역시 주민이 들어보고는 한 결 같이 요령부득이라 왠지 모르게 공해가 걱정되는 거죠. 그래서 5월이 되어 시민회의라는 형태로 규모가 큰 조직을 만들어 〈시민보(市民報)〉를 냅니다.

이것은 아마도 일본의 공해반대운동 중에 나온 가장 멋진 전단이라고 생각합니다. 하나부터 열까지 다 직접 디자인했다고 하는데, 정말 여가를 잘 활용해서 진짜 즐기면서 만들었구나 하는 느낌이 드는 전단입니다. 그것을 세 장 묶음으로 신문에 끼워서 모든 시민에게 배포했다고 합니다. 그 이후에도 매일같이 예쁜 전단을 만들어서 신문에 끼워 배포합니다. 제가 9월경에 이곳을 방문했을 때 들은 이야기로는, 찬성파에서도 전단을 만들어 배포했는데 오히려 그것이 많은 도움이 되었다고 이곳 시민회의에서 말씀하시더군요. 양쪽의 의견을 이렇게 나란히 놓고 비교하면 어느 쪽이 정상인지 너무 잘 알 수 있거든요(웃음소리). 아무리 그래도 유치찬성파의 문장은 정말 말도 안 되게 엉망이라, 누가 저쪽에 가서 좀 도와주지 않겠냐는 이야기까지 진지하게 하더라니까요(웃음소리).

어쨌든 이렇게 유쾌한 부분들이 있어요. 또 '공해반대 피크닉'이란 걸 기획했다가 비가 와서 취소되자 음악회로 바꿨다고 하더군요(웃음소리).

그리고 일본 각지의 시멘트공장을 조사합니다. 특히 오사카시멘트라는 회사를 철저하게 조사합니다. '한 주 운동'도 최근 들어 했는데, 의원이나 시 관리들의 견학여행이 있다는 소식이 전해지면, 반드시 하루이틀 전에 가서 죽어라 공장을 청소하는 모습들을 사진으로 찍어둡니다. 그런 다음 그 사람들이 돌아가면 그사이 가둬둔 연기가 일제히 뿜어져 나오니까, 하루 이틀 후까지 기다렸다가 연기를 내뿜는 순간을 또 사진 찍습니다. 이 사례를 통해 상대 공장이 얼마나 외관만 신경 쓰는지를 명백히 알 수 있죠.

그렇게 해서 만든 슬라이드를 이번에는 컬러로 인쇄해서 —그런 돈을 어디에서 과연 내주는지 정말 궁금하긴 합니다만— 리콜운동의 안내서로 활용합니다. 모두 컬러 사진판으로 인쇄한 팸플릿이에요. 이런 시청각 교육의 응용이라는 점에서는 아까 말씀드렸던 미시마의 교훈을 살렸다고 할까요, 지금까지 있었던 운동의 모든 교훈을 활용하고 있는 운동이라 할 수 있습니다.

유니크한 시민운동

리콜운동 중에 배포된 여러 가지 전단 중에서 제게 가장 인상 깊게 남아있는 것은 —매일같이 전단들이 쏟아지고 있지만, 신문에 두세 장씩 끼워져 오는 이런 전단들이 매일 아침 누리는 재밉니다. 신문이 오면 일단 이렇게 잡고 한번 툴툴 털어서 (웃음소리) 떨어진 전단을 안고 화장실에서 신문을 보는 습관이 있는 사람이 있습니다. 전단을 안고 화장실로 들어가게 되었다는 이야기를 들은 적이 있어요— 10월 28일에 온 「기념도서관을 남깁니다」라는 전단입니다.

「지금 우스키에서 벌어지고 있는 시민운동은 아주 유니크한 운동입니다. 시민이 권리의식에 눈을 뜨고 진정한 의미에서 지자체에 시민이 참여하고자 하는 의미 있는 운동입니다. 주어진 민주주의가 이윽고 내 것으로 싹트기 시작했다고도 할 수 있습니다. 그런 만큼 저항도 많고 탄생의 고충을 맛보는 중입니다.

저희는 일본에서도 처음인 이번 경험을 기념하여 도서관을 만들고자 합니다. 자료는 영구보존합니다. 지금까지 만들어진 인쇄물은 그 양이 많습니다. 찬성, 반대 모두의 팸플릿도 훗날을 위해 보존할 것입니다.

지금까지 공해공장을 유치한 곳에서는, 유치할 때 유치에 찬성한 사람도 나중이 되어 자기도 반대했다고 말하는 것이 현실입니다. 공해로 정말 고통받는 것은 몇 년, 몇 십 년이 지난 후의 일입니다. 그때 자녀와 손자에게 현재의 상태를 정확하게 알려주기 위해서 정확한 자료를 갖추도록 할 것입니다」

하지만 실제로 운동은 그렇게 순조롭지 않았어요. 10월에 시장 리콜운동이 시작됐고 그것이 성사될 것 같으니까 시장이 사임을 합니다. 선거가 치러지고 다시는 시장을 안 하겠다고 했던 시장이 다시 입후보했다가 간신히 당선됩니다.

하나는 반대운동 쪽 후보가 열세였던 것도 있지만, 또 하나는 역시 이 정도로 철저하게 게릴라전을 펼쳐왔던 우스키의 시민운동이 가장 취약한 진지전, 선거라는 진지전에 휘말리게 된 게 아닐까요?

주민운동의 리더들은 다음 선거 때 —다음 선거는 올 8월인데— 그때는 주민운동, 공해반대운동이 향후 마을의 방향성에 전면 책임을 지는 형태, 이른바 자기책임의 후보를 세워서 다시 시장선거에 도전하겠노라 벼르고 있습니다. 이것은 시민회의의 의장인 고테가와(小手川) 씨의 이야기인데, 이 고테가와 씨의 언행록 중에는 아주 유쾌한 것들이 많습니다. 예를 들면 "조직이 없다는 데에 시민운동의 장점이 있다. 조직이 있으니까 실패한다."라는 말을 했다고 해요.

아라타 강처럼 기백이 깃들어 있는 운동

이제부터 오이타(大分)에서 열렸던 어느 시민회의의 공해반대시민조직의 발회식에서 있었던 일을 이야기하려고 합니다. 그때 고테가와 씨는 "다리 하나의 건설이 만일 거기에서 일하는 사람들의 의식을 풍요롭게 해주지 못한다면, 다리는 건설하지 않는 편이 좋다. 사람들은 다리를 내 것으로 삼지 않으면 안 된다. 이때 비로소 모든 것이 가능해진다."라는 유명한 파농(Franz Fanon)의 말을 인용한 인사를 해서 청중을 깜짝 놀라게 했습니다. 공해반대운동의 목표에 대해서도 "기업유치로 인해 마을이 일시적으로는 풍요로워질지 모르지만, 기업유치로 인해 우리의 의식은 풍요로워질 수 없다, 그러므로 반대한다"라는 취지의 이야기를 합니다.

이런 인구 4만이 될까 말까 한 작은 마을의 공해반대운동에서 프란츠 파농의 이름이 등장하는 것 자체도 상당히 놀랍습니다만, 지금까지의 모든 운동의 성과를 통틀어 탐욕적으로 운동을 추진하고자 한다는 점에서 이 우스키의 운동은 주목할 만합니다. 또 돈이 든다면 재산을 다 털어서라도 하겠다는 지역산업 경영자의 배짱도 상당합니다. 마침 아라타 강에서 볼 수 있었던 기백이 깃들어 있는 운동입니다.

현재 공사가 곧 시작되려 하고 있고, 측량이 4일 전(2월 11일)부터 시작됐는데 그것을 농성으로 저지하고 있는 상황입니다. 또 공사를 강행한다면 직접행동에 따른 저지도 불사하겠다는 입장입니다.

우스키에서 제기된 문제는 시(市) 주변부의 공해를 전혀 경험한 적이 없는 다수파와 피해를 입은 소수파와의 이해대립입니다. 선거로 따지면, 누구나 똑같이 행사하는 한 표로 다수파의 유치찬성이 이긴다는 겁니다. 그래서 나온 것이 과연 지자체 정책을 결정하는 데 다수결만이 답인가 하는 인식입니다. 이에 대해 아직 충분히 논의된 것은 없습니다.

그리고 지금까지의 과정에서도 볼 수 있듯이, 의회의 기능은 역시 마비되어 있다는 사실을 주민운동 측은 인정하고 있습니다. 특히 혁신이라고 칭하는 사회당에 대해서는 아예 상대도 하지 않아요. 공산당과 공명당에 대해서는 필요하면 연대하고 가능한 한 운동에 도움이 되도록 관계를 맺고 있습니다. 물론 지역구노동조합의 중심이 되는 사회당이기 때문에 사회당 전체를 부정하는 것은 아니지만, 지금처럼 중앙에서 파견 오는 식의 사회당은 운동에는 도움이 안 돼요.

지역산업의 주도하에 운동이 추진되고 있느냐 하면 그렇지도 않습니다. 이곳의 지역산업은 그동안 후지진(富士甚)과 훈도킨 그리고 우스키철공소 라는 이른바 '정치보스'라고 불리던 '3대 가문'이 말하는 대로 움직였기 때문에 결국 이렇게 된 게 아니냐는 반성을 지역산업의 경영자들이 스스로 하게 되었습니다. 그러므로 이 운동은 고테가와 씨도 말했듯이 절대 질 수 없는 오로지 이기는 것만을 생각하고 나아가지 않으면 안 되는 운동입니다. 특히 여기에서 제기된 몇 가지 새로운 문제에 대해 우리는 역시 플러스가 될 답을 내고 싶습니다.

시멘트공장과 지역산업 중 어느 쪽의 발전이 마을을 위한 것인가에 대한 답을 여기에서 제시하고 싶지만, 안타깝게도 우리가 지금 여기에서 뭘 해도 현지에서 진행 중인 농성에 별 도움이 안 될 거라는 것이 현실입니다. 우리도 하나하나의 운동에 좀처럼 진짜 필요한 시기에 필요한 응원을 할 수 없는 것이 현 실정입니다.

오늘은 욕심을 너무 부려서 여러 가지 이야기를 두서없이 했습니다만, 이쯤에서 가능하면 토론 혹은 의견이 있으신 분께 말씀을 청해 들었으면 합니다.

후지에 대해 지속적으로 조사해오고 계시는 곤도 씨께 추가적으로 해주실 말씀이 있으면 부탁드리고 싶습니다. 자, 이쪽으로 나와 주십시오. 무리한 부탁을 드려 죄송합니다.

스루가 만(駿河湾)의 오염조사 - 곤도 준코(近藤準子)

저는 우이 준 씨가 아까 비판하셨던 '한심하기 이를 데 없는' 학생들과 함께 후지에 대해 1년 가까이 공부해왔습니다. 우이 준 씨가 말씀하신 것과 크게 다르진 않지만, 구체적 사실을 들어 조금 보충하려고 합니다.

스루가 만의 오염지역이 있고, 그곳에 서식하는 물고기들이 그로 인해 어떻게 되었는지를 보여주는 것이 물고기 그림입니다.

우이 준 씨가 말씀하신 정도로 한심한 건 아니고 또 우이 준 씨와는 다른 장점이 있기에 ―그 점에 대해서는 양해를 부탁드립니다― 그 학생들과 함께 여름에 우리가 어부들에게 들었거나 종일 바다를 지켜보면서 20여 일 동안 합숙하며 정리한 것이 이 「공해의 현황」이라는 형태의 리포트입니다.

이 바다의 오염과 물고기의 죽어가는 모습을 보고 있으면, 먼저 수면 위로 그 진갈색의 더러운 물이 흘러들어 물고기들을 사정없이 죽입니다. 게다가 그 안에 있는 부유물이 이번에는 아래쪽으로 가라앉아서 ―바다란 원래 그 바닥이 상당히 울퉁불퉁해서― 제일 움푹 파인 곳에 쌓이게 됩니다. 바다 전체가 진흙탕으로 덮이진 않더라도 물고기는 죽습니다. 왜냐하면 물고기도 먹이를 찾기 위해 가장 움푹 파인 그곳에서 살고 있고, 바로 그곳으로 오염된 오니가 모여들기 때문입니다. 그러므로 아주 적은 양으로 물고기를 절멸시킬 수 있습니다.

스루가 만의 바다는 상당히 깊습니다. 금방 1천 미터, 2천 미터가 되는데 현의 사람들과 같이 재판의 증거보전을 위해 갑니다. 그런데 한 가운데 물을 떠보면 아주 깨끗하니까 물고기는 살 수 있다고 보는 거예요. 하지만 바다 밑바닥의 먹이가 제일 많은 곳과 물 표면의 산소와 빛이 들어가는 곳, 이 두 곳을 오염수가 뒤덮으니 몇 천 미터 깊이에 깨끗한 물이 있더라도 전혀 관계가 없습니다.

그런 형태로 지금 스루가 만의 물고기가 거의 절멸에 가까워진 실정입니다. 이 스루가 만의 오염을 생각해볼 때, 다고노우라에서 나온 오염물에 의한 오염의 양은 SS라는 섬유물질, 물에 녹지 않는 물질로 치면 대충 93%를 점유하고 있어요. 가노 강(狩野川)도 상당히 더러운 강이지만 그래도 3% 정도에 불과합니다. 대부분이 다고노우라에서 나온 것으로 더러워졌다는 걸 알 수 있었습니다.

게다가 다고노우라를 누가 더럽히고 있는가? 아까도 말씀드렸지만 현은 오래도록 중소기업 때문이라고 말해왔습니다. 그것을 규제하면 중소기업은 망하기 때문에 곤란하다는 식으로 말해왔지만, 이것은 대학원 학생이 3월에 아주 열정적으로 조사한 결과 부유물질의 최소 50%는 네 곳의 제지회사가 배출하는 오염물이고, 나머지 50%를 150개 회사가 차지한다는 것을 밝혀냈습니다. 그중 다이쇼와는 50% 중에서가 아니라 전체의 30%를 점유하고 있습니다. 근데 이건 부유물질이 그렇다는 얘기고, 실제 유기물 전량으로 계산하면 다이쇼와는 전체의 40%가 되는 오염물을 점유합니다. 저희는 지금으로서는 독성물질의 분석은 할 수 없어서 잘 모르지만, 독성물질로 계산하면 아마도 훨씬 크지 않을까 생각합니다.

현에서 했던 말들이 이상하다는 걸 알게 된 거죠. 거기에 사는 사람들은 항상 다이쇼와가 오염시키고 있다고들 생각은 하지만, 실상이 그렇다고 말해도 전혀 들은 체를 하지 않아요. 자신들은 몇 년에 걸쳐 현에서 지원하는 돈과 인재를 이용해 조사했으면서 그런 것에 시치미를 떼고 있었던 겁니다. 저희가 어쨌든 조사를 해서 그에 맞설 자료를 내지 못하면 그들의 주장은 물러서지 않습니다. 이상하게 아직까지 현은 어느 공장이 어느 정도의 오염물을 방류하는지 말해주지 않습니다. 아무리 물어봐도 대답을 안 해요.

매일 총 900톤의 종이 찌꺼기가 나온다는 것은 우리가 조사한 것과 완전히 똑같은데, 그 비율은 현이 조사하면 전혀 다르게 나온단 말입니다. 다이쇼와의 기여가 아주 낮게 나와요. 우리가 조사한 것의 절반 이하 정도밖에 안 돼요. 그게 어떻게 해서 그렇게 나오는지 잘 모르겠지만, 어쨌든 그런 조작을 여전히 계속하고 있습니다.

작년 여름, 수많은 사람의 원성에 못 이겨 다이쇼와는 조업을 20% 단축하기로 결정했습니다. 그러자 작년 가을에 현과 통산성이 조사했는데 확실히 25%가 줄었다는 겁니다. 그런데 어이없게도 기업의 신청을 받아서 현이 조사한 겁니다(웃음소리). 또 통산성은 강을 조사했다고 하는데 25%를 기업이 아주 잘 지키고 있다는 거예요.

그렇다면 우리도 조사해보자 해서 조사를 했어요. 그리고 그 결과를 8월과의 비교는 좀 하기가 어려워서 3월과 비교했더니 하나도 달라진 게 없는 겁니다.

대체 뭘 어떻게 했을까요? 혼슈제지라는 상당히 큰 규모의 공장인데 거기는 물의 양을 제법 많이 증가시키고 있어요. 곧잘 하는 수법인데, 농도는 낮아졌지만 물의 양은 증가하는 겁니다. 그러니까 오염물의 총량도 비율로 따지면 10% 정도 줄긴 했지만 사실상 달라진 건 거의 없습니다.

다이쇼와는 어떻게 했느냐? 여기도 SS의 양은 안 줄었어요. 유기물은 줄었지만 대신에 그것을 처리하겠다며 추가한 석탄이 글쎄 끈적끈적한 점토처럼 돼서 강으로 시커멓게 흘러나오는 겁니다.

그런 식으로 처리했노라 하면서 형식적으로만 장치를 설치할 뿐, 성의라곤 하나도 없이 처리하니 오히려 SS를 증가시키는 그런 공장이 생기는 겁니다. 그래서 결과적으로 SS는 전혀 줄지 않았죠.

그리고 다이코(大興)제지라는 회사는 확실히 SS만큼은 감소했습니다. 딱 20% 감소했어요. 그런데 다른 유기물은 오히려 증가했죠. 또 고아(興亞)공업이라는 회사는 어떻게 된 건지 지금까지 자기 회사 배수로를 통해 강으로 직접 배출하던 것을 가쿠난배수로 안으로 배출하는 겁니다. 그 때문에 고아의 폐수가 어느 것인지 알 수 없게 돼버린 거죠.

그런 상황이라 결국 20% 조업을 단축했다는 것도 —현이나 통산성은 그럴듯하게 말합니다— 저희가 한 조사결과로 봐서는 전혀 믿을 수가 없습니다. 현과 통산성은 이러이러한 조사를 하는구나 라고 알게 된 것은, 이전에 재판하면서 '증거보전'이라는 것을 했을 때예요.

증거보전이 무엇이냐면, 지금 후지 시의 시민협이 기업과 현을 고발해서 재판에서 싸우고 있는데, 그때 재판에서 한참 논의가 진행 중일 때는 지금처럼 심각한 상태가 사라져버려서 이대로 결론도 없이 끝낼 수는 없다고 생각했죠. 그래서 어떤 폐수를 방출하고 있는가를 증거로 제시하는 절차가 재판관 입회하에서 시행되었고 저는 그때 감정인으로 참석했습니다.

전날 재판소가 기업에 통지를 했던 모양입니다. 당일 현장에 가보고 깜짝 놀랐습니다. 평소에는 진갈색의 물이 흘러나오고 거기에 거품이 잔뜩 차 있던 것이 글쎄 하얀 물이 졸졸졸 흐르고 있지 뭡니까(웃음소리). 갈색 물이 흐르던 곳은 대개 노란색 정도가 됩니다. 이런 물을 분석해봐야 뭘 하겠나 싶어서, 처음에는 화를 못 참고 '이런 식으로는 분석할 수 없다!'라고 분통을 터트렸습니다. 그런데 가만 생각해보니 이것도 역시 어떤 데이터가 될지도 모르겠더라고요. 그래서 일단 그 물을 가져와 분석했습니다. 지금 후지에서 전단이 배포되고 있습니다. 현과 통산성이 조사할 때 기업은 이러이러한 일을 한다는 데이터를 정리한 겁니다. 혼슈 같은 데는 거의 달라진 게 없습니다. 한 10% 정도 줄었을까 말까 한 정도예요. 그런데 다이쇼와가 관련된 곳은 10%나 20% 정도밖에 안 나옵니다. 다갈색 물이 하얗게 됐다는 것은 보통의 10% 정도밖에 안 나온다는 말입니다.

결국 '현과 통산성이 하는 조사는 이런 것이다!'라는 좋은 공부를 한 셈이죠. 앞으로 저희는 이런 것들을 일단 잘 이용해서 정보선전에 유용하게 쓸 생각입니다.

한 가지 더, 다고노우라의 오염 중에 제지공장의 폐수가 점유하는 비율이 크다는 사실은 보통의 머리가 있는 사람이라면 다 그렇게 생각할 테지만, 아까 우이 준 씨가 말했듯이 현과 기업이 한 덩어리가 돼서 도시하수와 방죽의 토사가 어쩌니저쩌니 헛소릴 하고 있습니다. 저희는 그런 건 딱히 조사하지 않아도 된다고 생각했는데, 기업이 조업을 전혀 하지 않을 때는 물 상태가 과연 어떤지 보기 위해 정월 연휴인 1월 2일에 가서 조사분석을 했습니다.

그랬더니 정말 놀랍게도 그 진갈색의 바다가 새파랗게 되어 있지 뭡니까. 단 하루 만에 그렇게 된 겁니다. 그만큼 물의 양이 풍부하다는 거죠. 매일 260만 톤 나오는 물의 양을, 365일 중 이틀간의 휴무를 뺀 363일 동안 기업이 더럽히고 있는 겁니다.

우리는 그 데이터와 인구가 어느 정도인가 등 몇 가지 결과를 가지고 계산해 봤습니다. 가정하수가 오염에 미치는 영향은 기껏해야 1%가 안 됩니다. 아니, 사사오입하면 0이 되지 않을까 싶을 정도로 미미합니다. 그리고 방죽의 토사도 5% 정도밖에 안 돼요.

정말 용서할 수 없는 건 현은 다 알고 있다는 겁니다. 저 강 인근에는 몇 명의 인구가 살고 있고, 그 몇 명분의 하수가 강으로 흘러나오는지 알고 있겠죠. 그것만 계산하더라도 —굳이 정월에 나가서 조사하지 않더라도— 가정하수의 기여는 0.5% 정도밖에 안 된다는 것은 쉽게 알 수 있습니다. 그런데도 아니라고 잡아뗀 겁니다, 우리가 조사하기 전까지. 저는 BOD가 몇이고 SS가 몇인지를 굳이 복잡하고 어렵게 조사할 필요는 없다고 생각합니다.

주민들이 이 물은 나쁘다거나 물에서 고약한 냄새가 난다고 말만 하면 충분하다고 생각합니다. 그런데 저쪽에서 데이터 같은 것을 들이밀면서 뭐라고 하니까, 그것을 깨기 위해 우리도 모든 힘을 기울이지 않으면 안 됩니다. 그걸 위해 또 학문이란 걸 하고 조사를 해야 하는 상황인 거죠. 일단 현이 '과학적'인 수단이라고 할까요, '과학적'인 용어를 써가면서 우리를 속이려 드는 겁니다.

어쨌든 후지의 현과 기업들이 하루하루 취하는 대응을 보고 있으면, 어쩐지 원수를 갚아야겠다! 더는 물러설 수 없다! 그런 기분이 차츰 듭니다.

아까 우이 준 씨가 하신 이야기 중에 잠깐 나온 걸로 아는데, SS의 기준을 70으로 정했을 때 참여한 스기키 교수나 이와이 씨는 물의 전문가입니다. 그런 그들이 이것이 기술의 한계라는 식으로 말하면서 우리를 속이려고 들어요. 그런데 실제로 장치가 들어오고 보니 10이 되잖아요.

오늘은 우이 준 씨랑 상의해서 일단 수질심의회 위원에게 항의문을 내려고 합니다. 전혀 알지도 못하면서 말했는가? 알지도 못하면서 말했다면, 공장폐수처리에 대해 무지한 사람이 그런 기준을 정하는 것 자체가 자고로 무책임한 짓이고, 만일 알면서도 우리를 속인 거라면 이것은 전문가라는 이름으로 사기를 친 것이 아니면 무엇인가? 어쨌든 즉각 물러나라! 누가 됐든 즉각 사퇴하라! (웃음소리) 이것이 저희가 하고 싶은 말입니다.

7월 1일에 BOD와 COD의 규제를 정한다고 하니, 그 전에 수질심의회 멤버를 하나가 됐든 둘이 됐든 일단 물리치고 보자는 각오로 밀고 나갈 계획입니다.

그리고 물의 문제를 다루면서 물로 규제하면, 상대방은 물로 나오는 물질을 이번에는 대기로 흘려보낼 겁니다. 그러면 아무래도 대기오염과 수질오염 양쪽에서 목을 조여 가야지, 안 그러면 좀처럼 나자빠지지 않을 겁니다(웃음소리). 그래서 앞으로는 대기오염에 대해서도 함께 조사하면서 가을의 후지카와화력에 맞서서 열심히 투쟁해 나갈 생각입니다.

만일 함께 참여해주실 분이 계신다면 잘 부탁드리겠습니다. (박수)

우이 준

정말 수고 많으셨습니다. 제가 간혹 학생 여러분을 한심하다느니 멍청이라느니 말은 합니다만, 이 도면은 모두 학생 여러분이 그려주신 겁니다. 이 정도까지는 잘하고 있어요(웃음소리). 문제는 오히려 여기에서 앞으로 나가는 것이 얼마나 어려운 일인가 하는 것은, 방금 곤도 씨의 이야기를 들으면서 어느 정도는 아셨으리라 생각합니다. 이럴 때 절실히 느끼는 것은 현의 관리들도 앞으로 하나가 돼서 같이 하자는 겁니다. 현의 토목과 부장 같은 사람은 "어이, 스기키! 어이, 우이!"라고 할 정도의 선배라고 해요. 여기서 또다시 도쿄대학 이야기를 안 할 수 없는데, 어쨌든 그런 벽을 허무는 작업의 일환으로도 이 공개강좌와 세미나를 가능한 한 추진했으면 하는 바람입니다. 그래서 사례연구에 미시마·누마즈를 꼭 넣어주시길 바라고, 이것은 과거의 문제지만 현재 진행 중인 일에도 흥미가 있으신 분은 다고노우라도 포함시켜 주세요. 대충 한 지역에 한두 분 정도면 좋을 것 같습니다. 사람 수가 너무 많으면 서로 분담한다고 하면서 결국 아무도 안 하는 경우가 종종 있거든요.

후지의 조사가 약점투성이였던 것도 사실은 그 때문이기도 했습니다. 누군가 하겠거니 하다가 결국 아무도 안 하고, 결국 곤도 씨 혼자 끙끙거리며 힘들게 하는 것이 학생운동의 결말이에요. 그러니까 여러분이 그룹을 짜서 무슨 일을 할 때는 가능한 한 한두 사람, 많아도 세 사람을 넘지 않도록 하는 게 좋습니다. 적어도 상대방에게 맡겨놓고 도망가지 못할 정도의 그룹으로 사례연구를 할 수 있도록 진행하시기 바랍니다.

제12회

1971년 3월 16일

기술적 대책

기술적 대책은 뒷북이다

사실 도시공학 박사과정의 대학원 진학에 대해 명백한 차별행위, 사상에 의한 선별이 있었습니다. 그 때문에 단체교섭이 어제 낮과 오늘 낮, 그리고 아마 내일 하루 더 걸릴 것 같은데, 어쨌든 거기에 다녀왔는데 회의가 다소 위태위태해서 이곳에 오는 시간이 늦어지고 말았습니다. 사과의 말씀 드립니다.

서둘러 오늘의 테마인 기술적 대책에 관해 이야기를 시작하도록 하겠습니다. 그런데 이 기술적 대책이란 세부적으로 이야기하면, 도쿄대학의 위생공학과에서 2년 정도 걸려 상수도 기술, 하수도 기술, 공장폐수처리기술 혹은 수질오염방지 등 여러 가지 간판만 바꿔서 대여섯 명의 교수들이 학생을 대상으로 강의하는 내용입니다. 그것을 다 말하기는 도저히 불가능하므로 오늘은 학교에서 주로 가르치지 않는 것, 도쿄대학에서는 안 가르치는 것, 그럼에도 이것이 가장 중요하다 싶은 것을 선발해서 이야기하겠습니다.

그 이외의 것은 솔직히 말해서 대학 교수가 쓴 적당한 핸드북 — 가령 「용배수편람」이나 「공장폐수와 그 처리」와 같은 핸드북을 읽으면 강의와 똑같은 내용이 실려 있습니다. 일부러 특정한 시간에 무리해서 대학까지 와서 강의를 들을 필요가 없는 부분을 대학에서 가르치고 있고, 그 근본이 되는 부분은 전혀 이야기하지 않는 바로 그 부분을 오늘 이야기하려고 합니다.

먼저 기술적 대책의 특징은, 공해문제가 발생했을 때 비로소 그 부분적 해결로써 고려되는 것이 대부분입니다. 그리고 종종 완전한 공해대책이라고 말들 하지만, 완전한 기술적 해결은 대부분이 지극히 어렵습니다. 실제로 폐수처리 기술을 최근 7년여 동안 연구하고 있는 제 자신이 원리적으로 불가능하다고 해도 무방하다고 통감하고 있습니다.

왜일까요? 첫째는 일본의 대책기술 수준이 아주 낮기 때문입니다. 문제가 발생한 후에야 그것을 쫓아가느라 버둥대니까요. 물론 문제를 미리 예방하는 것은 쉬운 일이 아닙니다. 게다가 도쿄의 옛날 지사가 '행정의 근본은 도로와 가옥' 그리고 또 하나가 뭐였죠? '수도, 하수. 그 밖의 것은 나중 일이다'는 식의 유명한 말을 남겼죠. 폐기물을 처리하는 것은 항상 제일 천한 일이고 더러운 인간에게 맡겨두면 되는 일 정도로 생각하는 사고방식이 일본의 행정 문화에 오래전부터 있었습니다.

그러다 1947년, 일본이 전쟁에 패한 이후 미국에서 교육시찰단이라는 아주 친절한 조사단이 들어옵니다. 와서 일본의 대학교육을 쭈욱 조사하고 다닌 적이 있어요. 그때의 결론은 일본의 공학부에 미국에는 있고 일본에는 없는 학과가 두 개 있다는 거였습니다. 하나는 화학공학으로, 이른바 실험실에서 이끌어낸 결과를 어떻게 실제 플랜트로 옮겨 실행할까라는 설계의 학문입니다. 또 하나는 위생공학이에요. 수도, 하수, 오물, 산업폐기물 같은 것의 처리를 연구하는 공학이죠. 이 두 학과가 일본에는 없다, 따라서 서둘러 미국을 모방해서 이 두 학과를 공학부에 만들도록 하라고 권고합니다.

그래서 화학공학은 그 후 51, 2년경부터 속속 각 대학 공학부에 설치되는데, 아마도 공학부가 있는 대학이라면 상당수의 학교에서 이 과를 만들었을 겁니다. 여러분도 화학공학과 혹은 화학공학 전공코스라는 것이 있다는 걸 많이들 알고 계실 겁니다. 하지만 위생공학은 그보다 훨씬 늦게 생겼습니다. 현재 있는 곳은 교토대학, 홋카이도대학 그리고 도쿄대학에 도시공학과라는 도시계획과 합병한 형태의 학과, 이렇게 세 개가 있을 뿐입니다.

더구나 공업고등학교나 고등전문학교, 사립대의 공학부 그런 곳에서 위생공학과라는 이름이 들어간 곳이 어쩌다 하나씩 생기고 있지만, 내용은 대부분 상하수의 배관공사 기술 정도에 그치고 있습니다.

수입기술로는 때를 놓칠 수도

이 강좌에서 여러 차례 여러분께 말씀드렸듯이, 공해라는 것은 각 나라의 아주 복잡한 요인들이 얽혀서 발생하는 문제이기 때문에 기술적인 대책도 수입은 효과가 없습니다. 게다가 안타깝게도 일본은 세계에서도 최선진국이라 더더욱 후진국에서 수입해온 기술이 먹힐 리가 없다는 겁니다.

그런데 지금까지 우리가 학교에서 배운 처리기술이나 공해대책 기술은 모두 외국에서 수입해온 것들입니다. 그러니까 당연히 공해문제에 관한 기술이 제대로 대응할 수 있는 부분이 지극히 적을 수밖에요. 지금부터 주로 수질오염 문제에 관해 이야기할 텐데, 우리가 가진 기술로는 지금 문제시되고 있는 것 중 50% 내지는 60%에 간신히 대처할 정도가 아닐까 예상하고 있습니다. 이건 지금 우리가 가진 모든 것을 최대한 합한 기술을 사용했을 때 50~60%라는 말이고, 지금은 물론 10%도 제대로 하지 못하고 있다는 것을 전제로 하는 이야깁니다.

어쨌든 저는 폐수처리 기술자니까, 지금부터 주로 물을 소재로 해서 어떻게 하면 공해를 억제할까에 대해 이야기하겠습니다. 먼저 공해라는 것에는 반드시 발생원이 있습니다. 그 발생원을 파헤쳐서 거기에서 처리하는 것이 가장 합리적이라는 사고방식을 기본으로 하는 것이 상식입니다. 하지만 지금까지의 일본 위생공학에서는 발생원은 가능한한 안 건드립니다. 오히려 어떻게 해서 빨리 오염농도를 낮출까 하는 희석기술에 중점을 두었다는 사실을 먼저 알아두시길 바랍니다.

실제로 저도 어느 공장폐수를 가져와서 이곳의 공해를 어떻게 좀 해달라는 요청을 종종 받습니다. 이 요청에 대해 가능한 한 제대로 된 대답을 하려고 노력하고 있습니다만, 그때 어떤 순서로 접근해야 할지를 먼저 이야기합니다.

무엇보다 첫째 ―이것은 지극히 당연한 이야기일지 모르지만― 그러한 공업이 과연 필요한지 아닌지, 그런 공정이 과연 필요한지 아닌지를 검토해야 하는 경우가 최근 늘고 있습니다. 그들의 공정에서 나오는 폐기물이 처리가능한지, 처리가 너무 어렵거나 하물며 조금이라도 외부로 흘러나가면 엄청난 피해를 입힐 수 있는 물질, 예컨대 메틸수은이나 카드뮴 같은 물질일 경우에는 최선의 대답은 그것을 사용하지 않는 것입니다.

물론 그것이 가능하다면 어려울 게 뭐 있겠느냐고 여러분은 말씀하실지 모르겠지만, 현재 카드뮴이 이 정도로 사회적 문제가 되고 보니까, 지금까지 게나 고동이나 카드뮴 도금을 하면 큰돈을 벌 수 있다고 난리였는데 지금은 카드뮴 도금의 용도가 극히 소수로 한정되었습니다. 아직 남아있는 예는 항공기, 특히 군용기의 나사 도금은 여전히 카드뮴 도금을 쓰고 있지만, 그 밖의 내식(耐蝕)도금은 크롬이나 아연 같은 다른 물질로 대체되고 있습니다.

아니면 어제 이야기했던 수은의 경우도 마찬가집니다. 스웨덴에서 수은이 아주 심각한 문제가 됐을 때, 농약으로 수은을 사용하지 않는다거나 펄프공장에서 곰팡이 예방을 위해 수은 이외의 약제를 사용한다거나 혹은 전해소다의 수은법까지, 도대체 이 이상 만들어도 되느냐? 현재 있는 설비를 반대로 수은을 사용하지 않는 쪽으로 전환해야 하는 게 아니냐? 라는 등의 논의까지 이뤄지고 있는 실정입니다.

이런 논의는 솔직히 기업 내부에서는 불가능합니다. 하지만 사회 전체를 돌아보았을 때, 예를 들면 '이런 식으로 제품을 만들어서 과연 수지가 맞겠는가?'라는 논의가 되는 경우도 종종 있으리라 생각합니다.

그중 하나로 도요(東洋)에틸에서 문제가 됐던 에틸납은 시장예측이 불리하게 나와서 4에틸납의 국내생산을 중지한 사례가 있습니다.

따라서 본질적으로는 역시 그런 공정이 과연 필요한가? 그 공정을 다른 방법으로는 과연 대체할 수 없는가? 에 대해 생각할 문제라는 겁니다. 물론 이런 문제는 경영자가 생각해야 할 문제이긴 하지만, 대부분이 우리도 함께 참여해서 생각해야 할 문제입니다. 안타깝게도 경영자에게만 맡겨둬서는 너무나 위험한 것이 현재 상황이거든요.

물을 너무 낭비하는 게 아닐까?

제2단계는 공업용수나 생활용수는 과연 충분한지, 또 너무 낭비하고 있는 건 아닌지 등의 의문을 가져야 합니다.

이에 대해서 최근 아주 재미있는 연구결과가 나왔습니다. 별개의 도표는 도시공학의 시마즈(島津)라는 대학원 학생의 석사논문입니다. 일본의 모든 공업을 대상으로 하여 각 공장이 생산하는 제품으로 각각의 공장이 사용하고 있는 물의 양을 나눕니다. 제품 1단위당 어느 정도의 물을 사용하는지, 즉 물의 원단위(原單位)[1]를 계산해서 그 원단위가 특정 업종에서 어떤 확장을 보이고 있는지, 어떤 형태의 분포를 나타내는지를 통계적으로 나타낸 것입니다. 이에 대해서 약간의 설명을 해야 할 것 같네요.

종이펄프 가공설비, 종이펄프 가공품제조업에서의 원단위 도수

1 　한 개 또는 일정량의 제품을 만드는 데 필요한 원재료의 양을 말한다.

분포는 크게 생각해서 대개 이런 식으로 분포하고 있습니다. 이 옆에 제품 1톤당 사용하는 물의 양인 용량세제곱미터 혹은 제품은 비싼 것도 있고 싼 것도 있으므로 '톤당 무게'로 계산하는 것은 불공평하다고 보았습니다. 그래서 시마즈 군은 톤 대신에 '제품의 생산액 1억 엔 당의 물의 사용량' 혹은 '공장의 토지면적당 물의 사용량' '공장의 종업원수당 물의 사용량' 등등 여러 가지를 조사해보았습니다. 그중 한 사례로 이것은 종이펄프 가공업과 철강업에서의 원단위 도수분포를 그린 것입니다.

그런데 이 그림을 어떻게 읽어야 하느냐면, 가령 여기에 '10'이라고 적혀있습니다. 그리고 이 10에서 공장 수를 나타내는 선으로 올라가면 대략 30 정도네요. 이것은 제품 1억 엔당 매일 10톤의 물을 사용하는 공장이 일본 전국에 30곳 정도가 있다고 이해하면 됩니다. 물을 전혀 사용하지 않는 곳은 거의 찾아볼 수 없으므로, 사용량 '0'인 곳은 공장수도 '0'이 되어야 맞지만, 물론 경우에 따라서는 전혀 물을 사용하지 않는 공장이 있어서 '0'인 곳에 유한의 숫자가 나오는 경우도 있습니다.

그리고 이것이 이렇게 상당히 넓게 분포하고 있다는 것은 물을 많이 사용하고 있는 공장도 있는가 하면 조금밖에 사용하지 않는 공장도 있다는 의밉니다.

처음에 시마즈 군은 이런 그래프를 그려보고, 지나치게 물을 많이 사용하는 공장이 있다는 것에 놀랐다고 합니다. 이것은 가로축이 너무 길게 차지하고 있죠. 10톤, 20톤이라는 척도를 취하고 있는데 이번에는 척도를 100톤으로 바꿔보면 어떻게 되는가를 〈그림 2〉로 나타냈습니다.

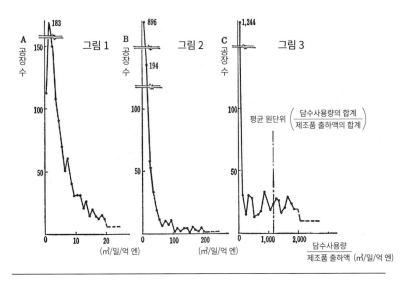

도표 12 | 종이펄프 종이가공품 제조업에서의 원단위 도수분포 (순서별)

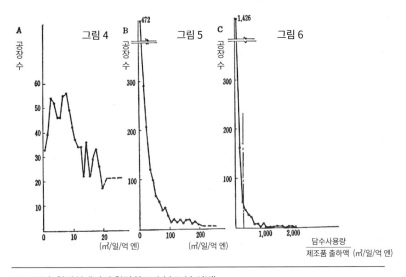

도표 13 | 철강업에서의 원단위 도수분포 (순서별)

그런데 그래프의 모양은 전혀 바뀌지 않습니다. 이 〈그림 2〉는 〈그림 1〉을 10분의 1로 가로축을 축소한 것과 같은 모양샌데 전혀 변하지 않았습니다. 그렇다면 이번에는 1천 톤 단위로 하면 어떨까요(그림 3)? 여기서도 역시 여전히 이렇게 물을 펑펑 사용하는 공장이 존재합니다.

만일 이것이 비슷한 종류의 공장에서 같은 제품량 당 같은 양의 물을 사용한다, 즉 원료로서의 물 사용을 같은 비율로 하고 있다면 그래프는 당연히 바뀌어야 합니다. 대개 표준의 원단위라는 것이 있습니다. 기술이 좀 떨어지는 공장은 그보다 많은 원료를 사용하고, 그보다 다소 우수한 공장은 물을 적게 사용할 거라고 처음에는 저희도 그렇고 시마즈 군도 생각했습니다. 그런데 사실은 공장용수 통계의 원표를, 전자계산기로 모든 수치를 계산해본 결과가 이렇게 나온 것을 보고, 이런 표준 원단위에 상당하는 평균치가 전혀 안 나온다는 것을 알았습니다.

그래도 백 보 양보해서 이른바 통산성에서 사용하는 평균 원단위, 즉 '이런 종류의 공장은 이 정도 물을 사용하므로 새로운 지역개발을 할 때는 이만큼의 용수를 준비해두라'라고 하는 수치를 보면, 여기 중간쯤에 오는 1억 엔당 1,200톤 정도의 숫자가 됩니다(그림 3의 세로선). 이것을 봐도 알 수 있듯이 어떤 공장은 1억 엔당 1톤 밖에 안 씁니다. 가장 많은 것이 5톤 정도하고 2톤에서 3톤 정도 쓰는 곳이죠. 하지만 많은 곳은 2천 톤도 넘게 물을 씁니다.

이것을 보면서 우리가 당연히 이상하게 생각하는 것은, 예컨대 종이제작과 관련된 같은 업종이라도 휴지 만드는 소규모 공장에서 다이쇼와제지 같은 큰 펄프공장까지 모두 포함되는데, 이것을 한 무리로 뭉

뭉그려서 이렇게 '몇 톤 쓰는 공장이 몇 곳이다'라는 식으로 계산해도, 업종이 실제로는 폭이 너무 넓고 달라서 말이 안 되는 게 아닌가 하는 생각이 들었습니다.

　종이공업에서의 그 문제는 일단 차치하고, 다음은 철강업을 대상으로 같은 작업을 해봤습니다. 그랬더니 역시 작은 공장은 5톤 정도밖에 사용하지 않고 많은 곳은 1, 2천 톤도 사용한다는 결과가 나왔습니다(그림4, 5, 6 참조).

　이럴 때는 대체 평균을 무엇으로 잡을지, 새로운 제철공장이나 펄프공장을 유치할 때 어느 정도의 물을 준비해야 좋을지 그런 평균 원단위를 정하는 게 일반적으로 불가능해요. 그런데 통산성의 경우는 이런 식으로 해서 만든 평균 원단위, 즉 이런 식으로 훨씬 오른쪽으로 치우치는 분포를 토대로 엄청 많은 물을 준비해야만 하는 상황을 유지하고 있습니다. 통산성의 현재 지역개발계획을 그대로 받아들이면 상당히 많은 물을 준비해야 합니다. 바꿔 말하면 기업이 물을 많이 사용하도록 장려하고 있는 거나 마찬가지라는 것을 이 연구결과에서 알 수 있습니다.

　그렇다면 이번에는 같은 방식의 해석을 화학공업의 경우를 통해 보겠습니다.

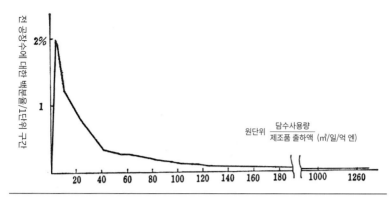

도표 14 | 화학공업에서의 원단위 도수분포(공장수: 1900)

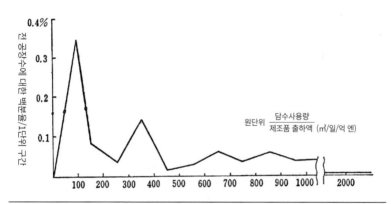

도표 15 | 소다공업에서의 원단위 도수분포(공장수: 27)

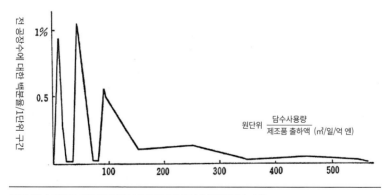

도표 16 | 평로(平爐)제조업에서의 원단위 도수분포(공장수:16)

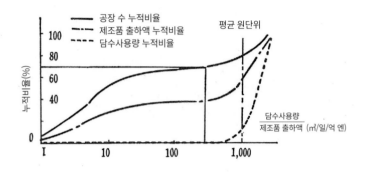

도표 17 | 종이펄프 종이가공품 제조업의 누적비율곡선

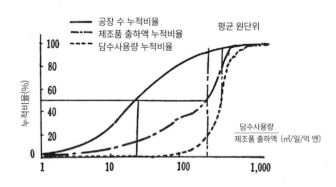

도표 18 | 철강업의 누적비율곡선

소다공업은 화학공업 중에서도 비교적 업종이 정리된 편입니다. 도요소다(東洋曹達)에서도 니혼소다(日本曹達)에서도 탄산소다나 가성소다를 만든다는 점에서는 공통의 업종이지만, 그런 공장만 간추린다면 온갖 다양한 것들이 해당되기 때문에 ─화학공장이라고 하면 극단적인 경우 립스틱 만드는 공장에서부터 석유화학 콤비나트까지 다 포함할 수 있어요─ 물의 사용량이 전혀 다를 것은 뻔하지 않겠느냐는 의문이 제기되기는 마찬가집니다. 그래서 그중에서 가장 비슷한 종류로 잘 정리된 것이 무엇인가? 그래, 소다공업만을 선정해서 조사하면 되겠구나! 그래서 나온 것이 〈도표 14〉와 〈도표 15〉입니다. 여기에서도 좀처럼 분포의 범위가 좁혀지지 않습니다. 다소 작아지긴 했지만 100톤의 공장도 있는가 하면 2천 톤의 공장도 있죠. 여전히 많은 곳과 적은 곳이 있습니다.

통산성의 공업통계에서 공업을 분류하는 방법은 우선 화학공업이나 철강, 기계, 섬유와 같이 '대분류'가 있는데, 그것을 기준으로 하면 하나의 분류에 하나부터 열까지 다 들어오기 때문에 그것을 다시 비교적 비슷한 것들끼리 모은 '중분류'로 분류합니다. 그래도 예를 들어 '섬유(대분류)' 중에서 '염색가공'만을 골라놓고 보면, 그 안에도 수건을 소량으로 염색하는 곳이 있는가 하면 어마어마하게 큰 대규모 염색업자도 있습니다. 그래서 이번에는 '소분류'라고 해서 화학섬유면 화학섬유 전문, 면이면 면 전문으로 따로 분류합니다.

그래도 복잡한 것은 다시 '세분류(細分類)'로 나누는데, 결국 4단계로 아주 작게작게 분류하도록 합니다. 세분류에는 어떤 것이 있는가 하면, 지금 말씀드린 소다공업이나 무기안료 제조업, 암모니아계 비료제

조업 등이 화학공업에서 세분화한 것들입니다.

그리고 철강공업 중에서 세분류한 업종 중 하나인 평로제조업의 물 사용량을 역시 생산고에 따른 출하액으로 나누는데, 이것이 전체에 어떤 식으로 분포되어 있는가를 보겠습니다. 역시 이것처럼 가장 적은 10톤 정도에서 600~700톤 정도까지 분포되어 있습니다(도표 16).

요컨대 물은 있는 만큼 사용된다

이는 다름이 아니라 '물의 원단위는 존재하지 않는다', 즉 공장은 물을 있으면 있는 대로 사용한다는 사실이 여실히 드러난 결과입니다.

그러므로 앞의 모델 같으면 평균을 비교적 알기 쉽죠. 비교적 잘 정돈되어 있고 가장 많

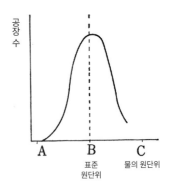

은 곳 부근에 평균이 있어요. 하지만 상당히 넓은 분포일 때는 평균을 찾아내기 어렵습니다. 여러 가지 사정이 있어서 좀 다른 표현방법으로 말씀드리겠습니다. 이것은 저희가 쓰는 표현으로 '누적분포'라는 방법입니다. 눈금이 그어진 부분에 전체의 몇 %가 들어가는가를 계산해서 100%가 되도록 계속 각 도수분포를 더해갑니다. 그러므로 어느 가로축이 어느 점에 대응하는 이 커브 위의 세로축 점은 이보다 사용량이

적은 공장이 전체의 몇 %라는 식으로 나타냅니다. 이렇게 하는 것이 비교적 이해하기 쉬울 때가 있습니다.

게다가 최대와 최소가 1천 배나 차이가 날 때는 가로축을 로그로 구하는 것이 보기 쉽겠죠. 그렇게 해서 나타낸 것이 〈도표 17〉과 〈도표 18〉입니다. 가로축에 물의 사용량을 1억 엔당의 물 사용량을 로그로 구합니다. 세로축에 지금의 누적분포를 쓰면 어느 커브를 보더라도 대개 이런 식입니다.

즉 10톤 밖에 안 쓰는 곳이 전체의 10%를 차지한다고 보면, 100톤 사용하는 곳이 50~60%입니다. 그럼 1천 톤을 사용하는 곳, 1천 톤 이하를 사용하는 곳이 90%, 이렇게 읽습니다. 물론 이렇게 좁은 분포의 경우에는 이 누적분포에 적용시키면 이렇게 급경사지는 곡선이 되겠죠. 그리고 이렇게 급하게 선 곡선의 경우에는 평균은 대개 50% 부근이 됩니다. 딱히 특징적인 게 없는 한 평균은 50%죠.

하지만 이런 식으로 아예 누워버린 형태의 분포일 때는 어떤 평균을 낼지가 사실은 아주 큰 일입니다. 50%로 평균을 정하면 대부분의 공장보다 훨씬 많은 물을 사용하고 있는 곳이 평균이 되어버립니다. 이렇게 넓은 폭의 분포를 갖는 것 자체가 물이 있으면 있는 대로 낭비하고 있다는 결과인데, 처음 이 연구를 시작했던 시마즈 군은 대분류로 하면 여러 가지가 있을 것이므로 중분류로 나눠보았습니다. 그런데 중분류로 해봐도 역시 넓어요. 그래서 다시 소분류, 세분류로 나눠보지만 결국 도출된 그래프는 여기 나와 있듯이 하나같이 최대와 최소 사이에 100배에서 1천 배의 차이가 나는 것이 보통이었습니다. 어느 공장은 다른 공장의 100배나 되는 물을 씁니다. 공장단위가 아니라 제품의 가격단위이므로 이것은 원단위입니다. 그런가 하면 제품 1톤당으로 보아도 100배의 물을 사용한다는 결과가 나왔어요.

여기에서 나온 결론은 가만히 있으면 물은 낭비되고 만다는 겁니다. 그래서 이 두 번째 '물 사용량은 충분한가? 지나치게 낭비하고 있진 않은가?'라는 의문에, 현재 일본의 공업은 말없이 가만히 두면 물을 한없이 낭비하게 된다는 답이 나왔습니다. 실제로 100분의 1의 물을 사용하는 공장이 있다면, 다른 공장 대부분도 100분의 1로 줄이는 것이 가능합니다.

이것을 제가 직접 확인한 것은 독일 중부에 있는 도나우 강 중류에 잉골슈타트라는 마을에서예요. 유명한 뉘른베르크 근처, 뮌헨에서 100킬로미터 정도 차로 가는 곳인데 거기에 다섯 곳의 제유소(製油所)가 있습니다. 쉘르, 엣소, BP(브리티쉬 페트로리엄) 혹은 이탈리의 에니 등의 제유소인데, 그들에 대해 독일의 바이에른 주정부가 내세운 규제가 '도나우 강이나 우물물에서 담수를 매시간 100톤은 사용해도 좋다. 하지만 그 이상은 일절 사용해서는 안 된다. 그리고 강으로 내보낼 때는 도나우 강을 절대 더럽히지 않는다. 방류해도 전혀 오염이 측정되지 않아야 한다는 조건에서 방류해야 한다'는 것이었습니다.

대체로 유럽의 석유정제공장 경제단위는 5만 내지는 8만 배럴이 최소단위라고 합니다. 일본의 석유공장과 거의 같은 규제인데, 시간당 100톤의 용수로 어떻게든 공장이 돌아가고 있는 겁니다. 그런데 일본에서는 어느 정도의 물이 소비되는가? 매시간 1만 톤의 물을 같은 규모의 석유공장에서 사용하는 것이 상식입니다.

물론 일본의 100분의 1로 공장을 돌리기 위해서는 그 나름의 연구가 필요했을 겁니다. 예를 들어 석유정제라는 것은 열을 가해서 증발시키고 그것을 다시 식혀 응축시키는 공정의 반복입니다. 그런데 보통같으면 이것을 물로 식히는데, 여기에서는 어차피 식혀야 한다면 양쪽의 열을 교환시키는 것이 빠르지 않겠느냐는 생각에, 가능한 한 외부에서 들어오는 열을 줄이도록 해서 냉각수의 양을 줄이도록 했습니다. 게다가 공기로 식힐 수 있는 것은 가능하면 공기로 식히고 도저히 물로식히지 않으면 안 되는 것만을 물로 식힙니다. 그리고 일단 제품에 닿은 물도 기름을 가능한 한 분리해서 다시 사용하는 식으로 하여, 100분의 1 수준의 물만으로 공정을 마칩니다.

어쨌든 최대와 최소 사이에는 100배 정도의 차이가 있습니다. 제가 일반적인 공장과 이야기를 해보면 —일본에서도 대충 보더라도— 절반으로 줄이는 것은 아무것도 아니에요. 그들에게 물의 사용량에 대해 말하면 10분의 1까지는 간단한 조치로도 줄일 수 있다는 경험적 법칙을 가지고 있습니다.

물론 이것은 업종에 따라 천차만별입니다. 10분의 1로 줄이는 것이 아주 간단하다는 곳도 있는가 하면, 절반으로 줄이는 것이 너무 어렵다는 곳도 있습니다. 하지만 대충 보더라도 자릿수 하나를 낮추는 것은 기술적으로 얼마든지 가능합니다. 이것이 두 번째입니다.

처리의 본질은 농축이다

제3단계로 여러 처리설비에 관한 경험적 원칙이 있습니다. 이때

폐수처리라는 말에 대해 한 마디 부연해야 할 것은, '폐수처리'의 대부분은 처리해야 할 오물을 없애는 것이 아닙니다. 다만 그것을 농축만 하는 겁니다.

가령 하수처리를 보면, 여러 가지 방법으로 진흙탕 속의 하수오물을 농축해서 웃물만 흘려보냅니다. 이것은 하수처리장을 한번 보면 그 농축과정을 금방 알 수 있는데, 폐수처리에서는 반드시 제거하겠다는 성분을 농축하는 것으로 농축한 후의 처리가 다시 필요하다는 사실을 알고 계셔야 합니다.

그런데 우리는 처리설비에 대해 상당히 조잡한 경험원칙을 가지고 있습니다. 대개 폐수처리의 설비비는 유량(流量)에 비례합니다. 물론 크게 하는 편이 조금 저렴해질 때도 있어요. 단위유량당 처리설비비는 약간 싸집니다. 묶음으로 사면 싸지는 식의 원칙이 들어맞는 경우도 있지만 안 맞는 경우도 있습니다. 그래서 안전한 쪽을 택하다 보니 대개 우리는 '설비비는 유량에 비례한다'는 원칙을 가지고 있는 겁니다.

하수 혹은 유기성 폐수처리에서 우리가 가지고 있는 대략적 예측으로는 한곳에 고이게 해서 무거운 것을 침전시키는 단순침전의 경우, 하루에 나오는 폐수량을 톤으로 표현한 것에 5천 엔에서 1만 5천 엔을 곱하면 대충 견적이 나옵니다. 이것은 어디까지나 경험적인 원칙이고 폐수의 종류에 따라서 물론 많은 차이가 나지만, 대개는 이 정도라고 봅니다.

그리고 이것을 활성오니 등으로 이른바 고급처리라는 것을 해서 침전만이 아니라 용해되는 유기물을 처리할 경우 대개 1만 내지는 2만 엔. 견적을 내면 정확히 이 범위 안에 듭니다. 몇 개 회사를 골랐을 때 모두 같은 숫자가 나오는 걸 보면, 다들 머릿속에 이런 숫자가 들어있는 모양입니다. 유량 몇 톤, 예를 들어 하루에 300톤이라고 했을 때 나온 견적을 보면 대개 300만 엔입니다. 똑같이 딱 떨어지는 걸 보면 이것은 경제적으로 상당한 근거가 있는 게 분명합니다. 그런데 농도에는 별로 비례하지 않아요. 이 부분이 이상하단 말입니다. 설비비는 농도로 인해 거의 달라지지 않아요. 진하든 옅든 비슷한 수준입니다. 농도와는 별개로 독립적입니다. 그리고 유지비는 대충 생각해봐도 들어오는 오물의 양에 비례합니다. 즉 '유량×농도'예요. 이것이 유지비에 상당합니다.

그렇다면 적당한 설계만 하면, 가능한 한 농도가 높고 수량이 적은 편이 경제적이라는 것을 여러분도 아실 겁니다. 그리고 '질량작용의 법칙'이라는 것을 여러분은 아마도 중학교 아니면 고등학교 화학시간에 배웠을 겁니다. 뭐든 농도가 높은 것에서부터 반응시키는 편이 반응을 효율적으로 유도한다 ―이것은 화학의 근본원칙으로 굳이 대학에 안 가더라도 누구나 사용할 수 있습니다.

폐수처리에서도 농도가 높은 곳에서 처리하는 편이 효율이 올라갈 뿐 아니라 묘하게도 하수처리에 자주 사용하는 활성오니 등으로 실험을 하면, 그 유기물의 양을 나타내는 BOD로 ―하수는 200ppm 정도가 보통인데― 100ppm에서 4,000ppm 정도까지 넓은 범위에 걸쳐 나타납니다. 반응조건만 잘 맞춰주면 들어오는 물은 이 정도로 넓은 범위더라도 나가는 물은 대개 10~20ppm까지 처리할 수 있습니다. 4,000ppm으로 들어온 물이라도 20, 100에 들어와도 20ppm이 됩니다. 이렇게 하면 이른바 '제거율 몇 %'라는 표현을 빌리더라도 높은 쪽이 훨씬 좋죠.

그런 의미에서 물을 섞는다는 발상은 상당히 큰 손실인 셈입니다. 또는 기름 등을 처리하기 위해 침전이나 바닥 고르기를 —기름이 떠오른 것을 긁어모으는 식의 처리방법이 있는데— 할 때도 역시 농도가 높은 쪽이 잘 제거되고 또 저렴합니다.

이렇게 생각하면 되도록 처음에 처리하는 것이 좋겠죠. 즉 발생원에서 처리하는 편이 효과적이라는 원칙이 성립됩니다. 그런데 지금 말씀드린 것 같은 간단한 원칙을 도쿄대 위생공학에서는 안 가르쳐요. 그이유에 대해서는 나중에 말씀드리겠습니다.

폐수처리의 4단계

아무튼 저희가 실제로 어떤 일을 하는지 구체적인 수순을 말씀드리면, 먼저 각각의 공장에서 어느 공정에서 어느 정도 물을 사용하고 있는가를 조사합니다. 그리고 각각의 공정에서 나오는 폐수를 분류하는데, 이때의 수량(水量)은 처음에 들어간 수량과 거의 비슷하지만 가끔 다소의 차이가 있습니다. 예를 들어 제품의 일부가 물이 되는 경우가 있죠. 우리가 종종 목격하는 것은 청량음료수의 경운데, 이것은 제품이 물 자체이므로 들어간 수량과 나오는 수량이 반드시 같지는 않습니다. 그런가 하면 도중에 제품으로 바뀌는 경우도 있고 반대로 제품에서 수분이 나와 수량이 증가하는 경우도 있습니다. 그러므로 폐수와는 별개로 유량을 측정하는 것이 보통인데 그와 동시에 수질을 측정합니다.

여기에서는 세세한 부분까지는 말씀드릴 수 없지만, 어쨌든 유효한 숫자가 한 자릿수만이라도 있으면 그 공장의 어디에서 가장 더러운 물이 나오는가도 대충 예측할 수 있습니다. 이것은 사실 공장 내에서 일하고 있는 사람의 경험이 도움이 되지만, 아쉽게도 지금까지의 일본 제조기술은 폐수나 폐기물 입장에서 도면을 그리거나 실제 공정을 보거나 하는 경우는 거의 없습니다. 지금처럼 공해에 대한 여론이 아주 엄중해졌어도, 공장 안에서는 저쪽 폐수는 몇 톤이고 어떤 물질이 함유되어 있는지 등을 머릿속에 담아두고 있는 기술자는 여전히 드뭅니다. 그럼에도 돈이 되는 제품에 대해서는 어디를 지나서 어떻게 흘러가는지 누구나 알고 있죠.

안타깝게도 그런 의미에서 우리 같은 하수기술자 —무라오 고이치(村尾行一) 씨 표현을 빌리자면 '하수구 청소부'라고 하는데— 하수구 청소부가 공장들을 일일이 돌아다니며 상담을 합니다. 저희도 전혀 모르는 설비, 복잡기괴한 배관 등을 하나하나 점검해가면서 '여기에서 물이 너무 많이 나온다' '여기를 측정해보니 더러웠다'라는 식의 지적을 하는 일이 종종 있습니다. 그래서 역시 현장에서 논의해야 할 것들이 있습니다.

그리고 구체적인 수순에서 저희가 종종 빠트리는 것이 비가 내렸을 때의 경웁니다. 가령 지붕에 엄청난 먼지가 쌓여있는 공장이 있습니다. 비가 오면 그 지붕에 쌓여있던 먼지가 단번에 흘러내려서 카드뮴이나 비소 혹은 납 같은 위험한 물질이 빗물에 섞여 흘러내리게 됩니다. 하지만 우리의 얕은 상식으로는 대개 비라고 하는 것은 증류수와 같기 때문에 그걸 그대로 하수라고 부릅니다. 그래서 빗물을 도랑에 받아서 그대로 강으로 흘려보내도 좋을 거라고 생각하고 설계를 하는데, 실제로 운전해보면 엄청 더러운 물이 비가 올 때 같이 흘러나오는 경우가 종종 있습니다.

그렇기 때문에 지붕이나 공장 주변의 빗물처리도 소홀히 해서는 안 됩니다. 그리고 보통 정상적으로 항상 배출되는 폐수뿐만 아니라 대청소나 평소의 늘 있는 청소 때도 바닥을 씻거나 할 때 나오는 물들도 일단은 고려해야 하는 문제이긴 합니다. 이런 것들은 역시 현장의 지식을 필요로 하죠.

이렇게 사용수량의 조사와 폐수의 조사가 제1단계로 이뤄집니다.

제2단계에서는 이렇게 해서 분류한 것을 정리해서 폐수의 흐름도를 그려봅니다. 이것 역시 지금까지 그려진 적이 없습니다. 제품의 흐름도는 누구라도 머릿속에 기억하고 있지만, 폐수의 흐름도 —어디에서 어디로 흐르는지를 모른다는 거예요.

조금 이상한 사례를 하나 들겠습니다. 도쿄대학의 위생공학에 이 정도로 오래 몸담고 있으면서, 저보다 오래 이미 20년 넘게 계시는 교수님조차도 최근에 와서 필요성이 제기되기 전까지는 하수관의 배관 계통을 전혀 모르고 있었다는 겁니다. 이 같은 경우가 여러 공장에서도 실제로 있습니다.

이 흐름도를 그리면 어떤 물을 처리해야 하는지 대개 확실해집니다. 예를 들어 아까 말씀드린 대로 공장에서는 크게 나눠서 냉각수 —그것도 제품에 닿지 않은 냉각수, 즉 그냥 물로 식히기만 하는 것과 조금 전의 지붕이나 공장부지의 빗물과 제품에 닿았던 세척수, 그리고 청소한 물 등 세 가지로 나눠서 그것으로 무엇을 처리하고 무엇을 처리하지 않고 버릴까를 예측합니다.

이렇게 나눠보면, 냉각수는 아직 두세 번 더 쓸 수 있다는 사실을 그 단계에서 금방 알게 됩니다. 그런가 하면 자주 있는 실례로 —진짜 별것 아닌 이야기지만— 우유 캔이 있습니다. 유업공장에서 나오는 폐수 중에 상당히 큰 부분을 차지하는 것이, 캔에 들어있는 우유를 큰 용기에 덜어낸 후 그 캔을 씻는 작업입니다.

시골에 가면 도로 옆에 이렇게 큰 캔이 놓여있는 것을 보신 적이 있을 겁니다. 그것이 우유 캔입니다. 손잡이를 잡고 우유를 따르겠죠. 거기서 콸콸 우유가 쏟아져나오고 곧장 그 안을 물로 씻거나 아니면 — 실제로는 그 부분의 실행이 공장마다 다르지만— 1분 동안 거꾸로 뒤집어 세워두거나 하는데, 그 방법에 따라 캔 안에 남은 우유는 큰 폭으로 차이가 납니다. 게다가 이것을 호스의 물을 뿌려서 헹구느냐 아니면 고압 스프레이를 캔 안에 집어넣어 구석구석 남김없이 씻어내느냐에 따라 사용하는 물의 양은 10배 정도 다르죠.

조금만 머리를 쓰면 물의 사용량은 대폭 달라지게 됩니다. 대개 어느 공장에서나 상식적으로 80% 내지는 90%가 냉각수이고, 나머지 10~20%는 처리해야 할 오염된 물이라고 생각해도 무방할 것 같습니다. 물론 이것은 화학이나 식품 그리고 철강 등의 경우로, 다른 업종의 경우에는 냉각수가 훨씬 감소하여 대충 80~90%가 냉각수라는 것이 저희의 대략적인 예측입니다.

제3단계는 이렇게 흐름도를 그려보면, 이 중에서 이번에는 유용 물질을 회수하는 것이 좋지 않겠느냐고 제안하는 곳이 있습니다.

사실 화학공업 자체가 상당 부분 폐기물의 이용에서 시작된 면이 있습니다. 유명한 것이 석탄의 타르인데, 이 처리 곤란한 폐기물을 증류해보니 벤젠이나 페놀 혹은 여러 가지 유용물질이 수거된 겁니다. 그래서 석탄화학공업이 시작되었죠. 그처럼 현재의 석유화학이란 실제로 석유정제 때 나온 저비점 가스, 메탄, 에탄, 부탄 같은 식혀도 액체가 되지 않는 가스가 여기저기 공정에서 조금씩 배출됩니다. 경우에 따라서 그것의 양이 상당해집니다. 그것을 그냥 태워버리기 아깝다는 이유에서 석유화학이 발전시켜서 점점 지금처럼 되었고, 지금은 아예 가스가 더 중심이 되고 휘발유나 중유가 오히려 부산물이 되는 상황이 되었죠.

거기까지는 안 가더라도 한 곳 한 곳의 공장이 제대로 하기만 하면 유용물질을 회수할 기회가 반드시 생기지만, 현재의 자본주의하에서는 이것도 당연히 이익의 대상이 안 되면 회수하지 않아요. 그것을 회수하는 것이 중요하다는 걸 머리로는 알아도 돈벌이가 안 되면 실제로는 회수하지 않는다는 겁니다.

거기에서 관점을 조금만 바꾸면 실은 그 물 자체가 아주 큰 유용물질이 됩니다. 물을 더럽히지 않고 몇 번이고 사용할 수 있다면, 그것 자체가 유익한 대규모 회수가 될 텐데 아쉽게도 물이라는 것은 앞서 보셨듯이 있으면 있는 대로 사용하는 대상입니다. 아니, 오히려 물에는 가격이 없다고 해도 될 만큼 싸니까 내키는 대로 사용하는 거예요. 만일 공업용수가 1톤당 —지금 공업용수 물가는 대개 4엔 50전입니다만— 만일 50엔이 된다면 대부분의 공장은 사용량을 10분의 1로 줄이지 않을까요? 공업용수의 가격이 엄청 높게 책정된다면 물 자체도 유용물질로 회수하게 될 겁니다. 도쿄 주변에서는 지하수를 대충 1엔 전후의 비용으로 구할 수 있으므로, 현재 지하수를 퍼올리는 작업이 많아져서 지반침하가 갈수록 확산되고 있어요. 이 또한 지하수의 규제를 —

설령 공유재산이라도— 함부로 퍼올리면 안 된다, 꼭 퍼올려야겠다면 1
톤당 100엔을 내고 가져가라는 규제가 만들어진다면, 지반침하도 멈추
고지하수 이용도 질서 있게 이뤄질 것이라고 봅니다.

이제 제1단계의 사용수량 조사, 제2단계의 그 용수와 폐수의 정
리와 분류, 제3단계의 유용물질의 회수까지 왔으면 다음 단계인 제4단
계에는 무엇을 해야 할까요? 제4단계에서 —이것은 아주 당돌한 이야
기지만— 제조공정의 변경 및 개선을 폐수에서 분리해낼 필요가 있습
니다.

이것의 전형적인 사례를 들면, '아세트알데히드 합성공정도'라는
흐름도를 그린 것이 있습니다(도표 19).

이것은 유명한 미나마타병의 원인이 되었던 아세틸렌에서 아세
트산의 원료가 되는 아세트알데히드를 만드는 공정입니다. 지금까지
저희는 이러한 공정이 메틸수은을 배출한다고 하더라도 극히 소량일
것이다, 수은을 여기에 매일 몇 십 킬로를 들이부어도 어디론가 가버리
기 때문에 근방 물에서는 안 나올 거라고 바보 같은 생각을 하고 있었
습니다. 그 결과 아무도 폐수처리를 하지 않았어요. 누구도 하지 않았
기 때문에 미나마타병이 출현한 겁니다.

그런데 이 공정을 자세히 보면 물이 들어가는 곳과 물이 나오는
곳이 있어요. 가장 왼쪽의 '반응탑'이라고 적힌 곳 위에서 물이 들어갑
니다.

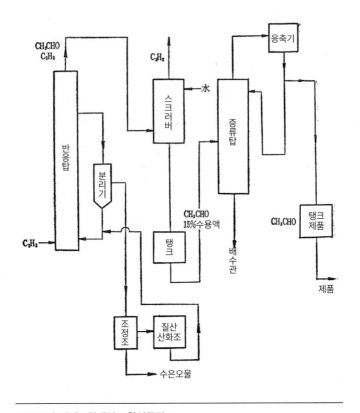

도표 19 | 아세트알데히드 합성공정도

　이 반응은 사실 물이 원료의 일부가 되는 반응입니다. 아세틸렌과 물이 반응해서 아세트알데히드가 생성되는데, 그때의 촉매로 수은이온을 사용하는 공정입니다. 이 왼쪽 끝에서 물이 들어가면 생성된 아세트알데히드가 한가운데 위쪽의 스크러버라는 곳에서 물에 녹습니다. 그런 다음 오른쪽 증류탑에서 증류되면 아래쪽으로 물이 나옵니다.

　이것은 극소수의 불순물을 함유한 거의 순수한 증류수여서 이것을 전단계에서 공급하는 물로 다시 사용해도 거의 지장이 없습니다. 그렇게 하면 물은 자꾸자꾸 이 시스템 안에서 사용되기 때문에 보급하는 물은 있어도 나오는 물은 없겠죠.

다만 그렇게 해서 100% 순환되면 제일 좋겠지만, 사실은 그렇게 하면 불순물이 이 계통의 과정에 점점 쌓이게 됩니다. 그것을 제거하기 위해서 배수관을 통해 조금씩 빼내면 대개 지금까지 사용했던 물 양의 10분의 1 정도로 금방 줄어들게 됩니다. 그 대신 불순물은 진해지겠죠. 10배가 된다고 보면 됩니다.

그럼 아까 말씀드린 처리의 원칙에 따르더라도 물의 양이 줄고 내용물의 농도가 진해진다는 것은, 설비 면이나 처리효율 면에서 보더라도 유리합니다. 아주 고마운 일인 거죠. 그래서 짓소의 경우에는 이것을 더 철저하게 지속적으로 연구합니다. 그리고 미나마타공장에서는 1965년인가 66년인가에 펌프나 펄프를 끼워 넣는 축이 들고나는 곳에서 미미하게 누수되는 액체까지 전부 접시로 받아내서 파이프로 모아 그것을 처리합니다. 이른바 완전순환방식이란 것을 시도했던 거죠. 그랬더니 원리상으로는 수은이 전혀 외부로 나가지 않습니다. 그에 드는 비용이 150만 엔이었어요.

저는 사실 이것을 대략 계산해서 아마 200~300만 엔을 들였더라면 미나마타병은 발생하지 않았을 거라는 예측을 5, 6년 전에 해본 적이 있어요. 그런데 실제로 해보니 150만 엔이었다는 사실을 알았을 때 정말 어안이 벙벙해지더군요. 아니, 너무 바보 같아서 말이 안 나올 지경이었습니다. 고작 150만 엔을 아끼느라고 미나마타병이 생긴 거 아닙니까. 그도 아니면 그것을 어떻게 사용해야 할지 몰라서 생긴 거라고 봐도 되겠죠.

도금배수에 대한 랜시(Lancy)법

이야기가 옆으로 좀 샜습니다만, 또 한 가지 제조공정을 조금만 바꾸면 엄청난 일이 될 수 있다는 것은 연속도금에서 랜시법을 응용한다는 예에서 알 수 있습니다(도표 20).

이것도 콜럼버스의 달걀 같은 이야기인데, 위는 보통의 도금입니다. 도금욕(鍍金浴)이라는 곳에 넣고 전기를 가해서 그것을 여러 번 물로 헹궈낸 것을 말려서 제품으로 만듭니다. 이것이 도금업입니다. 보통은 수도를 계속 틀어놓고 철벅철벅 씻어내는데, 이것을 변형해서 제품은 왼쪽에서 오른쪽으로 흘러가고 씻는 물은 제일 깨끗해진 뒤쪽에 추가해서 점점 왼쪽으로 흘러가게 해요. 이른바 역류세척이라고 하는데, 제품의 흐름과 물의 흐름이 거꾸로 되게 해서 씻어내는 방법입니다. 이렇게 하면 물의 사용량을 대개 절반 정도로 줄일 수 있어요.

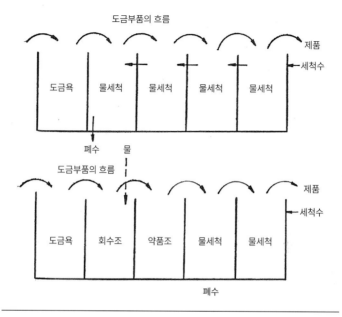

도표 20 | 연속도금에서의 랜시법 응용

위의 도표는 사실 역류세척한 것입니다. 하지만 여기서도 물은 상당량 사용됩니다. 도금한 제품을 씻는다는 것은 제품 표면에 묻어있는 도금액을 어떻게 물로 씻어내는가를 말합니다. 이 도금액에는 시안이나 크롬이라는 독성분이 들어있습니다. 그래서 보통 센스가 있는 도금상이라면 먼저 제1단계에서 역류세척을 하죠. 그리고 제2단계에서는 도금욕 옆에 하나의 빈 통을 두고 그 안에 물을 담아둡니다. 도금욕은 온도가 높기 때문에 쉼 없이 물이 증발해서 수시로 물을 보충하지 않으면 안 돼요. 증발을 억제하기 위해 일부러 표면적을 줄이려고 나무로 세공한 것이나 폴리에틸렌을 위에 띄워놓기도 합니다. 그만큼 증발로 인해 도금액이 잘 줄어드는 거죠. 크롬이나 은으로 도금한 부품을 물세척에 돌리기 전에 먼저 회수조에 담급니다. 그리고 헹궈요. 그런 다음 다시 물세척. 그럼 회수조에는 진한 도금액이 점점 쌓이겠죠.

처음에 물이 들어있으니까 옅어지겠지만 증발해서 줄어든 도금욕의 분량만큼 회수조에서 보충해줍니다. 이렇게 하면 보통의 도금욕에 비해 회수조의 농도는 4분의 1 정도로 맞춰집니다. 이것은 도금한 부품이 묻혀가는 약물의 양으로 당연히 바뀌겠지만, 4분의 1이나 5분의 1 정도로 유지시킵니다. 이곳의 액체가 다음 물세척 과정으로 가기 때문에 다시 도금욕에서 나가는 약품의 양이 4분의 1 혹은 5분의 1로 감소해요. 그러면 폐수처리를 하기 전에 미리 이런 간단한 조치를 함으로써 폐수처리해야 할 약품의 양은 4분의 1에서 5분의 1로 줄게 됩니다.

다음으로 물세척 과정에서 간단한 조치를 취한 것이 아래의 프로세스입니다. 보통은 바로 물로 씻는데, 물 대신에 여기에 약품(중화제)을 조금 넣어줍니다(도표 20 아래). 시안에 대해서는 염소를, 크롬이나 크롬산에 대해서는 환원제. 여러 가지가 있는데 자주 사용하는 아황산가스를 녹인 물을 놓아두면 여기에서 중화됩니다. 그리고 중화한 나머지 약물만을 다시 헹구면 됩니다. 두 번 정도 하면 대개 깨끗해집니다.

이렇게 하면 발생원에서 처리되기 때문에 시안이나 크롬은 전혀 폐수에 섞여 나오지 않습니다. 그런데 대량의 물로 씻었다가 그 대량의 물을 다시 처리하는 수고를 들이면, 1천만 엔 정도는 가볍게 들어갑니다. 작은 규모의 도금공장에서도 하루 1천 톤의 물은 사용하는데, 1천만 엔 정도는 결코 가벼운 금액이 아니죠. 그런데 발생원에서 제거하면 수십만 엔이면 충분해요.

하지만 이것은 어디서나 사용할 수 있는 방법이 아닙니다. 실제로 도금하는 곳에 가보면, 이러한 설비를 사용할 수 있도록 현장이 잘 갖춰진 곳은 소수에 불과합니다. 일용직으로 온 노동자가 약물을 머리부터 뒤집어쓰면서 첨벙첨벙 헤엄치듯 하며 물로 씻어내고 있으니, 그럴 때는 바닥에 뚝뚝 떨어질 수밖에 없어요. 바닥에 떨어진 분량은 따로 처리하지 않으면 안 됩니다. 그래서 이 방법은 항상 쓸 수 있는 게 아니에요. 어느 정도 합리화한 후라면 이런 폐수처리의 필요를 없애려는 노력도 경우에 따라서는 있을 수 있습니다.

폐수기술사상의 전환

그럼 극단적으로 회수한 예를 하나 소개하겠습니다. 그것은 폐수처리에 있어서 항상 저희가 골머리를 앓는 비트공장의 예입니다. 비트(사탕무)로 사탕을 만드는 공장은 전형적인 일회용, 즉 한번 쓴 물은 두 번 다시 안 쓰고 버리는 곳이죠. 이 경우 비트를 100이라고 했을 때의 물의 사용량은 여기에 나와 있듯이 비트의 12배입니다. 일본에서는 20배 정도의 물이 필요하다고 보는 것이 상식입니다(도표 21).

그래서 비트공장은 어디서나 싫어하기 마련이죠. 특히 이곳은 연어가 강을 거슬러오르는 시기에 집중적으로 조업을 해서 더러운 물을 흘려보내기 때문에 연어어업에 상당히 큰 피해를 줍니다. 홋카이도에서는 거의 모든 공장에서 그런 어업분쟁이 벌어집니다.

하지만 물을 철저하게 순환사용하면 〈도표 22〉처럼 대개 물의

80%가 비트 안으로 흡수됩니다. 그 물을 짜내고 증발시켜서 사탕을 채취하므로 나중에 물이 남게 됩니다. 이 증류수 같은 물을 여러 가지 용도로 사용하고 —예컨대 비트를 운반하거나 씻거나 하는 물로도 사용하면— 마지막에 처리해야 할 폐수로 남는 것은 비트 100%에 대해 20%의 물입니다.

완전히 순환사용하면 이론적으로는 마지막에 20%가 남아요. 이것은 마지막 수단까지 다 써본 예로, 여기까지는 어떻게 하든 아마 비트와 같은 정도의 물을 처리하면 끝나는 문젭니다.

그렇게 하면 처음에 12배에서 20배 정도의 물이 들던 것이 극단적인 경우에는 20%, 많이 들어봐야 100% 정도의 물로 끝납니다. 폐수처리의 설비비도 그에 비례해서 줄어들게 되죠. 대신 공정은 대폭적인 변경을 필요로 합니다.

지금까지 이런 폐수처리의 하수처리반 담당자가 일부러 설계기술자에게 이렇게 하라 저렇게 하라는 주문을 하는 것만큼 싫은 일도 없었습니다. 솔직히 아마추어가 뭘 알겠느냐는 식의 무시를 당하기 일쑤였는데, 실제로 이렇게 해서 물은 어디에서 써서 어떻게 낭비되고 있는지를 찾다 보면, 물을 줄이기 위해 공정을 바꿔야 할 필요가 앞으로 커질 거라고 생각합니다.

이 단계는 솔직히 뒤늦은 감이 있습니다. 여기에서 지금 성공한 사례만 두 개 정도 말씀드렸는데, 물론 과거에는 그 몇 배가 되는 시행착오가 있었습니다.

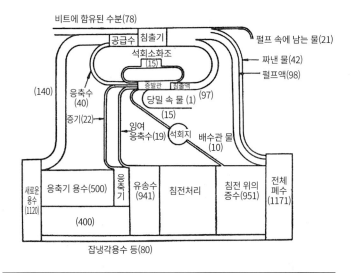

도표 21 | 일회용인 비트공장 용수의 수지(숫자는 비트중량을 100%로 했을 때의 양)

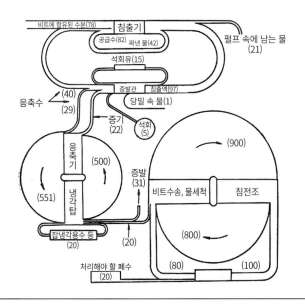

도표 22 | 완전재사용하는 비트공장의 물 수지(숫자는 〈도표 21〉과 동일)

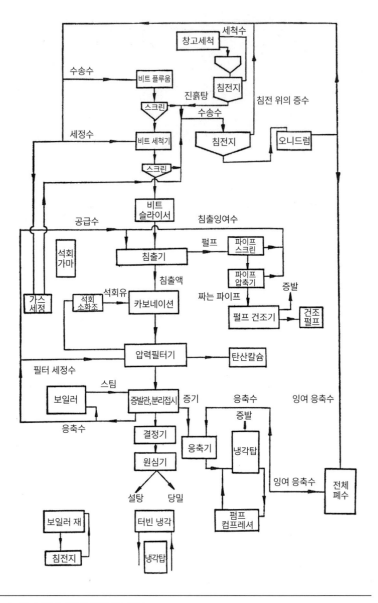

도표 23 | 완전재사용 공장의 흐름도

시도해보고 실패한 예가 있는 것은 분명한 사실이고, 무엇이든 이렇게 하기만 하면 잘 된다는 보장은 없습니다. 다만 지금처럼 공해가 극심해지고 보면 차라리 처리해야 할 폐수의 양을 어떻게 줄일까를 고민하고 연구하는 것이, 훨씬 방대한 돈을 들여 처리설비를 만들기보다 어느 모로 보나 지혜롭다고 할 수 있습니다.

하지만 이렇게 되면 제조기술자와 격투를 벌여야만 합니다. 이쪽도 상대방을 이해시킬만한 경험과 지식을 가지고 있어야 하므로 누구나 할 수 있는 간단한 문제는 아닙니다. 나중에 다룰 운동론에서도 나오겠지만, 그렇다고 포기할 수는 없습니다. 학문을 진보시키는 것은 솔직히 아마추어의 괴이한 비판입니다. 그들의 '폐수를 한 방울도 흘려보내지 마!'라는 비판과 요구를 귀가 따갑게 들었을 때 비로소 순환사용을 해볼까 하는 지혜가 나오는 겁니다.

"어떻게 해야 폐수를 안 만들 수 있을까? 그런 건 대학을 나온 전문가라는 너희들이 월급 받으면서 해야 하는 일이 아니냐? 어쨌든 우리의 요구는 한 방울도 흘려보내지 말라는 것이다!" 이것이 가장 현실적인 대책인 겁니다. 그런데 거기에 대고 "책에 안 쓰여 있어서 할 수 없습니다, 처음 시도하는 기술이라 자신이 없습니다"라고 말했을 때, 주민들이 순순히 물러나면 그것으로 안 해도 된다는 식으로 사태는 계속 지속될 뿐이죠. 역시 완고하고 궤변적일 정도의 요구를 끊임없이 밀어붙여야 비로소 공해는 부분적으로나마 해결됩니다. 기술도 그렇게 진보하게 되죠.

마지막 단계에 이르러서 겨우 어떤 처리설비를 선택할 것인가 하는 문제에 봉착합니다. 당연히 무엇을 처리해야 하는지를 모르면 현재의 기술로는 폐수처리가 됐든 다른 처리가 됐든 불가능합니다. 폐수 안에 무엇이 어느 정도의 농도로 들어있는지가 특정되지 않으면 아무것도 할 수 없어요. 처음부터 지금 흘려보내는 전부를 정리해서 알려달라고 해봤자 대부분이 불가능하고 또 할 필요도 없습니다.

하지만 지금 우리가 가지고 있는 하수처리기술들은 사실 도시하수를 대상으로 하여 발달시킨 것이 중심이라 침전과 미생물처리가 주를 이룹니다. 솔직히 이것은 유기물에밖에 사용할 수 없어요. 침전은 물론 무기의 침전에도 사용할 수 없어요. 요컨대 유기물 처리법이라는 고급처리에 속아 넘어가면, 훌륭한 처리설비를 갖추고 있으므로 공해는 발생하지 않는다는 말을 그대로 믿고 안심하고 돌아온다면 이후에 공해는 또 얼마든지 발생하게 될 겁니다. 심한 경우에는 중금속이 들어있는 곳에 하수처리 설비를 만들어놓고 안심하라고 말하는 기술자도 있습니다.

그러므로 만들어진 처리설비의 화려함에 속아서 안심하면 안 됩니다. 그렇다면 도시공학에서 공부를 더 하면 되지 않느냐고 말하는데, 지금 우리는 단체교섭을 통해 얼마나 많은 가짜들이 판을 치고 있는가를 또다시 통감하고 있는 실정입니다. 자기 말을 잘 듣는 학생만을 대학에 남기고, 그들이 또 자기 말을 잘 듣는 학생을 대학에 남기고 —이런 관행을 몇 십 년이나 반복해왔으니 가장 최초의 선생은 위대했을지라도 그보다 스케일이 작은 선생, 또 그보다 더 작은 선생으로의 교체가(웃음소리) 몇 대째 지속되어오고 있는 학자가 지금 공학부에서 학생들을 가르치고 있습니다. 그러니 조금이라도 응용된 문제가 나오면 풀지 못해요. 따라서 주민이 완고하고 짓궂은 비판과 요구를 끊임없이 학문에 부딪혀오지 않으면 진보하지 않습니다.

현재 우리가 사용할 수 있는 것은 하수처리 기술뿐입니다. 그러면 예컨대 제철공장의 폐수나 염색공장 폐수 등 여러 공장폐수가 뒤범벅 되어버린 상황이 닥치면 희석시키는 것만으로는 어찌해 볼 수도 없습니다. 한꺼번에 섞어서 하는 폐수처리가 좋을 리는 거의 없어요.

가령 알칼리성과 산성의 폐수가 따로따로 흐르는데 이를 섞으면 아주 적당한 수준으로 중화되어 다음에 처리하는 데 쉬워진다거나, 혹은 캐러멜 공장에서 나온 폐수에는 당분이 많아서 생물로는 잘 처리할 수 없지만 여기에 화장실의 폐수를 부으면 질소나 린이 섞여 처리하기가 아주 쉬워진다는 경우가 아주 가끔 있습니다.

하지만 대개는 폐수를 섞으면 처리가 어려워지는 것이 원칙입니다. 그래서 지금 우리가 가지고 있는 처리기술로는 발생원에서 처리하는 것, 그것도 가능한 한 농도가 높은 단일의 오염물질을 처리하는 것이 능률적입니다.

위생공학의 3대 악의 기술

현재 위생공학의 3대 악이라 불리는 기술이 있습니다. 저희가 지금 이 3대 악으로 꼽는 것은 첫째 합류식 하수도입니다. 이것은 기존의 하수도로 어찌해볼 수 없지만, 빗물과 하수를 한꺼번에 파이프로 처리장까지 운반해서 처리하는 방식입니다. 비가 내리면 물론 아주 많은 물이 흘러들기 때문에 어느 양까지는 파이프로 수용할 수 있지만, 그 이상은 강으로 흘려보내 버립니다.

그런데 점점 노후되면서 파이프가 막히니까, 평상시에도 하수가 콸콸 강으로 흘러넘치게 되었습니다. 이것의 가장 전형적인 사례가, 도쿄의 이이다바시(飯田橋) 역의 홈에서 바로 내다보이는 북쪽 부근의 더러운 하수구 맨 끝에서 진갈색의 물이 항상 쏟아지고 있는 겁니다. 그곳은 원래 합류식 하수도의 배수구였습니다. 비가 올 때만 거기에서 물이 넘치게 돼 있었어요. 비는 증류수이므로 깨끗한 물로 희석되어 다소 흘러도 괜찮을 거라고 도쿄대 선배가 생각했던 것은 사실 말도 안 되는 착각이었습니다. 실제로 측정해보니, 평소 가정이나 화장실에서 나오는 하수 중 약 30%에서 50% 정도만이 하수처리장에 도착합니다. 나머지는 어디로 가느냐 하면 파이프 안에 머물러 있습니다. 침전되는 겁니다. 침전된 것은 가끔 빗물에 씻겨 흐릅니다(웃음소리). 그러니까 비가 내리기 시작할 때의 하수는 양과 질 모두가 아주 큽니다. 수질도 엄청 나쁘죠. 하지만 지금의 설계기술에서는 날씨가 좋은 날, 즉 가정하수만 흐를 때 유량의 3배 이상은 강으로 흐르도록 설계되어 있습니다.

비가 내리면 가장 더러운 물이 한꺼번에 강으로 나갑니다. 게다가 파이프가 오래되면 이이다바시 부근처럼 날씨가 좋은 평소에도 아무렇지 않게 흐르게 되므로 이래서는 하수도를 만들어 봤자 절대 깨끗해지지 않아요. 하수도를 만들면 공해는 사라진다, 강은 깨끗해진다고 선전을 하지만 일단 이 합류식 하수도 하나만 보더라도 잘 될 리가 없습니다.

그래서 미국의 닉슨이 1970년 1월 연두교서를 발표하면서 상당히 야심적으로 보이는 재정계획 —몇 백억 달러인가를 공해문제에 투입하겠다고 발표했던 것을 기억합니다. 그런데 그 내역을 얼핏 본 바로는 아마 60% 정도까지를 이 합류식 하수도를 개조하여 이른바 분류식—빗물은 빗물대로, 오염수는 오염수대로 모으는 하수도로 개조하는 비용이었던 것 같습니다.

일본뿐 아니라 세계 어느 곳에서나 옛날부터 하수도의 임무는 빗물이 고이지 않도록 하는 것이었어요. 그래서 처음에는 처리장도 없었고 합류식 즉 전부가 하수로 흘러들었지만, 최근에 와서 이윽고 이것의 단점을 깨닫게 되어 새롭게 만들어진 하수도는 비교적 분류식이 많습니다.

합류식을 그대로 두면 강의 오염은 전혀 줄어들지 않습니다. 그래서 닉슨도 이 점을 무시할 수 없었던 거죠. 한 차례 하수관을 다 묻으려고 들면 얼마나 많은 돈이 들겠어요? 그리고 뒤이어서 바꿔야 하니 또 어마어마한 돈이 들겠지만 그렇다고 안 할 수도 없습니다. 반대로 닉슨의 엄청난 야심적 재정계획도 60%까지는 합류식 하수도의 개조였고, 진짜 알맹이인 환경문제에는 기껏 나머지 40%만 투자된다는 걸 알 수 있습니다. 그러니 미국에서 얼마의 예산을 들였으니 일본에서도 이러저러해야 한다는 논의는 이 경우에도 도움이 안 됩니다.

3대 악의 두 번째는 공장폐수의 혼합처리입니다. 섞으면 섞을수록 처리하기 어려워져요. 뿐만 아니라 하수처리를 위해 우리가 준비한 기술로는 중금속이나 시안 혹은 무기물 그런 것은 처리할 수 없습니다. 하지만 그것을 강제로 섞어서 처리하고 있는 곳이 도쿄도 우키마(浮間)의 처리장입니다.

이곳 우키마 처리장에서 중금속이나 유기물이 정말 처리되고 있는가에 대한 조사를 도쿄대의 대학원생이 석사논문에서 다룬 적이 있습니다. 그런데 그때 도쿄도 하수도국에서 '발표는 절대 하지 말라'는 조건이 제시되었어요. 지도교수도 원래가 건설성의 하수도과 관리이므로, 그 조건을 받아들이라고 적극적으로 학생에게 강요했을 겁니다. 그 석사논문은 지난주 'A' 성적을 받아 박사과정에 진학한 학생이 쓴 논문입니다. 즉 연구발표의 자유를 포기한다는 전제로 쓰인 논문이 아니면 박사과정 진학은 인정받을 수 없는 현실. 이 정도로 교수의 압력에 복종하지 않으면 대학원에는 들어갈 수 없는 것이 현실입니다.

이야기가 옆으로 샜습니다만, 어쨌든 3대 악 중 두 번째 악으로 꼽은 혼합처리는 우리가 이제는 멈춰야 하는, 그 대신 새로운 기술을 개발하지 않으면 안 되는 대상입니다.

세 번째 악은 ─이것이 가장 크다고 봅니다만─ 해양투기입니다. 말할 것도 없이 바다에 쓰레기를 버리는 행위입니다. 무엇이 됐든 버리기만 하면 문제없다고 생각하죠. 그래서 지금 이 순간에도 내일도 모레도 매일같이 도쿄에서만 몇 만 톤의 오염물이 바다로 버려지고 있습니다.

우리도 가능한 한 이것을 멈추게 하고 싶지만 달리 버릴 곳이 없으니 바다에 버리는 수밖에 방법이 없다고 하는 경우가 제법 있습니다. 원칙은 원래 육상에서 생긴 것은 육상에서 처리하는 것이 맞는데, 지금 말씀드린 합류식 하수도, 혼합처리, 해양투기 이 3대 악은 다 현재 대학에서 가르치고 있는 기술입니다.

합류식에 대해서는 최근 들어 반성의 목소리가 나오고 있지만, 혼합처리와 해양투기에 대해서는 오히려 적극적으로 장려하는 교육을 지금 학생들이 받고 있습니다. 그러니 도쿄대 도시공학을 졸업한 학생을 보시면 이런 식의 기술을 배웠다고 생각하면 틀림없을 겁니다(웃음소리).

제가 있다고 안심하셨다간 큰일 납니다. 제가 그런 기술을 가르치지 않게 하려고 조교는 강의권이 없다고 학교 측은 못을 박고 있어요. 그러니 학생실험만 하면 된다는 것이 대학 측 방침이라서 이렇게 공개강좌라도 하게 된 겁니다. 또 학생실험 중에 가능하면 학생의 사고방식을 바꿔보려고 무던히 애도 쓰고 있습니다만 유감스럽게도 수적으로 열셉니다. 나쁜 쪽으로 잡아끄는 쪽이 6명에서 8명은 있어요. 어떻게든 실험을 통해서 원래대로 되돌리려고 하지만 저와 곤도 씨 두 사람만으로는 제대로 될 리가 없어요.

그 학생조차도 이번 대학원 차별입학문제로 오늘 밤에도 아마 11시까지 단체교섭을 해야 할 겁니다. 이 지경까지 몰려있으니 현재의 대학교육이 얼마나 엉망인지는 추측하고도 남을 겁니다.

혼합처리의 조작과 이점

이것은 공학이나 기술이 아니라 관방행정공학(웃음소리)이라고 해야 할 것 같습니다. 다시 말해 행정을 위해 있는 공학인 거죠. 그런데 혼합처리는 원리적으로 생각했을 때 나쁘다는 것을 누구나 알고 있습니다. 질량작용의 법칙만 알고 있어도 혼합처리가 나쁘다는 건 다 아는데, 왜 대학에서 가르치고 있는 걸까요? 그것은 혼합처리에는 혼합처리만의 이점이 있기 때문입니다.

일단 커다란 처리장을 만들면 이만큼 돈을 들이고 있다는 것을 보여주는 여론대책이 가능합니다. 도움이 되던 안 되든 상관없어요. 그저 돈을 이만큼이나 들이고 있다고 보여주기만 하면 됩니다.

그리고 관청의 관리 입장에서는 자기 손을 거쳐 실행되는 예산의 금액이 클수록 자신의 발언권한이 커집니다. 그래서 원래대로라면 가정하수만 처리하면 10억 엔으로 될 일을 공장폐수까지 받아들임으로써 20억 엔으로 늘립니다. 그러면 그만큼 자신의 발언권이 커져요. 잘난 척 할 수 있다는 겁니다. 이것은 관리에게도 이득이죠. 또 한 가지, 공사를 하청받는 토목업자 역시 하청금액이 클수록 벌이가 커지게 되죠. 그러니 토목업자에게도 이득입니다.

그렇다면 이번에는 하수도에 공장폐수를 흘려보내는 회사 입장에서 보죠. 발생원에서 처리하면 하나부터 열까지 다 회사가 처리해야 합니다. 회사비용이 되는 거죠. 하지만 하수도로 흘려보내고 하수도 요금을 낸다는 것은 적어도 그 일부를 지자체가 부담한다는 것을 의미합니다.

이것은 반대로 총자본적 입장이랄까요? 일본 전체의 경영자 입장에서도 이것이 이득이 되겠죠. 즉 공공투자라는 형태로 세금의 일부가 자기 주머니로 흘러드는 거니까요. 간접적으로 자기들이 취급하는 돈의 운용 안으로 공공투자가 들어오는 겁니다.

그런데 자기 회사에서 폐수처리를 하게 되면, 폐수를 흘려보내는 경영자와 처리업자 간에만 돈이 오가면 됩니다. 그렇게 같은 통속 내에서 돈이 도는 것보다는 공공투자 같은 또 다른 커다란 서클에서 돈이 들어오는 것이 자본가 전체로서도 더 이득입니다. 어떻게 생각해봐도 그들에게는 혼합처리가 이득이 됩니다. 그들이 이득을 본다는 것은 곧 이쪽은 손해를 본다는 것을 의미하겠죠. 반대로 저쪽이 손해를 본다고 하면 이쪽은 이득을 본다고 생각하면 됩니다.

농담 삼아 하는 말이지만, 철도에서 적자 노선이라고 하면 이상하게 그곳에 가서 타보고 싶어진단 말입니다(웃음소리). 가보면 확실히 텅텅 비어서 정말 쾌적한 여행을 즐길 수 있습니다. 손님 한 사람을 태우기 위해 엄청난 돈이 들어가는 곳에 가보면 역시 편안하게 앉아서 여행할 수 있어요. 역시 적자 노선을 골라서 여행을 해야 한다고 생각할 정도로 우리도 점점 악랄해지고 있습니다만, 어쨌든 아무리 계산을 해봐도 저쪽이 이득을 본다는 것은 곧 우리가 세금에서 손해를 보고 있다는 말입니다.

다만 원리적으로 그렇듯이 공장폐수와 가정하수를 섞어서 처리한다는 것은 상당한 손해를 수반합니다. 지금까지 효과가 실제로 있었던 것은 단 한 가지, 하수도 요금을 징수하기 때문에 그만큼 폐수에 세금을 물린 것이나 매한가지였다는 거죠. 실제로 요금을 내게 하면, 처음에 이만큼 내보낸다고 했던 양보다 상당수 줄어들 겁니다. 이런 일은 실제로 종종 있었어요. 예를 들어 효고(兵庫)현에서 염색폐수를 합동처리할 계획을 세웠는데, 그때 1톤당 얼마의 처리금액을 받겠다고 했습니다. 그런데 처리장을 만들어놓고 보니 처음에 계획했던 것의 3분의 1밖에 폐수가 안 나왔다는 거예요. 그렇다고 나머지 3분의 2를 강에 버렸느냐 하면 그게 아니었어요. 실제로 돈을 내야 할 상황이 되니까 허겁지겁 물의 이용을 합리화시키고 지금까지 버려왔던 염료 등을 회수해서 결국 3분의 1로 줄였던 겁니다. 처리장을 만들고 세금을 내게 하면 확실히 공해는 조금 줄게 됩니다.

끊임없이 문제의 근본으로 거슬러오르다

물 얘기하다 시간을 너무 많이 써버렸네요. 어쨌든 지금까지 말씀드린 원칙은 대개 다른 공해에도 해당됩니다. 소음이나 악취 같은 문제도 발생원에서 처리하지 않으면 어찌해볼 수 없게 됩니다. 외부로 내보낸 후 처리하는 것은 불가능에 가깝죠. 끊임없이 근본을 돌아보며 의문을 제기하고 이대로 좋은지, 발생원에서 문제를 해결할 수 없는지를 묻는 태도를 모두가 가질 필요가 있습니다.

대기오염의 경우, 지금 기술대책으로 배연탈황(排煙脫硫)이라는 것이 거론되고 있습니다. 그리고 또 직접탈황이라고 해서 중유에서 유황을 제거하는 기술이 거론되는데, 이들 중 어느 쪽이 더 이득이냐를 놓고 논의 중입니다. 원리로 따지면 원료에서 제거하는 것이 이득입니다. 이것은 연료를 태운 후의 가스를 취급할 때와 태우기 전의 연료유를 취급할 때 장치의 크기는 전혀 다릅니다. 세 자릿수 정도는 차이가 날 겁니다. 장치를 놓고 보더라도 직접탈황이 원리적으로 더 합리적이지만, 아직 현재의 기술수준에서는 완전히 제거할 수준까지 못 간 상탭니다.

'그럼 안 되겠군'이라고 포기하기 전에 다시 한 번 처음으로 돌아가 의문을 제기합니다. 먼저 '전력은 지금 그렇게 필요한가?'라는 의문.

이에 대한 기업의 대답은 쉽게 나오지 않을 겁니다. 그러니까 이것이 안 되면 저것으로 하자는 식으로는 제대로 될 리 없습니다.

예를 들어 배기가스는 지금 아주 큰 문제가 되고 있습니다. 그렇다면 전기자동차를 서둘러 개발해 달라, 전기자동차를 만들면 배기가스는 완전히 사라질 것이라고 다들 이야기합니다. 그런데 전기자동차는 전지로 달리는 건데, 전지에 사용하는 납이나 카드뮴 그리고 황을 짊어진 전기자동차가 도로를 달리다 충돌이라도 하면 그 일을 어떻게 할 것이냐는 문제가 생깁니다. "도쿄가 안 되면 나고야로 하지 뭐!" 하는 (웃음소리) 식의 기술이라면, 짐 하나 내리면 대신 두 개를 짊어지게 될 우려가 있습니다.

그렇다면 그럴 때 어떻게 해야 할까요? 자동차로 그런 중대한 문제에 봉착해서 다른 사람이 이렇게 묻는다면 "배기가스는 너 어떻게 할래? 전기자동차를 만들면 된다고 하지만 전기자동차는 이런 문제가 있지 않느냐?"고 이런저런 논의를 해보지만 막막하기만 해요. 그럴 때 다시 한 번 역사를 돌이켜 생각해봅니다. 자동차란 대체 무엇에서 시작되었는가? 마찹니다. 마차가 진화한 것이 자동차예요. 그런데 마차는 애초에 장인이 만들었던 만큼, 지금의 자동차처럼 3년 정도 지나 모델이 바뀌고 금방 타다 버리고 하는 물건이 아니었습니다. 평생 사용하지 않으면 그것을 만든 장인의 실력이 의심받는 거나 마찬가지였죠. 실제로 마차에서 진화한 초기의 자동차는 이와 비슷한 사고방식으로 평생 사용을 목적으로 설계되고 사용되었습니다.

한 대를 사면 평생 소유한다는 생각으로 자동차도 만들어졌습니다. 그러니까 자동차에는 많은 부품이 있고 어느 부분은 훗날까지 남지만, 대개 20년 정도 유지되는 것이 상식이었어요. 그래서 만일 3년 만에 못 쓰게 되는 게 있으면 여분을 만들거나 그도 아니면 연구를 해서 20년 유지되도록 재료를 바꾸거나 설계를 바꿨습니다. 가장 오래가는 부분에 맞춰서 만들어진 것이 장인의 기예라는 겁니다.

이것을 쭈욱 해오다가 막다른 곳에 다다른 것이 1920년대 포드의 T형이었어요. 포드는 장인의 기예를 따로따로 떼어놓습니다. 목수에 비유하자면, 대패를 가는 것에서부터 일은 시작되는데 가는 사람은 가는 일만 하고 깎는 사람은 깎는 일만 해요. 도면을 그리는 사람은 그것만 전문으로 하고. 그런 분업을 정착시킨 것이 포드의 T형이에요. 이것으로 대량생산에 성공합니다. 포드의 T형은 미국 전역에 퍼지고, 같은 방식으로는 도저히 경쟁이 안 된다고 생각한 시보레가 찾은 해결책은 모델 체인지. 그 당시에는 3년 지나면 모양을 바꿔서 새로운 자동차를 판매했는데 지금은 매년 모델을 바꾸게 되었죠.

가능한 한 빨리 쓰고 버리게 하자는 겁니다. 그러다 보니 3년밖에 못 쓰던 부품을 20년 쓸 수 있게 만들려고 머리를 쓰던 것이, 이제는 반대로 20년 쓸 수 있는 것을 어떻게 하면 3년 만에 못 쓰게 만들까를 궁리하고 그 기술을 개발하는 쪽으로 방향이 바뀐 겁니다. 요컨대 어느 부분이 됐든 같은 수준으로 닳아서 결국 못쓰게 되는 기계를 만드는 것이 가장 우수한 기술자라는 거죠.

여러분 중에도 그런 업종에 종사하고 계신 분은 매일 그런 일을 일상업무로 하고 계실 겁니다. 이 부분이 수명이 너무 길어서 좀 곤란한데 재질을 낮춰서 비용을 줄일 수 없을까? 어차피 이 기계는 3년만 쓰면 된다는 사고방식으로 수명이 가장 짧은 쪽에 맞추도록 합니다. 이렇게 해서 생산된 것이 지금의 자동찹니다.

　이런 기술원리로 만들어진 이상, 1년도 안 돼서 거친 가스를 풀풀 내뿜는 엔진이 되는 것은 당연합니다. 5년이 지나고 10년이 지나도 신차와 마찬가지로 배기가스가 악화하지 않도록 하는 기술을 만드는 것이 기술자 본연의 일이어야 하는데, 현재의 기술이란 사용하기 위한 기술이 아니라 만들어서 팔기 위한 기술이 되어 있으니 나온 지 2년째부터 몹쓸 배기가스를 뿜어대는 엔진이 돼버리는 겁니다. 이런 부분은 나 몰라라 팽개쳐두고 '이것이 안 되면 이런 대책으로 하면 된다'는 식의 기술의 틀 안에서, 그 근본 사상조차 바꾸지 않고 하나 또 하나 새로운 것만 자꾸 만들어서 잘 될 리가 없죠.

기술원리의 근본적 전환

　기술적인 문제에 대해 한걸음에 살펴보느라 좀 긴 시간을 썼습니다만, 이렇게 우리가 현재 가지고 있는 기술은 지극히 불완전하고 부정적인 부분이 많습니다. 그러므로 '현재의 기술수준으로는'이라는 말을 저쪽에서 들먹이면 지금은 그 뒷다리를 잡고 매달려야 할 때입니다.

　대학의 공학부에서 항상 말하는 '사회의 요구로 기술이 진보한다'는 말은 틀린 말이 아닙니다만, '사회'라는 말 대신 '회사'라고 하는 편이 더 정확하겠죠(웃음소리). 대학에서 교수가 곧잘 말합니다. "사회의 요구로 기술이 진보했으니까, 지금 더 저렴한 것을 만들라고 하는 요구는 존중하지 않으면 안 된다"라고. 무슨 말인가 하면 그것은 회사가 돈을 더 벌 수 있도록 싸게 만들라는 뜻이고, 회사의 요구로 기술은 진보하고 있다고 하는 편이 정확합니다.

그런데 이 원리가 벽에 부딪힌 최초의 엄청난 기회가 아마도 이번의 공해와 소비자운동이 아닐까 생각합니다. 정말 진퇴양난의 국면에 접어든 상황에서, 60년대 들어 소비자운동과 공해로 인해 비로소 "사용하기 위한 기술이냐? 팔기 위한 기술이냐?"라는 의문이 제기되었습니다. 그런데 대학에서 교육을 받고 있거나 과거에 대학을 나온 기술자라는 사람들은 이 질문에 대답할 수 있는 기술대책을 가지고 있지 않습니다. 십중팔구 없습니다.

현재의 기술적 대책은 좀 전에 물 문제에서 봤던 몇 단계 수순 중 마지막 단계에서 '어떤 물에 대해 어느 정도 처리를 할 것인가'라는 것이 유일한 기술적 대책입니다. 그때까지의 수순 대부분은 —아마추어가 됐든 뭐가 됐든— 우리 주민이 생각해서 해결하지 않으면 안 되는 것이 현실입니다.

전반부는 이것으로 마치고 여기서 잠시 휴식을 취하겠습니다. 후반부에는 이것은 기술의 범위에 넣어도 되는지 어떤지 —아마도 반대의견이 많을 것 같습니다만— 법률에 관해 이야기하도록 하겠습니다.

여론대책을 위한 법률과 행정

지난밤 2시 무렵까지 단체교섭이 학생들과 있었고 오늘 3시부터 다시 진행 중입니다. 그런데 거기에서 뭔가 아주 중대한 이변 —설마

기동대를 부르거나 하는 바보 같은 짓은 안 하리라 생각합니다만— 예를 들어 교수 측이 쏜살같이 도망친다거나 하는 사태가 벌어져서 이쪽으로 연락이 오면 저도 그쪽으로 가봐야 합니다. 그렇게 되면 후반부 강의는 갑작스럽게 중단될 수도 있습니다. 그렇게 될 경우 정말 죄송합니다만, 저의 행동의 자유를 조금 남겨주시길 부탁드립니다. 그렇게 되지 않기를 바랍니다만, 지금의 단체교섭의 진행과정을 보면 정말 엉망진창이어서 한 사람이라도 많이 와달라는 상황이 될지도 모릅니다.

그렇게 되면 —오늘 강의 후반에는 만일 시간이 되면 대학론도 약간 다룰 생각이었습니다만— '백문이 불여일견'이라고 단체교섭이 어떤 식으로 이뤄지고 있는지, 어떤 논의들을 하고 있는지, 대책기술의 본가라는 도쿄대 도시공학에서 어떤 일이 벌어지고 있는지를 잠깐 들여다보시는 편이 제가 여기서 30분이나 1시간 떠드는 것보다 현재의 상황을 훨씬 더 잘 알 수 있을 겁니다. 자, 호기심 왕성한 분은 꼭 들여다보시고 원하시면 야유도 한 번 날려주시길 바랍니다(웃음소리). 완전 공개의 단체교섭이니까 누가 들어와 무슨 말을 하든 그것은 자유입니다. 여러분은 저의 강의를 통해 현재의 도시공학과는 떼려야 뗄 수 없는 관계를 맺고 있어서(폭소) 얼마든지 발언권은 있습니다.

이 같은 상황에서 말하기에는 참 한가한 이야깁니다만 법적인 대책, 행정적 대책이란 무엇인가? 이 역시 법학부에서는 적어도 1년 반에 걸쳐 다루는 것을 30분 정도에 끝내겠다는 무모한 계획으로 대강 말씀드리겠습니다. 지금까지 공해에 대한 여러 가지 법률이 제정되었습니다. 이 법률 혹은 조례 혹은 행정적인 대책이란 것은 과연 무엇이었나? 특히 세계 각국과 비교해 공해대책 상에서 가장 정비된 법체계를 갖췄

다고 일컬어지는 일본의 법률은 무엇인가? 이런 것을 저는 최근 10년 동안 생각해왔습니다. 그리고 결국 저의 경험으로 판단하건대 '법률은 본질적으로는 여론대책이다, 공해대책이 아니라 공해에 반대하는 여론에 대한 대책이다'라는 결론에 도달했습니다.

물론 충분한 근거 위에 내린 결론입니다. 이에 대한 법률학자로부터의 반론은 아직 없습니다. 아마도 다음 달쯤 유히카쿠(有斐閣)에서 『공해법률상담』이라는 책이 출판될 겁니다만, 그중에 「전후공해대책사」라는 제목으로 두 개의 논문이 게재될 겁니다. 하나는 고베(神戶)대학의 사와이(沢井) 선생의 논문으로, 법률의 대가가 쓴 법률의 표면에 나타난 공해대책. 그리고 같은 내용을 다룬 저의 논문. 그것은 법률이란 곧 여론대책이라는 실례를 사와이 선생이 아주 자세하게 써놓은 순서로 나열해본 논문입니다. 그러므로 표리(表裏)의 관계를 이룬다고 볼 수 있습니다.

오늘 말씀드릴 것은 그보다 훨씬 대략적인 이야기가 될 겁니다. 제가 처음으로 공해와 폐수문제에 관심을 갖게 된 것은 1959년입니다. 그 당시 제가 관심을 가졌던 것은 '규제하는 법률이 없기 때문에 단속하지 못한다'는 말이었습니다. 1958년, 혼슈제지 에도가와공장으로의 어민 난입사건이 일어나기 전까지는 신문에 공해문제가 실릴 때마다 관청이 내놓은 유일한 입장은 "아쉽지만 규제할 법률이 없어서 단속할 수 없다"는 것이었습니다.

그런데 수질2법이 1958년에 제정되자 그 이후의 정부 혹은 지자체의 입장문은 달라졌습니다. "법률은 확실히 제정되긴 했지만 정령에 의한 수질기준이 정해질 때까지는 단속할 수 없다"고 말합니다. 그런 그들의 설명을 쭈욱 들으면서 의문을 갖게 된 것이 시작이었습니다.

도대체 법률이란 것은 뭐지? 제정만 되면 뭔가 해결될 것처럼 말하더니 막상 제정되니까 이번에는 정령이 없으면 아무것도 할 수 없다고 한다? 이것은 법률이 생기기 전과 후가 전혀 달라진 게 없지 않은가? 이런 의문을 가졌던 기억이 납니다. 이 의문은 지금까지도 계속되고 있습니다.

콤비나트는 자유방임, 도자기는 단속

이어서 대기오염이 욧카이치(四日市)를 중심으로 1960년 무렵부터 문제가 되었습니다. '욧카이치 천식'이란 것이 화제가 되면서 뭔가 규제법은 없을까 하다가 1962년에 매연규제법이 생깁니다.

하지만 욧카이치에 대한 매연규제법의 지역지정은 1964년까지 연기됩니다. 그 과정에서 반복된 행정 측의 입장표명은 "규제법이 없기 때문에 단속할 수 없다" 혹은 "지역지정이 없기 때문에 단속할 수 없다" 일색이었습니다. 이 점이 수질2법과 완전히 똑같다는 걸 알 수 있습니다.

게다가 욧카이치에 적용한 매연규제법의 지역지정에서, 아황산가스의 기준은 C중유를 최적의 공기연료 비율로 연소시켰을 때의 아황산화물의 양이 규제치가 되어 있음을 알 수 있습니다. 그렇게 하면 매연규제법의 지역지정을 받는 욧카이치에서 석유콤비나트나 전력회사가 걸릴 일은 전혀 없습니다. 그 지정에 걸린 것은 반코야키(万古燒)라는 지역산업체인 도자기업자뿐이었습니다.

뒤이어 1963년부터 64년에 걸친 미시마·누마즈 콤비나트 반대운동의 성공으로 정부와 재계가 큰 충격에 빠졌죠. 이대로 가다가는 더는 새로운 공장을 세울 수 없게 될 거라면서 공해기본법의 필요성을 정부와 재계가 인정했다는 이야기를 당시에도 종종 들었습니다만, 최근의 문헌 중에서는 71년 판 아사히연감(朝日年鑑)에도 "공해기본법을 만들지 않으면 공장입지가 곤란해진다고 정부와 재계가 인정하여"라고 적혀있습니다. 그러니까 이 시점에서 공해기본법을 만들지 않으면 장래에 공해반대운동이 심해질 거라는 예측을 했다는 것은 제가 여기서 말할 것도 없이 주지의 사실입니다. 그리고 재계도 이윽고 어느 정도의 법률이 필요하다는 걸 인정한 겁니다.

그렇게 해서 1965년 도쿄대 법학부를 중심으로 전국의 법률학자 대가들을 망라한 가토 이치로 중심의 공해연구회가 출범합니다.

그런데 운명의 장난으로 제가 바로 여기에 끼게 된 겁니다. 그때는 조교가 된 지 1년째 되던 해였습니다. 법률의 조교나 조교수 그리고 가끔 가토 선생도 오셨는데, 조사를 명목으로 온 관리들의 이야기를 듣거나 —저는 당시 이미 현지를 답사한 경험이 있었기 때문에— 그 경험을 이야기하면서 의외의 인연으로 현재의 가토 학장과는 개인적으로 알게 되었습니다.

이 공해연구회에서 뭐가 뭔지 모를 논의들을 하는데, 이런 식으로 법률이 정해지는 건가 의아해하는 사이에 66년 공해심의회의 중간답변이란 걸 하게 됩니다. 뭐라도 하지 않으면 공해는 더 심해질 것이고 건강까지 해칠 지경에 이를 것이므로 대책을 세우지 않으면 안 되는 때였습니다. 그런데 단지 "공해란 무엇인가?" "공해란 불특정 다수의 원인으로 불특정 다수의 피해자가 생기는 경우가 많다"느니 하는 아무리 읽어봐도 여전히 애매하기만 한 답변이 나오자, 경제단체 연합회와 통산성의 산업구조 심의회에서 이에 대한 반론이 제기되었습니다.

결국 골자 없는 법으로 유명한 정치자금규제법과 마찬가지로 — 아마 요코야마 타이조(橫山泰三)의 만화에도 실렸던 것으로 기억하는데— 법안의 단계에서 재계의 반론을 받아들인 골자 없는 법, 법안심의 단계에서 또 골자가 빠진 법안 만들기. 결국 '건강과 산업발전의 조화'라는 유명한 조항을 내건 공해기본법이 제정된 것이 1967년이었습니다.

1963년부터 64년에 걸친 콤비나트 반대운동에 대한 대책으로 67년에야 공해기본법이 제정됐습니다. 그 법률이 생겼을 때 종종 들었던 설명은 "이것은 기본법이다. 이른바 헌법 같은 것이다. 그러므로 이것을 따른 실시법이 없으면 실제효과는 없다"는 것이었습니다. 이 과정에서 순간순간 "어? 잠깐만?"이라는 의구심이 들었죠.

1958년에 수질2법이 생긴 이래 첫 수질기준이 정해지기까지 4, 5년이 걸렸습니다. 63년 무렵이 되어서야 비로소 수질기준이 에도 강과 이시카리 강에서 정해졌어요. 대기오염 때도 법률이 생기기까지 2년이 걸렸고 지역지정이 정해질 때까지 또 2년이 걸렸죠. 63년부터 64년에 걸친 반대운동에 대한 공해기본법. 아무래도 법률 하나로 몇 년씩 여론을 잠재우고 있다는 사실을 깨닫고, 그 당시엔 정말 분노에 차서 한 말입니다만 '법률 하나, 여론 3년'이라는 말을 했습니다. 하나의 법률로 여론을 대략 3년은 잠재울 수 있다는 겁니다. 그 말을 들은 가이노 미치타카(戒能通孝) 선생은 "음, 대단한 발견을 했구나. 네 말이 맞다!"라고 칭찬해주셨던 기억이 납니다.

피해자를 골칫거리로 취급하는 법률

1969년이 되어 피해자구제법이 제정됩니다.

제한이 너무 많은 법률이라 무엇과 무엇이 제한되었는지도 잊어버렸을 정도입니다만, 아마도 공해 사실의 인정이 필요하고 증상 인정 그리고 생활이 곤란하다는 사실의 인정이 필요했던 걸로 기억합니다. 또 치료에 들어간 의료비 일부를 원조하겠다는 내용이 있었죠. 이런 것이 그때 제정된 구제법이었습니다. 이런 식으로 제한조건이 엄청 많은 법률일수록 실제 효과는 별 볼 일이 없어서, 니가타의 미나마타병 환자에 대해 적용하던 현(県)의 독자적인 제도보다도 국가의 법률이 생긴 이후 오히려 후퇴한 예라 할 수 있어요.

이렇게 제한이 많은 법률은 사실 법률적 사상에서 보면 예로부터 있어 왔던 구빈법(救貧法)—가난한 사람들을 돕는 법입니다— 이나 생활보호법과 같은 발상에서 온 것이므로, 한 푼이라도 잘못된 계산으로 지급되면 안 된다는 생각에서 비롯되어 만들어집니다.

그 토대에는 "원래 인간이 가난한 것은 그 사람의 마음가짐이 틀려먹어서다, 그러니까 여러 가지 조건을 붙여서 거기에 부합하는 자만 구제하는 것이 정부의 일이라는 사상이 깔려있는 것 같다"라고 법률가한테 말했더니, "맞다. 이것은 구제법 이외의 어떤 것도 아니다. 구빈법 응용의 한 예일 뿐이다. 현재의 사회보장 정신과는 전혀 다르다. 법률의 대상이 되는 것은 그 사람의 마음가짐이 나쁘기 때문이라는 전제하에 이뤄진다"라고 하더군요.

어쨌든 1967년 공해기본법이 생긴 지 슬슬 3년이 되어가니 뭔가 또 법률이 생기겠거니 하고 기다리고 있었더니 아니나 다를까 피해자구제법이 생겼어요. 그리고 얼마 안 돼서 분쟁처리법도 생겼습니다.

수질2법 때 이미 나왔던 건데 평판이 나빠서 누구도 상대하지 않았던 '합의의 중재제도'를 중심으로 하고 있습니다. 가해자의 자기변호와 피해자의 이야기를 균등하게 듣고 공평한 판단을 하는데, 이것은 학식경험자가 하도록 되어 있습니다. 도쿄대 가나자와 요시오(金沢良雄) 교수를 비롯한 중개위원이 정식으로 결정되었습니다.

이때의 결정방법은 정확히 1년 전 우리가 줄곧 지켜보았던 미나마타병 보상처리를 그대로 본떠서 만든 법률이라, 이걸로 구제될 사람은 일단 없겠구나라는 예감이 들었습니다.

공해의 심화로 '법률 하나, 여론 3년'이라는 원칙이 이미 들어맞지 않을 지경까지 와 있는지, 작년 말에 있었던 공해국회에서 그럼 숫자로 밀어붙이자 해서 나온 것이 14개 법안입니다(웃음소리). 이때도 공해문제에 관한 논의는 질보다는 양이에요.

미나마타에서 얻은 교훈으로 보면, 공해에는 4단계 과정이 있는데 3단계인 반론의 장에서 나오는 원칙으로 '반론은 질보다 양이다'라는 것이 있습니다. 그런데 법률을 논할 때도 질보다 양이 우선이에요. 법률 하나로 3년을 버틸 수 없게 됐다면 '14개로 가자, 42년까진 무리더라도 최소 몇 년은 버틸 수 있겠지' 하는 속셈이 그대로 묻어난 게 아니겠어요?

이것은 어제 말씀드렸듯이 미국인이 보기에는 상당히 선구적인 사례였던 모양입니다. 닉슨도 올해 정확히 14개의 법률을 제출했어요. 이 상태라면 14개 만들어도 1년도 못 버티는 게 아닐까. 아마도 올해나 내년에는 또 14개를 웃도는 법률을 내놓고 어찌어찌 그 자리를 모면하려고 들지 않을까요?

왜 이런 일들이 벌어질까요? 야당의 공부부족이 가장 큰 이유 중 하나인 건 사실입니다.

예를 들어 어떤 공해가 발생하면 당장에 "규제할 법률이 없어서 규제할 수 없다"는 관리들의 말을 곧이곧대로 믿고 "그렇다면 규제법을 만들면 되지, 얼른 공해규제법을!"이라는 식의 요구를 대개 사회당과 공명당에서 앞장서 합니다. 그런데 이것이 바로 문제를 아주 복잡하게 만드는 거라고 봐요.

공해가 발생한 현지를 조금만 조사하면 법률 따위로 공해가 없어진 예가 전무합니다. 규제법을 만들어봤자 아무 도움도 안 돼요. 정말 공해를 멈추게 할 마음이었다면 어제 말씀드렸던 서독의 영업법 한 줄로도 충분합니다(제11회, 『공해원론 3권』 수록). 아니면 욧카이치에서 공장 폐수를 고발 중인 해상보안부의 현장 사람들이 사용하고 있는 법률은 결코 수질관계의 법률이 아닙니다. 항측법이니 항만법이니 하는 건 전혀 다른 법률이에요. 혹은 하천법 ―구 하천법 중 '누구도 하천에 함부로 오물을 버려 오염시킬 수 없다'는 조문으로도 훌륭하게 하천오염을 방지할 수 있습니다.

그런데 하나 또 하나 끊임없이 새로운 법률을 요구하는 야당을 보면 진짜 공부를 안 해도 너무 안 한다는 생각이 듭니다. 특히 사회당과 공명당의 반성을 촉구하는 바입니다. 그래봤자 이 자리에 사회당이나 공명당의 책임자가 계실 리도 없고, 혹시나 우연히 오신 분이 계신다면 돌아가셔서 이것을 동료들께 말해주시면 더없이 고맙겠습니다. 어쨌든 이런 실례를 통해 보더라도 법률로 공해는 절대 사라지지 않습니다!

공해공인의 수단으로서의 법과 행정

그리고 또 한 가지. 조례와 법 중 어느 것이 우선하는가에 대한 논의가 수질2법이 제정된 1958년부터 되어왔습니다.

사실은 더 오래전부터 논의되긴 했다고 하는데 제가 찾아볼 수 있는 한은 58년부터의 논의이므로, 지금에 와서 어느 쪽이 우선하는가를 놓고 글을 써서 원고료를 받는 법률 선생도 공부 안 하기는 마찬가지구나 싶습니다. 현재, 법률도 조례도 대부분의 경우 무효합니다.

저는 도치기 현(栃木県)의 공해방지조례로 인해 만들어진 공해심의회의 수질부회전문위원이라는 것을 맡고 있는데, 올여름에도 도치기 현을 조사하기로 되어 있습니다. 그런데 작년에 조사한 결과에서는 조례가 만들어졌는데도 오염은 점점 진행되고 있어요. 나쁘게 말하면 법률이나 조례가 생기면 오염은 더 진행된다고 봐도 됩니다. 사실 대기오염방지법, 매연규제법 때에는 '지역지정은 거절하겠다'는 요구가 지자체에서 나온 적이 있습니다. 그것이 오면 공해가 심해진다는 거예요.

아무리 아황산가스를 내뿜어도 0.18%였는지 0.22%였는지, 그 이하만 되면 양에 상관없이 내뿜어대니 법률이 생기면 오히려 오염을 공인하는 셈이 된다며 법률을 반환하겠다는 움직임이 여러 차례 있었습니다.

왜 법률이나 조례가 무효한가 하면 ─이건 아주 간단해요─ 공해가 현실적으로 차별문제라는 사실을 모르는 선생들이 쌍방의 중립에 서있다는 가상의 입장을 만들어서 법률로 중재하겠다고 합니다. 그러니 피해자가 짊어지고 있는 공해의 총체적인 인식에서 출발하지 못합니다. 그런 발상으로 만들어진 것이 법률이고 조례라는 것인데 이것들로 공해가 없어질 리가 없습니다. 그것을 무슨 유력한 무기라도 되는 양 생각하는 정치가가 있다면 이 역시 정치가라는 이름이 부끄러울 일입니다.

좀 극단적인 예를 들어볼까요? 최근 서점에 나와 있는 『쥬리스트』 471호의 권두에 가나자와 요시오, 가토 이치로, 와가쓰마 사카에(我妻栄), 그 밖에 일본의 유명한 법률학자들의 공해에 관한 좌담회 내용이 실려 있습니다. 이것을 화 안 내고 끝까지 읽을 수 있다면 여러분은 아주 인내력이 대단한 분들일 겁니다. 공해의 피해자라면 도중에 화가 나서 집어던져버리고 싶어질 게 당연합니다. "역시 일본의 공해반대운동은 '파토스'만 있고 '에토스'는 없다"는 식의 어려운 말을 늘어놓으면서 '감정적, 감각적일 뿐 논리적이지 않다'는 말들을 해놓았습니다.

지금 거의 죽음에 내몰린 우리가 감정적이냐 논리적이냐 그런 걸 따지고 있을 때가 아니라는 것을, 가토 교수는 절대 이해 못 하실 겁니다.

그리고 만일을 위해서 말씀드리지만, 가토 교수는 이 공개강좌의

2학기 출강 의뢰를 거절하셨기 때문에 안타깝지만 이 자리에서 얼굴을 보고 그 분을 비판할 기회는 물 건너갔습니다. 그래도 언젠가 또 기회는 있을 테니까(웃음소리) 다음 기회에 우리의 이런 의문점들을 직접 따져보도록 하겠습니다.

어쨌든 일본의 대표적 법률학자라는 사람들이 공해에 대해 이 정도 인식밖에 갖고 있지 않다면, 그런 선생들이 이론을 공급하는 법률로 공해를 방지할 수 있다고 생각하는 것은 명백한 환상에 불과합니다.

그렇게 법률은 책의 지식으로 현실을 재단하려고 하니 효과가 없는 겁니다. 그렇다면 행정은 어떤가요? 역시 행정도 역사를 돌아보면 완성도가 나쁘긴 마찬가집니다.

지금까지 공해에 대한 기준을 행정적으로 정해온 것들을 보면, 대개는 배출기준이라는 형태로 배수로나 굴뚝에서 나오는 오염물의 농도를 규제하려는 사고방식으로 정해졌습니다.

왜 배출기준으로 정했는가 하면, 공해처리를 할 수 있는 기술적 수준을 토대로 결정했다는 것이 지금까지의 논거입니다. 그런데 조금 전에 말했듯이 우리가 가지고 있는 기술적 기준은 아주 미비해요. 이 기술적인 현실을 전제로 해서 배출기준을 정한다면 현상을 공인하는 셈이 되는 것은 뻔한 일입니다.

그렇게 배출기준이라는 형태로 현상이 공인되었을 때 항상 나오는 것은 농도예요. 우리가 상식적으로 생각해도 왜 오염물의 전량, 절대적인 양으로 결정하지 않을까 라고 생각하는데 언제나 나오는 얘기가 ppm입니다. 그러니 극단적인 경우에는 깨끗한 물을 섞어서 희석시킨 후 흘려보내도 법률에는 걸릴 리가 없습니다. 그렇게 빠져나갈 구멍을 남겨두기 위해 ppm 즉 농도로 배출기준을 정한 게 아닐까, 저는 최근 들어 의심하게 되었습니다.

최근 들어 또 환경기준이라는 것을 정하면서 ppm을 놓고 이야기하기 시작했죠. 이것은 배출기준에 비하면 어느 정도 과학적인 기준에서 출발하고 있는 것처럼 보이지만, 실제로는 아황산가스의 환경기준에서 논의됐던 것처럼 ppm 깎아내리기에 혈안이 되죠. 학자가 답변한 기준을 점점 깎아내리는 것이 현재의 환경기준이고, 또 과학적인 근거를 토대로 하고 있다면서 항상 단일물질로 정하는 것이라 이 이하라면 안전하다고 할 양은 아니죠. 그러므로 아황산가스의 환경기준은 0.05ppm인데 0.02ppm인 지역에서 갈수록 천식이니 기관지염이 증가하고 있는 것은 오히려 당연한 겁니다. 환경기준을 대기오염과 별개로 분리하는 도구로 사용하는 것은 명백히 잘못입니다.

그렇게 되면 배출기준의 출처가 분명한 만큼 더 나을지도 모르죠. 환경기준으로 최근 화제가 옮겨간 것은 퇴보가 아닐까 생각합니다. 하지만 법률가나 기술자에게 그런 이야기를 하면 "너는 아마추어라서……"라고 반드시 말합니다. 그렇지만 아까 말했듯이 과학이나 기술의 진보는 무라오 코이치의 말을 빌리자면 '외재적 비판' 혹은 '아마추어의 이해력이 부족한 완고한 비판'으로 인해 이뤄지는 겁니다.

이 '이해력 부족한 완고한 비판'을 다른 말로 하면 '고발'이라고 할 수 있습니다. 그러므로 고발에 의해서만 이런 대책은 진보합니다. 이것 역시 철칙이라고 생각합니다.

경제학자의 축하할 일

참고로 보조금이냐 벌칙이냐를 놓고 최근 경제지 혹은 『주오코론 (中央公論)』 등에서 종종 논의되는 경우를 목격할 때가 있습니다. 이것은 경제학의 이론인데 역시 여기에서 한 가지 답을 찾았으면 합니다.

이때 보조금과 벌금 중 어떤 것이 경제적인 자극으로 가장 좋을까 하는 이야기는, 사실 그 진의를 공개하면 작년 3월 열렸던 공해국제 심포지엄에서 나온 이야깁니다. 그때 배부된 논문을 다른 사람한테 빌려서 복사를 해뒀다가 그것을 가위와 풀로 오리고 붙여놓은 것이 일본의 경제학자 대부분이 말하는 논의라는 겁니다. 어떻게 아느냐고요? 우연히 제가 그 자리에 있었으니까요. 이른바 근대경제학자 중에는 도쿄대의 우자와 히로후미(宇沢弘文) 교수 혼자만 그 회장에 나오지 않았다는 것도 알고 있습니다. 그러니까 우자와 교수의 보고를 빌려서 그것을 오리고 붙여서 번역한 것이 지금 『경제세미나』나 『주오코론』 혹은 『도요(東洋)경제』의 별책 같은 곳에 나와 있는 논문이에요. 원출처가 뻔합니다. 게다가 거기 모였던 학자에게 유익했던 것은 토론보다는 오히려 견학이었죠. 견학현장에서는 '우리의 이론은 도움이 안 된다는 것을 통감했다'고 모두가 이구동성으로 말하고 있으니까요. 그럼 일본의 경제학자 대부분은 견학에 동참하지 않았으니까 사실 그들 자신이 반성했다는 사실을 모르고 있지 않을까요?

그러니까 가히 레온체프(Wassily Leontief)나 카프(Karl William Kapp)를 적당히 이어붙일 수 있는 겁니다. 레온체프도 후지에 갔을 때 "이것은 범죄다!"라고 말했고, 카프도 "이렇게 심한 사태가 세상에서 벌어질 수 있는가? 이런 상황에는 나의 이론을 도저히 적용할 수 없다!"고 말했습니다. 그뿐이 아닙니다, 골드먼(M.I. Goldman)은 "용케도 혁명이 일어나지 않았구나!"라고 어이없어 했죠(웃음소리). 그런 부분은 쏙 빼고 심포지엄에 나온 논문만을 오리고 붙인다고 그것이 일본의 현상에 무슨 도움이 되겠습니까?

그래서 전에 제가 말씀드렸던 것 같은데, 역시 공해문제에서 외래어가 나왔다 하면 그것이 레온체프가 됐든 카프가 됐든 마르크스나 레닌이 됐든 하나같이 이상합니다. 아니 쓸모가 하나도 없다는 원칙이 여기서도 드러납니다. 이런 말도 안 되는 논의는 공해의 현장에 가보지 않으니까 가능한 겁니다. 아시오나 후지 혹은 미나마타에 한 번이라도 가봤다면 물론 그런 논의는 절대 할 수 없었겠죠.

보조금이냐 벌금이냐 하는 것에 관해 한 가지만 답을 내리려고 합니다. 보조금이란 세금으로 공해방지 설비에 돈을 내겠다는 겁니다. 이것은 일정 비율제도로 나가기 때문에 큰 사건을 칠수록 혹은 더 더러운 것을 처음부터 흘려보내는 기업일수록 이득이 커집니다. 보조금으로 돈을 받는 쪽도 이득이겠죠.

보조금이냐 벌금이냐라는 논의를 처음 시작한 것은 주디라는 캐나다의 경제학자인데 ―미국에서 왔습니다만― 그의 논문에서 비롯되었습니다. 거기에는 몇몇 경제적 방법을 나쁜 것에서부터 좋은 것까지 나열하고 있는데, 가장 나쁜 것은 뇌물이라고 합니다. "공해가 표면에 드러나지 않도록 돈을 줄 테니 어떻게 좀 해달라"면서 뇌물을 줍니다.

이것이 제일 나쁜 것이고 다음이 보조금이라고 말합니다. 제도적으로는 보조금은 뇌물의 일종으로 효과는 뇌물과 마찬가지라고 논문은 쓰고 있어요. 그리고 예를 들어 공공투자나 벌금 혹은 권리금입니다. 권리금이란 참 이상한 발상인데, 가령 강에 오염물을 1톤 버리면 1만 엔의 벌금을 부과하기로 했다고 합시다. 그리고 어떤 강 유역을 설정해서 그 강 유역에 몇 개의 공장이 있고, 그 강의 수량이나 기타 상황을 조사해서 대충 이 강이 보기 흉하지 않을 정도로 깨끗하게 유지하기 위해서는 이 몇 개의 공장에서 합계 10톤의 오염물을 흘려보낼 수 있다고 정해요. 그리고 이 10톤의 오염물을 어떤 식으로 각 공장에 할당할까에 대해 경쟁입찰로 결정하게 하자는 겁니다. 그래서 "우리 공장에서는 1톤당 2만 엔의 권리금을 낼 테니까 5톤을 버리게 해달라"라거나 "우리는 3만 엔을 낼 테니 10톤 전부를 우리한테 달라"라는 식으로 경쟁입찰을 하게 한다는 겁니다. 그렇게 낙찰을 받은 곳에서 지자체가 돈을 받아, 이번에는 그것을 다른 용도로 쓴다는 거예요. 이런 제도가 가장 경제적인 자극을 어디에 줄 것이냐는 점에서 합리적이라는 것이 주디의 논문의 결론이었습니다.

일본에서 지금 논의되고 있는 것은 이 최적의 방법이 아니라 차선책인 벌칙제, 즉 1톤 버리는 데 가령 1만 엔이나 10만 엔의 돈을 처음부터 정해서 걷자는 벌금이랄까, 매일 거둬들이는 이를테면 부과금입니다. 논문에서는 'Charge'라고 돼 있더군요. 그것이 그나마 현재보다는 나을 수 있다고 인정하더라도, 보조금과 벌금 사이에는 돈이 들고 나는 것의 차이만 있을 뿐이지 본질적인 차이는 없다는 근대경제학자의 이론은 실제의 경제로 봤을 때 명백히 엉터리라는 답을 내놓고 있습니다.

그리고 또 한 가지 행정적인 대책인 공해방지사업단이 있습니다. 이곳의 주 업무는 보조금의 지급과 대출인데, 잘 생각해보면 대출을 주

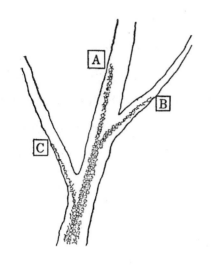

업무로 하는 별개의 조직이
있습니다. 그건 아시다시피
은행이죠. 시중은행이 공해
방지사업단보다 훨씬 능률적
으로 돈을 대출해주고 있어
요. 아주 확실하죠. 그러니까
은행에서도 할 수 있는 일을
공단까지 만들어가면서 한다
는 건 대체 뭘 위한 것인가?
관리의 지위를 만들기 위해

서죠. 그리고 여론대책을 위해서고요. 지위는 만든 사람으로서 할 일이
딱히 없죠, 돈은 있죠. 그럼 어때요? 시간은 넘치니 부정부패밖에 일어
날 게 없습니다. 실제로 아마 작년이었던가요? 작년인가 재작년에 상
당히 큰 규모의 부정이 공해방지사업단에서 벌어졌었죠.

게다가 그때 사용된 기술, 공해방지사업단이 추천한 기술은 아
까부터 제가 몇 번이나 비판한 도쿄대학원의 지극히 저차원적인 기술
입니다. 그것도 20여 년 전에 대학을 나온 기술자가 학창시절에 배웠
던 교과서를 그대로 적용한 거예요. 공해방지사업단이 뭔가 좋은 일을
한 예는 거의 없어요. 하지만 이런 것을 만드는 편이 시중은행이 대출
을 하는 것보다 역시 총자본의 입장에서는 공공투자라는 세금 횡령이
가능해지는 만큼 유리하죠. 그러니까 앞으로도 이런 오염방지공단이니
수질오염연구개발공단이니 하는 공단공사 같은 종류들이 무수히 많이
생길 테죠. 그때마다 '이것으로 비로소 공해를 방지할 수 있다'는 선전

을 하겠지만 그런 것에 결코 현혹돼서는 안 됩니다.

우리가 이런 걸 간파하면 저쪽도 '아, 들켰구나!' 생각하고 그만두지 않을까요? 가능한 한 "이제 그런 수법은 훤히 다 아니까 그만해라!"라는 목소리를 내는 것이 하나의 대책이라 할 수 있습니다. 예를 들어 '공해에는 제3자가 없다'라는 말이 최근 널리 퍼지고 있는 만큼, '나는 공정한 제3자'라는 말은 제아무리 도쿄대 교수라도 이젠 사람들 앞에서 말하기 어렵게 됐습니다(웃음소리).

중앙집권에 의해 공해는 심화되다

마지막으로 말씀드릴 것은 창구를 일원화하지 않으니까 문제가 해결되지 않는다는 이야기가 반복적으로 거론되고 있는데, 이 역시 이상한 일입니다. 중앙정부가 주제 넘는 간섭을 그만두면 모든 권한은 지정의 시정촌(市町村)으로 모아지면서 창구가 하나로 통일됩니다. 작은 지자체 안에서는 이미 담당자가 정해져 있어요. 적어도 지금의 후생성이나 건설성, 통산성, 농림성 등 여러 곳이 제각각 공해담당부니 담당국이니 하는 것들을 늘리고 있는 것에 비하면 그나마 도쿄도가 능률적으로 잘하고 있는 편입니다.

따라서 공해에 대한 대책의 하나는 중앙집권을 가능한 한 배제하는 겁니다. 그런데 실제로는 도시의 합병으로 중앙집권이 오히려 강화되고 있어요. 전에 봤던 우스키(臼杵)에서도 드러났듯이 도시의 합병은 소수의 피해를 입은 사람들의 의사를, 아무것도 모르는 다수의 사람들이 오히려 억누르는 역할을 합니다. 중앙집권화는 확실히 공해를 심화시킵니다.

이것은 아직 고시된 것이 아니라서 공무원으로서 제가 무슨 말을 하든 상관없을 것으로 알고 말씀드립니다. 만일 이번 도지사 선거에서 자민당이 미는 후보가 당선되는 일이 생긴다면, 도쿄의 공해는 가속도적으로 심해질 거라고 저는 예측하고 있습니다. 물론 대책 면에서 쌍방 중 어느 쪽이 구체적인가 하는 문제는 충분히 이야기되고 있지만, 원리로는 중앙집권이 강화되면 공해는 격화된다는 데에는 예외가 없습니다. 돈을 얼마를 들여서 방지대책을 세우든 중앙집권이 강화되면 공해는 심해지게 돼 있어요. 그러므로 우리는 공해의 심화냐 혹은 현상유지냐 혹은 현상보다 어느 정도 나아지느냐의 선택을 4월 11일 하게 될 겁니다. 이것만큼은 분명히 말씀드리는 바입니다!

정말 두려운 것은 무엇인가?

어쨌든 이런 기술적인 대책을 꾸준히 해오면서 공해가 얼마나 무서운 것인가를 아는 데에는 물론 피해 그 자체에 대한 두려움도 있습니다. 다만 오래도록 함께 해오면서 더욱 절망적인 것은 현재의 공해에 대한 사회적 대응의 무서움 혹은 공해의 위태로운 국면에 직면했을 때의 인간의 비열함 같은 것을 느끼는 겁니다. 예를 들면 미나마타에서 종종 "너희 집은 환자가 두 명이나 있어서 제법 벌었겠다!"라는 식의 지역사회에서의 차별문제가 불거지곤 합니다. 혹은 도쿄에서도 이렇게 공해가 심해져도 "우리 사는 곳은 괜찮아!"라며 "뭘 그렇게 시끄럽게 구는지 모르겠다"는 식의 반응이 있습니다. 또 당연히 공해를 멈추게 해야 할 관공서의 업무에 대해서까지 "우리가 안 해주면 제대로 되는 것이 없다"고 불평하고, 대학에서는 당연히 이 정도 이론은 정립해야 하고 이 정도 강의는 해야 할 것을 일개 조교가 이런 야심한 시간을 이용해 비합법적으로 강의해야 하는 현실에 절망감을 느낍니다.

지금의 사회조직의 대응이 얼마나 불완전하고 불충분한지 이런 현실이 훨씬 두렵습니다. 발생원을 멈추게 하면 어느 정도 해결될 문제는 어떻게 해볼 수 있지만, 발생원을 막아도 어쩔 수 없는 것 —가령 DDT+PCB 같은 것은 도저히 어쩔 수 없는 것이라— 이런 것이 배출되었을 때 사회가 어떻게 대응할까에 따라 우리가 살아남을 수 있을지 없을지도 결정될 겁니다.

또 이번 공개강좌가 우여곡절을 겪으면서도 여러분의 노력과 저의 노력으로 아무것도 없었던 무(無)에서 출발해 여기까지 왔습니다. 앞으로 한 번의 강의만 남겨두고 있는 여기까지 올 수 있었다는 사실 자체에서 우리가 결심만 하면 아무리 어려운 일도 해낼 수 있다, 공해 역시 어떻게든 막을 수 있지 않을까 하는 희망을 어느 정도 가질 수 있게 되었습니다.

오늘은 사실 과학기술의 총괄적인 문제, 대학에서 가르치고 있는 과학기술은 공해대책 국면에서 도대체 어떻게 침체되어 있는가에 대해 이야기하고 싶었습니다만, 단체교섭 문제로 절박한 상황이라 대학 문제는 최종회 서두에서 서둘러 이야기하도록 하겠습니다. 그리고 다음 강의 때 조직론과 운동론 —마무리 단계에서는 절반 정도 토론 시간을 갖고자 했지만, 그때는 시간이 별로 없을 것 같아서 오늘 두세 가지 토론을 했으면 합니다. 어떠실까요?

질문 및 토론

카네미유증의 교섭문제

A   요즘 카네미유증의 보상문제가 제기되고 있어서 자료를 가져 왔습니다. 카네미유증은 여기 와계신 여러분은 잘 알고 계시리 라 생각하지만, 약 3년 전에 사건이 발생한 공해사건으로 되어 있고 현재 인정된 환자는 작년 10월 기준 1천 명이 조금 넘습 니다. 물론 다른 경우와 마찬가지로 인정되지 않았더라도 카네 그롤이 이미 침투해서 증상이 있는 사람들도 있어서 실제로는 몇 명인지 정확히 알 수 없는 상황입니다. 그런데 그중의 3분 의 1 이상에 해당하는, 규슈(九州)의 나가사키 현에서 배로 4시 간 정도 가야 하는 고토(五島)열도라는 곳의 외딴 섬에 380명 정도의 인정환자가 있어요.

다마노우라(玉之浦)라는 곳과 나루(奈留)라는 섬인데, 그중 에서도 다마노우라에 지금 —나루도 마찬가지지만— 카네미 창고와 환자 사이의 교섭이 진행 중입니다.

다마노우라에서는 합의가 이루어졌는데, 거기에는 지금 인 정환자가 300명이 있어요. 작년 12월 1일에 검진이 이뤄져서 14명의 새로운 인정환자가 추가로 나왔으니까 314명일 거라고 생각합니다. 어쨌든 300명 이상의 사람이 합의한다고 이미 결정했습니다. 결정된 것은 2월 14일인데 아마 이달 안에 일괄 조인이 되지 않을까 생각합니다.

합의서 내용은 쓰여 있는 대로 법률적으로는 여러 해석이 가능해서 애매한 점이 있다고 하는데, 요컨대 이 합의는 법률적으로 회사에 책임이 있다는 것을 의미하는 건 아니라는 것이 하나고, 앞으로 금품 청구를 일절 하지 않겠다 ㅡ미나마타나 다른 곳도 그렇지만ㅡ 이른바 영구합의의 조항입니다. 그리고 나머지는 증상. 중증(重症), 중증(中症), 경증(輕症) 등 증상에 따라 일단 40만 엔, 30만 엔, 20만 엔. 그 밖의 증상을 구분한 것은 각 심의회인데 이번에는 나가사키 현의 경우라서 나가사키 현의 유증대책 선생들이 중심이 되어 있습니다. 거기에서 중증이니 경증이니 하는 증상을 구분하고 인정해서 각각의 금액을 지불하는 식입니다.

도쿄에 사시는 분들은 대부분이 모르실 거라고 생각합니다만 ㅡ저도 전에는 몰랐거든요ㅡ 유증으로 인정받은 뒤 돌아가신 분이 열 분, 그리고 인정 전에 돌아가신 분이 몇 분 계십니다. 가족의 이야기로는 돌아가셨을 당시의 증상이 유증의 증상과 아주 흡사했다는 분이 몇 분 계십니다. 인정되지 않은 분까지 포함해 열다섯 분이 유증으로 돌아가셨을 거라고 봅니다.

지금 합의가 진행되고 있는 다마노우라에서도 인정된 네 분의 환자가 돌아가셨어요. 여기에는 돌아가신 분들에 대해 적혀있진 않지만, 돌아가신 분도 인정되었을 때 중간 증상이면 중간 증상 금액으로 합의를 보았다고 합니다.

인정 당시 열두 살 미만의 아이는 이 증상의 구분에 따른 사람의 70%에 해당하는 금액. 그리고 70세 이상은 80% ㅡ

1959년 12월에 미나마타에서는 아이의 경우 3만 엔이 지급되었는데— 그때와 마찬가지 방식이 여기서도 재현되고 있습니다.

거기에 찬성한 사람들도 불만이 많겠지만 일단 찬성한 이상 어찌해볼 수 없어요. 실제로 이런 식으로 합의가 이루어지니까요.

그리고 또 한 가지는 이에 반대한 사람들, 이 합의를 받아들일 수 없다고 한 75명 정도의 환자가 다마노우라라는 하나의 지역 안에서 결과적으로 분열되고 말았다는 겁니다. 2월 말에 새로운 피해자 모임을 만들어서 지금 다른 곳에서 재판을 벌이고 있는 그룹이 있는데, 그 사람들과 함께할지 안 할지 모르지만 소송으로 갈 거란 이야기를 들었습니다.

〈자료〉

| 합의계약서 |

환자를 갑이라고 하고 카네미창고 주식회사를 을, 가토 산노스케 (加藤三之輔)를 병으로 하여 이하의 항목에 의거 합의계약서를 체결한다.

1. 갑과 을과 병은 이른바 유증문제 해결을 위해 본 합의계약을 체결한다. 단, 본 합의계약의 체결이 을 및 병에게 이른바 유증문제에 대한 법률상의 책임이 있음을 의미하는 것이 아님을 갑은 확인한다.

2. 을은 갑에 대해 합의금으로 ○엔(이미 지불한 위로금 1만 엔 포함)을 이하의 방법으로 지불한다. 갑이 치료할 필요가 거의 없는 상태가

되어, 갑이 합의금 지불을 청구했을 때 신와(親和)은행 후쿠에(福江)지점에서 지불한다.

3. 갑은 을로부터 전기(前記)한 합의금을 지불받은 후에는 이유나 명의 여하를 불문하고 을 및 병에게 금전을 청구하지 않는다.

각서

이른바 유증문제 해결을 위해 합의계약의 내용에 대해 다음과 같이 양해한다.

1. 을이 지불할 합의금은 갑이 지불을 신청한 후 가급적 서둘러 결제하도록 노력하지만, 을의 자금조달 상황, 갑의 신청시간 및 수에 의해 지불을 다소 연기하거나 분할 지불을 할 수 있다.

2. 을은 갑에 대해 합의금 지불 후에도 나가사키 현 유증대책심의회가 유증의 치료판정을 할 때까지 치료비를 부담한다. 단, 갑은 불필요한 치료는 자숙하도록 한다.

3. 을은 갑에 대해 치료촉진을 위한 특별위로금으로 2만 엔을 합의금과 동시에 지불한다.

갑 대표 : 다마노우라 초(玉之浦町) 유증환자의 모임 회장

을 : 카네미창고 주식회사 대표이사 가토 산노스케

합의금 그 외 지불 계산서

증상구분 및 지불기준액 : 중증 40만 엔, 중증(中症) 30만 엔, 경증 20만 엔

연령구분에 따른 지불율 : 만 12세 미만(초등생 이하)는 70%, 만 70세 이상(노인)은 80%, 기타 100%(증상구분 및 연령구분은 인정 당초의 것으로 한다).

이미 지불된 위로금 감액 : 1만 엔
치료촉진을 위한 특별위로금 : 2만 엔
차감합계액 ○○○○엔

그리고 또 한 가지. 다마노우라와는 별개로 나루라는 섬이 있는데, 거기에 87명의 인정환자들이 있습니다. 그곳의 환자분들에게도 작년 여름부터 합의공작이 들어오고 있습니다. 소송으로 갈 것인지 합의로 갈 것인지 아직은 모르지만, 그쪽에는 일단 지켜줄 지원조직도 전혀 없어서 상당히 고립된 상태에 처해있습니다. 그런 피해자들도 많이 힘든 상황에 있습니다(3월 19일, 피해자 모임 회장인 마에시마 요시오(前島芳雄) 씨가 미야자키 씨에게 '87명 전원 소송으로 결정'이라는 편지를 보내옴). 십몇 년 전엔가 벌어졌던 것과 마찬가지 일이 여기서도 벌어지고 있음을 알게 되었습니다.

우이 준 정말 감사합니다. 이 합의계약서 중 특히 병이 나았을 때 지불하겠다는 제2항은 참 특이하군요. 지금까지 이런 형태의 것은 극히 드문데요. 아마 전무하지 않을까요? 그런 의미에서 이 합의계약서는 역시 공해 역사상 길이 남을 역사적 문서 중 하나겠네요.

안타깝게도 12년 전의 미나마타병 위로금 이후로 끊임없이 노력해왔는데 나아진 게 하나도 없군요. 게다가 이 카네미유증의 경우는 카네미의 쌀겨기름을 마신 사람이 몇 명인가는 비교적 조사하기 쉽습니다. 미나마타병 때는 미나마타의 물고기를 먹은 사람의 수를 거의 파악할 수가 없었잖아요. 어디서 온 물고긴지 모른다, 그래도 조금 먹었다, 확실히 미량이긴 해도 수은이 들어있었다 등등 범위를 특정하는 것이 불가능에 가까웠습니다. 하지만 카네미의 쌀겨기름의 경우에는 환자의 폭을 쉽게 특정할 수 있다는 점에서 우선 조사하자고 들면 얼마든지 알 수 있습니다. 그런데 그걸 조사하지 않았어요. 게다가 전형적인 환자인정에서조차 시끄럽습니다. 그 증상마저도 제대로 조사하지 않았습니다.

환자들에게 이런 '미끼'를 던졌어요, 그것도 아주 열악한 미끼로 사람들을 분열시키고 서로 싸우게 만듭니다. 12년 가까이가 흐른 지금까지도 이런 수법을 우리가 용인하고 있다는 것 자체가 공해를 심화시키는 하나의 기반이 됩니다.

하지만 그것을 어떻게 할 것인가에 대해 몇 가지 방법을 생각해볼 수 있어요. 하나는 역시 지금 존재하는 공해를 어느 것이라도 좋으니까 하나를 골라서 완전히 깨부수는 겁니다. 최근 10년 동안 여론이 다소 진전을 보이고 있어서, 도쿄 근방에서는 이런 합의계약이 이제 나오지 않게 되었습니다. 그것은 다름이 아니라 끝까지 본때를 보여준 몇몇의 투쟁이 있었기 때문입니다. 우리 역시 그런 투쟁을 끝까지 밀고 나갈 것이고, 니가타에서 승리하면 그것은 기타큐슈 사건에도 어떤 식으로든 유리한 전제를 만들 수 있으리라는 예측을 할 수 있습니다. 지금 저는 니가타에 거의 매달리다시피 하고 있습니다만, 물론 카네미의 사건을 잊고 있는 건 아닙니다.

이 카네미의 쌀겨기름 중독은 몇 번 말씀드렸듯이 세계적으로 아주 드문 중독사건입니다. 뿐만 아니라 세계적으로 벌어지고 있는 오염의 극한이라는 사례로 '제2의 미나마타병'이라고 해도 과언이 아니라고 생각해요. 또 세계의 학자와 의사들만이 아니라 생물학자도 카네미유증의 임상증상에 주목하고 있음에도 불구하고, 일본에서는 제대로 된 논문이 일절 나오지 않고 있습니다. 그 때문에 국제회의가 있을 때마다 제가 규탄받는 원인이 되는 사건이기도 합니다.

이 문제에 대해서도, 그리고 다른 사건에 대해서도 만일 의견이나 토론하실 것이 있으면 말씀해주십시오.

B 카네미 문제에 대해서 말씀드리고 싶습니다. 지금까지 조사해온 것은 아시오에서나 미나마타에서도 그리고 니가타 미나마타병이나 이타이이타이병에서도 어느 정도 지역성이란 것을 가지고 있다고 봅니다. 그런 지역성이 있다면 요컨대 주민운동이란 지인의 얼굴, 친척, 이웃사촌이기 때문에 함께 연관되기 쉽습니다. 특히 카네미 쌀겨기름이나 탈리도마이드 사건의 경우는, 지역성을 넘어 요컨대 우리가 탈리도마이드나 카네미유증에 안 걸렸다는 것은 우연에 지나지 않습니다. 언제 섭취했을지 모를 일이죠. 발생한 뒤에 깨닫게 되는 겁니다.

그런 문제에 대해 지역성을 떠난 새로운 문제로 그것에 대처해갈 필요가 있지 않을까요? 아직 운동론적 측면에서 어떻게 해나가야 할지는 모르겠지만, 일단 새로운 시민운동으로서 니가타의 미나마타병, 카네미 쌀겨기름의 카네미유증 등은 결코 남의 일이 아닙니다. 바로 우리 자신에게 닥친 문제가 아닐까요? 그런 느낌이 듭니다.

우이 준 그 점에서 사실 니가타는 비교적 중간적인 상황입니다. 하나의 마을 안에서 여러 명 혹은 한두 집이 모이는 형태로 지금까지 적잖게 관계가 형성된 그룹도 있지만, 전혀 무관하게 지내던 그룹의 운동이 새롭게 일어났다는 점에서는 지역적으로는 확실히 협소하고 균일적인 면도 있습니다. 미나마타에 비해 오히려 조직을 이루기가 꽤 어려웠던 것 같아요. 하지만 실제로 해보니까 어렵지 않았다고나 할까, 오히려 니가타가 더 통합이 잘 되었다고 할 수도 있습니다.

카네미, 탈리도마이드, 비소분유도 그렇습니다. 확실히 지금까지의 지역적인 공해와는 다르지만, 어떻게 운동을 추진해 갈 것인가에 있어서는 —제 경험에 비춰볼 때— 역시 피해를 입은 사람들이 들고 일어서지 않고서는 어떻게 해볼 수가 없습니다. 이것은 이미 미나마타에서 제가 8년 동안 몸으로 체득한 것입니다. 아무리 안달복달해 봐도 밖에서 온 사람은 어차피 외지인이고 제3자입니다.

C   지금 말씀하신 문제인데, 결론 부분에 카네미가 탈리도마이드와 마찬가지로 지역성이 없다고 말씀하신 점은 좀 납득이 안 갑니다. 카네미유증 사건에 대해 지역성이 없다고 했을 때, 그것은 발생의 경로가 식품의 경유라는 점에 한해서 지역성이 없다는 것뿐이지 실제로 그것이 어떤 사회적인 상황 안에 놓여있는가 했을 때, 오히려 카네미의 경우에 확실히 광범위하게 퍼져있습니다. 그렇게 넓게 퍼져있는 지역에 의해 그 지역성이 상당한 영향을 미치기 때문에 전국적인 조직이 형성되기 어렵다거나 지원운동이 너무 어려운 문제를 내포하고 있습니다. 나아가 피해자도 그 지역에 따라 다양한 측면이 있고, 그런 하나의 결과로 이번 고토(五島) 같은 외딴 섬 지역 —이것이야말로 진짜 지역이겠네요— 에서 이런 합의계약이 벌어지고 있는 상황입니다. 이 사실을 염두에 두고 지역성에 대한 논의가 되었

으면 합니다.

그리고 미나마타의 경우에도 지역성 때문에 결집하기가 쉽지 않았고, 오히려 짓소의 지배하에 놓여있다는 지역적 특성 때문에 운동이 이뤄지기 어려웠다고 생각합니다.

우이 준   그에 대한 논의는 솔직히 본론이 아니라서요. 카네미창고 주식회사와 가토 산노스케 씨는 오히려 그 지역성을 최대한 활용해서 이런 합의계약을 만들어냈다고 해도 좋지만, 그렇다면 운동이 가능한 지역에 사는 사람이 할 수 있는 것은 무엇일까요? 그건 바로 초심돌파 전면전개밖에 없다고 봅니다.

그 점에서는 기타큐슈와 히로시마 모두 사회당과 공산당 사이에서 우왕좌왕하고 있죠. 카네미도 그렇고 모리나가(森永-비소분유 사건의 가해기업)도 그렇습니다. 기성 정당 사이의 계열화로 옥신각신하는 걸 보면 화가 납니다. 뭐라도 좋으니까 하면 되지 않느냐고 운동을 제 손아귀에 쥐고 지도권을 휘두르려고 합니다. 그런 사람들과는 아무래도 일정 거리를 두고 우리 쪽에서 다가오지 말라는 뉘앙스의 태도를 아쉽지만 취하지 않을 수 없어요. 현재의 강력한 주민운동이 대개 개인가맹의 형태를 취하고 있는 경우가 많은 것은, 아무래도 그런 종류의 아픈 경험이 있기 때문입니다. 어쩔 수 없어요.

그래서 공해반대운동의 전국적인 조직을 만드는 것에 대해 제가 다소 소극적인 것도, 사실은 그런 시도는 각 정당의 계열화에서 충분히 해왔다고 생각하기 때문입니다. 잘만 되면 제가 참여하고 싶은 것은 이미 준비를 마치고 기회가 오길 기다리고 있는데, 원폭반대운동의 전철은 또다시 밟고 싶지 않습니다. 너무 아픈 경험을 우리는 가지고 있어요. 그 쓰디쓴 경험을 앞으로 어떻게 활용할 것인가? 반면교사로 어떻게 활용하느냐에 따라 운동의 장래가 달려있다고 봅니다. 물론 그것은 우리 한 사람 한 사람이 어느 특정한 정당의 당원이 되거나 당원이라는 것과는 딱히 모순되지 않습니다. 다만 공해의 피해자로서 어떻게 행동할까를 생각할 때 반드시 우리가 배운 이론대로 되는 건 아니라는 것, 도쿄대학의 기술자가 됐든 정당의 당원이 됐든 똑같이 적용할 수 있는 것이 공해라는 겁니다.

이야기를 좀 더 하고 싶지만 벌써 9시가 다 돼가네요. 만일 여러분 중에 도쿄대학 도시공학의 현실을 보고 싶은 분이 계신다면 5분이 됐든 10분이 됐든 단체교섭 회의장에 들러보시기를 바랍니다. 그럼 학생들에게 하나의 지원이 될 겁니다. 부탁드리겠습니다. 회의장은 저희에게는 추억이 있는 '82번'(이곳에서 이 공개강좌가 시작되었다) 강의실입니다.

지금까지 경청해주셔서 고맙습니다.

지은이 소개

우이 준(宇井純)

1932년 도쿄 출생. 1956년 도쿄대학 공학부 졸업 후 닛폰제온(주)에서 3년 간 근무. 1965년 도쿄대학 공학부 도시공학과 조교. 70년, 공해에 관한 연구와 조사결과를 시민들에게 직접 전달하는 장을 마련하고자 자주공개강좌 〈공해원론〉을 개강. 이후 15년에 걸쳐 환경문제의 시민학습운동을 조직하고 시민들에 의한 공해감시운동, 피해자구제 및 지원활동에 참여하는 등, 전국의 공해반대운동에 대한 서비스·정보네트워크를 구축. 1986년, 오키나와대학 교수, 88년 동대학 지역연구소 초대연구소장에 취임. 2003년, 오키나와대학 퇴직, 동대학 명예교수. 2006년 11월 서거.

저서로는 『검증 고향의 물』(1983), 『미래산업의 구조』(1986), 『공해자주강좌 15년』(1991), 『미키여, 걸으며 생각하라』(1980) 등 다수.

옮긴이 소개

김경인

일한전문번역가로 활동하면서 일본의 공해문학과 원폭문학에 관심을 가지고 열심히 공부 중인 일본근현대문학박사. 주요 역서로는 이시무레 미치코의 『고해정토-나의 미나마타병(슬픈 미나마타)』, 쿠로다 야스후미의 『돼지가 있는 교실』(이상, 달팽이출판), 더글러스 러미스·쓰지 신이치의 『에콜로지와 평화의 교차점』(녹색평론사), 카와무라 아츠노리의 『엔데의 유언』(갈라파고스) 등이 있으며, 공저로 『한국인 일본어 문학사전』(제이앤씨)이 있다. 논문으로는 「이시무레 미치코의 '국화와 나가사키'를 통해 보는 조선인원폭피해자의 실태와 한」(『일본어교육』), 「공해사건 문학의 시스템 및 가치 고찰」(『일본연구』), 「재해와 관련된 일본 옛날이야기 고찰」(『일본어문학』) 등 다수가 있다.

임미선

조선대학교 인문학연구원 HK⁺사업단 연구보조원. 도쿄학예대학 대학원에서 일본어교육으로 석사학위를 취득한 후 오차노미즈여자대학 대학원에서 국제일본학 박사과정을 수료했다. 현재 전남대학교 언어교육원과 전라남도 인재개발원에서 일본어를 강의하고 있다.

조선대학교 재난인문학연구사업단

재난인문학 번역총서 03

공해원론 2
(원제: 合本 公害原論)

초판1쇄 인쇄 2023년 2월 3일
초판1쇄 발행 2023년 2월 17일

기획	조선대학교 재난인문학연구사업단
지은이	우이 준(宇井純)
옮긴이	김경인 임미선
펴낸이	이대현
편집	이태곤 권분옥 임애정 강윤경
디자인	안혜진 최선주 이경진
마케팅	박태훈

펴낸곳	도서출판 역락
출판등록	1999년 4월 19일 제303-2002-000014호
주소	서울시 서초구 동광로 46길 6-6 문창빌딩 2층 (우06589)
전화	02-3409-2060
팩스	02-3409-2059
홈페이지	www.youkrackbooks.com
이메일	youkrack@hanmail.net

ISBN 979-11-6742-271-2 94300
　　　 979-11-6742-269-9 (세트)